债券投资实战

《纪念版》

龙红亮 著

机械工业出版社
CHINA MACHINE PRESS

图书在版编目（CIP）数据

债券投资实战：纪念版 / 龙红亮著 . —北京：机械工业出版社，2024.2
ISBN 978-7-111-74723-9

I. ①债… II. ①龙… III. ①债券投资 – 研究 IV. ① F830.59

中国国家版本馆 CIP 数据核字（2024）第 001814 号

机械工业出版社（北京市百万庄大街 22 号 邮政编码 100037）
策划编辑：张竞余 责任编辑：张竞余 刘新艳
责任校对：张爱妮 陈立辉 责任印制：任维东
北京瑞禾彩色印刷有限公司印刷
2024 年 3 月第 1 版第 1 次印刷
170mm × 230mm · 23.25 印张 · 339 千字
标准书号：ISBN 978-7-111-74723-9
定价：89.00 元

电话服务 网络服务
客服电话：010-88361066 机 工 官 网：www.cmpbook.com
010-88379833 机 工 官 博：weibo.com/cmp1952
010-68326294 金 书 网：www.golden-book.com
封底无防伪标均为盗版 机工教育服务网：www.cmpedu.com

献给俊彦和逸飞

推荐序

债券、股票是证券市场的基础性产品。从中国金融体系来看，发展债券市场是发展直接金融市场的重心所在，也是"去杠杆"、发展多层次资本市场、提高金融服务实体经济质量的重要环节。与美国等发达国家相比，中国的直接金融市场在金融体系中所占的比重较低，间接融资依然占据主导地位。到 2017 年年末，中国直接金融规模占社会融资存量规模的比例仅为 15% 左右。在"去杠杆"背景下，中国企业缺乏足够的资本性资金来源，如果简单以减债务为主要举措，将严重影响实体企业的发展，一个较好的路径是加大长期债券（和永续债券）的发展力度，充分发挥长期债券的准资本功能，由此，降低资产的流动负债率，提高实体企业长期资产在总资产中的比重。债券是存贷款的替代品，有效发展债券市场，既有利于推进利率市场化进程，降低实体企业的融资成本，也有利于推进资产管理市场的发展。

中国债券市场伴随改革开放进程而起步，40 年来得到了快速发展。到 2018 年 7 月末，债券余额达到 80.5 万亿元，位居世界前列。但中国债券市场也存在一系列有待解决的问题，其中包括：其一，公司债券发行对象过分集中于金融机构，由此引致债券投资者结构不合理。2/3 左右的债券由商业银行直接或间接持有,保险、券商、基金等非银行金融机构资金占比较小,城乡居民和实体企业持有的债券几乎可以忽略不计,这不仅影响了债券作为直接金融工具的有效性,而且严重制约了债券市场的发展前景。其二,公司债券的规模不足,不仅与美国债券市场有明显差距,而且与实体企业和城乡居民的要求有着较大差距,既制约了金融服务实体经济的能力,又制约了实体企业发展和城乡居民的财富管理。其三,以债券为基础的衍生产品在品种、数量和层次上都严重不足,难以满足各类资金供给者(城乡居民和其他实体企业)的资产组合需要。其四,债券市场过分集中于有形市场。债券市场应以无形市场为主,但在中国,不论是银行间市场还是交易所市场或是柜台市场,均为有形市场,由此,既引致债券交易的成本过高,也引致运用债券展开的金融市场策略性操作受到制约。其五,债券市场统一监管制度尚未建立,市场割裂严重,监管制度及尺度不统一,监管套利时而出现,不利于债券市场的长久发展。

党的十九大提出:"深化金融体制改革,增强金融服务实体经济能力,提高直接融资比重,促进多层次资本市场健康发展。健全货币政策和宏观审慎政策双支柱调控框架,深化利率和汇率市场化改革。"债券市场的良性发展,对于实现这些目标至关重要。

毫无疑问,债券市场的发展,离不开一批矢志于金融行业且具备丰富经验的债券从业人员的共同努力。这本书的作者龙红亮长期在债券市场一线工作,对国内债券市场的实际情况及投资实务比较熟悉。他将实际中的债券投资经验进行了提炼总结,编纂成书,并附以案例,实为有心。希望这本书对于正在从事或有志于投身债券行业的人,能成为有用的操作手册,也希望这本书能为债券市场操作知识和操作技能的普及做出应有的贡献。

王国刚

2018 年 12 月

前言

明朝首辅张居正有言："学问既知头脑，须窥实际，欲见实际，非至琐细、至猥俗、至纠纷处，不得稳贴。"各行各业，莫不如此。若要窥得行业真谛，除了要有扎实的理论基础，还需在实务操作上狠下功夫，非到至精至微至烦琐处不得其精髓。

近年来，我国债券市场发展迅猛，已成长为全球第三大债券市场。随着债券市场容量的扩充，越来越多的国内外各类金融机构积极参与债券投资。随之而来的是债券从业人员数量的急剧扩张，分布在银行、证券、基金、保险、私募等各类投资机构。据粗略估计，直接从事债券相关业务的人员，已达数十万人之多。

熙熙攘攘之下，也有隐忧。有的投资人员实务经验相对缺乏，或知其一而不知其二，或知其然而不知其所以然。有的从业人员债券理论基础比较扎实，但实操经验相对匮乏，无从下手。因此，市场上对实务知识的渴求一直是比较强烈的。

目前市面上关于债券投资的书主要分两种。一种偏向于债券基础理论，如布鲁斯·塔克曼等著的《固定收益证券》或弗兰克·J.法博齐编著的《固定收益证券手册》，此类书对于夯实从业人员的专业基础大有裨益，但也有明显的缺点：一是实务操作经验的传授较少，一些读者可能空有理论而无从下手；二是这些国外的经典教材主要以美国债券市场为研究蓝本，对中国的实际情况几无涉及。另外一种是国内出版的债券类图书，大部分偏向于政策法规及交易规章制度的罗列，做参考资料有余而行动指南不足。凡此种种，都让笔者强烈感受到市场对债券投资实务类知识的渴求与相关图书不足之间的缺口。

有感于此，笔者在闲暇之余，将过去多年债券领域的实际投资经验进行了提炼总结，并编纂成书。书中纯理论的内容较少，主要讲实务操作中的干货，并以大量实例进行讲解。所谓"一图胜千言""一例胜千言"，书中使用的实例达 60 余个，以期带动读者深入了解实务操作。本书的目标读者为有一定的实际经验但想更深入地了解业务知识的投资人员，或是已有一定的理论基础但实务经验缺乏的从业人员。

本书前两章对我国债券的一、二级市场进行了归纳总结。后续章节详细介绍了债券的技术指标、各类债券的特性、投资组合管理以及债券相关的回购和衍生产品。最后，本书对债券投研框架所需的基础知识进行了梳理。

本书的撰写得到了王国刚、翟晨曦、张继强、秦龙、刘朝俊以及其他朋友的大力支持与帮助，他们提供了异常宝贵的建议，笔者在此对他们的帮助表示衷心感谢。

曾琨、王颖硕、陈博、李咏、朱慧敏、肖望、江川、徐翌旸等热心读者指出了本书中的个别笔误及错误，在此深表感谢！对于书中出现的错误或不当之处，欢迎读者批评指正，并及时与笔者联络，笔者的电子邮箱：hongliang.long@qq.com。

CONTENTS
目录

第1章

我国债券市场揭秘

揭开我国债券市场的面纱

债券（bond）作为资本市场上的一种直接融资工具，究其本质，也是债权的一种形式。不过，债券的显著特点是合约的标准化，只有标准化的合约才可以大规模地进行二级交易。纵观整个金融市场的发展历史，标准化是永远的主线。

通过上述定义，我们可以知道债券的几个核心要素：

（1）发行人（谁借钱）；

（2）投资人（谁出钱）；

（3）标准化的合约条款（期限、利率、偿还方式、违约条款等）。

作为债券投资的第一堂课，首先需要做的就是把上述三个要素了解透彻，做到对债券特性烂熟于心，才能成为债市老手。

以下是从 Wind 终端获取的两只典型的债券要素表：一只为利率债，另一只为信用债（见图 1-1 和图 1-2）。

债券代码	170210.IB	债券简称	17国开10
债券全称	国家开发银行2017年第十期金融债券		
发行人	国家开发银行		
担保人	—		
交易市场	170210.IB（银行间）		
债券类型	政策银行债	发行方式	公募
票面利率（发行时）	4.040 0	期限（年）	10.00
利率类型	固定利率	息票品种	附息
每年付息次数	1	当前余额（亿元）	2 385.00
起息日期	2017-04-10	到期日期	2027-04-10
上市日期	2017-04-12	摘牌日期	2027-04-09
发行价格（元）	100.000 0	最新面值（元）	100.000 0
最新债项评级	—	评级机构	—

图 1-1　17 国开 10 基本要素

资料来源：Wind.

债券代码	1780255.IB	债券简称	17义乌专项债
债券全称	2017年义乌市城市投资建设集团有限公司城市停车场和地下综合管廊专项债券		
发行人	义乌市城市投资建设集团有限公司		
担保人	义乌市国有资本运营有限公司		
交易市场	1780255.IB（银行间），127601.SH（上海）		
债券类型	一般企业债	发行方式	公募
票面利率（发行时）	5.480 0	期限（年）	7.00
利率类型	固定利率	息票品种	附息
每年付息次数	1	当前余额（亿元）	16.20
起息日期	2017-08-18	到期日期	2024-08-18
上市日期	2017-08-28	摘牌日期	2024-08-16
发行价格（元）	100.000 0	最新面值（元）	100.000 0
最新债项评级	AA+	评级机构	上海新世纪资信评估投资服务有限公司

图 1-2　17 义乌专项债基本要素

资料来源：Wind.

　　具体的一些关键要素，我们会在后续章节中予以详述。

我国的债券市场

由于历史原因，我国的债券市场在迅速发展繁荣的同时，也呈现出监管、发行及交易市场错综复杂的局面，即所谓"多龙治水"的格局。

截至 2017 年年末，我国债券市场总规模已达人民币 74.69 万亿元，位居全球第三，仅次于美国和日本，债券余额及占 GDP 的比例逐年递增（见图 1-3）。

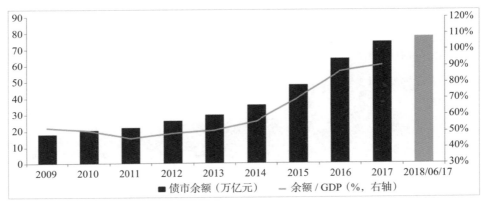

图 1-3　中国债券存量余额（2009 ～ 2018 年）

从债券品种看，目前我国的债券市场还是以政府债和金融债为主，占到总债券存量规模的 73%，这与美国债券市场有很大不同（见表 1-1）。美国债券市场规模大约为 40 万亿美元，其中约 1/4 是公司债，接近 1/3 是资产支持证券（包括 MBS 和 ABS）（见表 1-2）。也就是说，实体工商企业的债券融资在美国债券融资中占据相当大的比例。

表 1-1　2017 年年末我国债券规模分布（按类别）

类别	债券数量（只）	债券数量比重（%）[①]	债券余额（亿元）	余额比重（%）
国债	274	0.74	134 344.97	17.99
地方政府债	3 377	9.11	147 448.24	19.74
同业存单	12 395	33.44	79 936.10	10.70

（续）

类别	债券数量（只）	债券数量比重（%）[①]	债券余额（亿元）	余额比重（%）
金融债	1 665	4.49	183 484.58	24.57
政策银行债	378	1.02	133 494.68	17.87
商业银行债	231	0.62	10 821.20	1.45
商业银行次级债券	369	1.00	20 299.62	2.72
保险公司债	59	0.16	2 057.53	0.28
证券公司债	511	1.38	13 135.75	1.76
证券公司短期融资券	7	0.02	152.00	0.02
其他金融机构债	110	0.30	3 523.80	0.47
企业债	2 837	7.65	30 471.82	4.08
一般企业债	2 824	7.62	30 364.50	4.07
集合企业债	13	0.04	107.32	0.01
公司债	4 427	11.94	50 806.31	6.80
一般公司债	1 967	5.31	26 791.65	3.59
私募债	2 460	6.64	24 014.66	3.22
中期票据	3 570	9.63	48 566.97	6.50
一般中期票据	3 568	9.63	48 562.71	6.50
集合票据	2	0.01	4.26	0.00
短期融资券	1 515	4.09	15 162.00	2.03
一般短期融资券	453	1.22	3 880.20	0.52
超短期融资券	1 062	2.87	11 281.80	1.51
非公开定向债务融资工具	2 325	6.27	20 265.31	2.71
国际机构债	11	0.03	230.00	0.03
政府支持机构债	133	0.36	14 545.00	1.95
资产支持证券	4 324	11.67	18 579.54	2.49
银保监会主管 ABS	665	1.79	6 766.95	0.91

（续）

类别	债券数量（只）	债券数量比重（%）[①]	债券余额（亿元）	余额比重（%）
交易商协会 ABN	156	0.42	673.06	0.09
证监会主管 ABS	3 503	9.45	11 139.53	1.49
可转债	57	0.15	1 198.18	0.16
可交换债	153	0.41	1 831.99	0.25
合计	37 063	100.00	746 871.01	100.00

① 由于四舍五入的原因，合计不一定等于100%。本书其他表格与计算也存在此类情况，不一一标注。

资料来源：Wind.

表 1-2　美国债券市场规模（2017 年年末）

债券类别	金额（10 亿美元）	占比（%）
市政债	3 850.7	9.44
国债	14 468.8	35.47
MBS	9 295.4	22.79
公司债	8 826.4	21.64
政府支持机构债	1 934.7	4.74
货币市场	965.9	2.37
ABS	1 447.5	3.55
合计	40 789.4	100.00

资料来源：SIFMA.

一张图阅尽债券分类

在发展历史进程中，我国债券市场部分承担了促进经济发展、经济转型的重任。另外，"多龙治水"式的多头监管的常态化，也造成了债券的品种及分类比较复杂。为了更好地理解各个债券品种及分类，我们打算从"按主管机构分""按交易市场分""按风险特性分"以及"按债券属性分"四个维度进行全面拆解，以图做到庖丁解牛一目了然。图1-4是我国债券分类的一览表。

按主管机构分

由于历史发展的原因，我国的债券发行是"群龙治水"，各管一摊，各个市场的发行规则又不尽相同。具体来说，是证监会、发改委和中国人民银行各管一摊。证监会过去主要负责审批上市公司发行的公司债（即过去传统意义上的公司债），2015年证监会改革了公司债发行制度，将公司债发行人拓展到非上市公司。发改委主要负责企业债、铁道债发行的审批，企业债的发行人主要是国有企业，而这其中又以城投公司为主，铁道债的发行人为中国铁路总公司。中国人民银行及其下属的交易商协会包办了银行发行的债券（包括政金债/政策性银行债/政策性银行金融债、商业银行债、商业银行次级债、同业存单等）以及短融、中票、非公开定向债务融资工具等多个期限的债务融资工具。各债券品种的主管单位如表1-3所示。

表1-3　各债券品种的主管单位

主管单位	债券品种	管理机制
中国人民银行（银保监会）	政策性银行债、商业银行债、商业银行二级资本债、同业存单、保险公司次级债等	中国人民银行（银保监会）审批制
	信贷资产证券化（CLO）	备案制
财政部	国债、地方政府债	财政部审批制
发改委	企业债、铁道债	发改委审批制
交易商协会	超短期融资券（SCP）、短期融资券（CP）、中期票据（MTN）、资产支持票据（ABN）、项目收益票据（PRN）、非公开定向债务融资工具（PPN）、央行票据等	注册制
证监会	大公募	证监会核准
	小公募	交易所预审，证监会简化复核
	私募债	交易所预沟通，证券业协会事后备案
	可转债、可交换债	证监会核准
	企业资产证券化	中国基金业协会备案

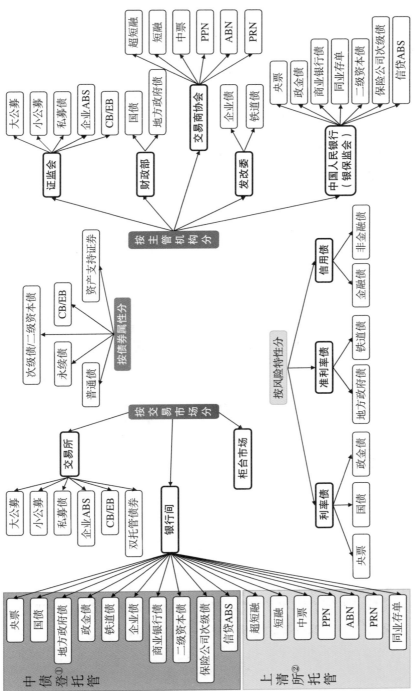

图 1-4　我国债券分类一览表

① 中央国债登记结算有限责任公司，简称"中债登"。

② 银行间市场清算所股份有限公司，简称"上海清算所"，即"上清所"。

证监会主管的债券品种

公司债最早发展在 2007 年，当时只有上市公司才能在交易所发行公司债，与银行间市场相比，发展比较缓慢。2015 年，证监会改革了公司债的发行办法，公司债的发行主体由上市公司扩展到所有的公司制法人，并且简化了审核流程，逐步走向备案制。改革后，公司债的发行量及存量余额都迎来了井喷，截至 2017 年年末，存量余额达到 6.2 万亿元（包括企业 ABS）(见图 1-5)。

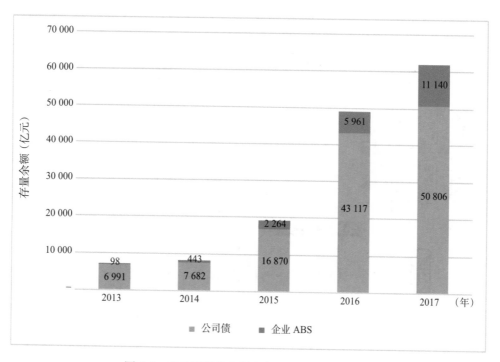

图 1-5　交易所债券存量余额（2013 ～ 2017 年）

资料来源：Wind.

按照发行主体、发行方式和投资者的不同，交易所的公司债可以细分为三个品种：大公募、小公募以及私募债（非公开）(见表 1-4)。

表 1-4 交易所债券各品种对比

	大公募	小公募	私募债
发行对象	合格投资者、公众投资者	合格投资者	合格投资者
发行人资质条件	①股份有限公司的净资产不低于人民币 3 000 万元，有限责任公司的净资产不低于人民币 6 000 万元；②累计债券余额不超过公司净资产的 40%；③发行人最近 3 个会计年度实现的年均可分配利润不少于债券 1 年利息的 1.5 倍；④发行人最近 3 年无债务违约或迟延支付本息的事实；⑤债券信用评级达到 AAA 级	①股份有限公司的净资产不低于人民币 3 000 万元，有限责任公司的净资产不低于人民币 6 000 万元；②累计债券余额不超过公司净资产的 40%；③发行人最近 3 个会计年度实现的年均可分配利润不少于债券 1 年利息的 1.0 倍	在主体条件、发行条件、担保评级等方面不设硬性限制条件，但有负面清单
准入管理流程	证监会审核	交易所预审，证监会简化复核	交易所预沟通，证券业协会事后备案
交易方式	竞价撮合交易、协议交易	竞价撮合交易（需满足一定条件）、协议交易	协议交易
投资者数量	无限制	无限制	不超过 200 人

- 大公募。大公募是"面向公众投资者的公开发行的公司债"的俗称，类似于 2015 年公司债发行改革之前的公司债，对发行人的资质要求最高。大公募最鲜明的一个特征是：公众投资者（个人）可以通过交易所竞价撮合平台参与现券买卖。
- 小公募。小公募是"面向合格投资者的公开发行的公司债"的俗称。小公募对发行人的资质要求有所降低，同时对投资者的要求有所提高。大公募与小公募都属于交易所发行的公募债券，不受投资人数量的限制。
- 私募债。私募债是"非公开发行的公司债"的俗称，有时也简称"非公开"。需要注意的是，这里面所说的私募债（非公开）和交易所的中小企业私募债是两个完全不同的品种。中小企业私募债的发行人是未上市的中小微型企业，且对发行人的资质要求较低，而私募债是对所有企业发行人开放的。

还有两类在交易所上市的债券：企业资产证券化（企业 ABS）和可转债、可交换债。企业 ABS 这几年发展非常迅猛，几年间，存量规模从接近于 0 发展到 1 万亿元以上。关于这两个品种，在后续章节中会有单独的详细介绍。

🖐 延伸阅读 1-1　公司债合格投资者的认定

第六条　合格投资者应当符合下列条件：

（一）经有关金融监管部门批准设立的金融机构，包括证券公司、期货公司、基金管理公司及其子公司、商业银行、保险公司、信托公司、财务公司等；经行业协会备案或者登记的证券公司子公司、期货公司子公司、私募基金管理人。

（二）上述机构面向投资者发行的理财产品，包括但不限于证券公司资产管理产品、基金管理公司及其子公司产品、期货公司资产管理产品、银行理财产品、保险产品、信托产品、经行业协会备案的私募基金。

（三）社会保障基金、企业年金等养老基金，慈善基金等社会公益基金，合格境外机构投资者（QFII）、人民币合格境外机构投资者（RQFII）。

（四）同时符合下列条件的法人或者其他组织：

1. 最近 1 年末净资产不低于 2 000 万元；

2. 最近 1 年末金融资产不低于 1 000 万元；

3. 具有 2 年以上证券、基金、期货、黄金、外汇等投资经历。

（五）同时符合下列条件的个人：

1. 申请资格认定前 20 个交易日名下金融资产日均不低于 500 万元，或者最近 3 年个人年均收入不低于 50 万元；

2. 具有 2 年以上证券、基金、期货、黄金、外汇等投资经历，或者具有

2 年以上金融产品设计、投资、风险管理及相关工作经历，或者属于本条第（一）项规定的合格投资者的高级管理人员、获得职业资格认证的从事金融相关业务的注册会计师和律师。

（六）中国证监会和本所认可的其他投资者。

资料来源：《上海证券交易所债券市场投资者适当性管理办法（2017 年修订）》。■

交易商协会主管的债券品种

中国银行间市场交易商协会（NAFMII，简称"交易商协会"）是由市场参与者自愿组成的，包括银行间债券市场、同业拆借市场、外汇市场、票据市场和黄金市场在内的银行间市场的自律组织。交易商协会成立于 2007 年，最早是从中国人民银行金融市场司中剥离出部分职能成立的，目前的业务主管单位也是中国人民银行。因此，中国人民银行对其影响较大。

目前，银行间债券市场中非金融企业发行的债务融资工具，大部分都是在交易商协会注册发行的。具体债券品种包括：超短期融资券（SCP）、短期融资券（CP）、中期票据（MTN）、资产支持票据（ABN）、项目收益票据（PRN）、非公开定向债务融资工具（PPN）等。

- 超短期融资券（short-term commercial paper，SCP），简称超短融。超短融的期限较短，一般不超过 270 天。
- 短期融资券（commercial paper，CP），简称短融。一般是 1 年期限的银行间债券。
- 中期票据（medium-term note，MTN），期限在 1 年以上的银行间债券。
- 资产支持票据（asset backed note，ABN）。ABN 是指非金融企业在银行间债券市场发行的，由基础资产所产生的现金流作为还款支持的，约定在一定期限内还本付息的债务融资工具。ABN 本质上就是一种资产支持证券（ABS），只不过国内的 ABS 市场被人为割裂成三块，ABS 的发行管理机构也有三个：证监会主管的企业 ABS、中国人民银行主管的信贷 ABS，以及交易商协会主管的 ABN。有关资产证券化的内容，会在后面的章节中详细叙述。

- 项目收益票据（project revenue note，PRN）。它是指非金融企业在银行间债券市场发行的，募集资金用于项目建设且以项目产生的经营性现金流为主要偿债来源的债务融资工具。与其他的普通债券相比，项目收益票据是专款专用：单独开设一个募集资金使用账户来接收所募集资金，并投向指定的项目；同时，还款来源也是募集资金所投项目。以"17苏州乐园PRN001"为例，典型的交易结构如图1-6所示。
- 非公开定向债务融资工具（private placement note，PPN，简称"定向工具"）。它是在银行间债券市场以非公开定向发行方式发行的债务融资工具。PPN投资人需要事先参团才能参与投资。

苏州乐园发展有限公司2017年度第一期项目收益票据募集说明书

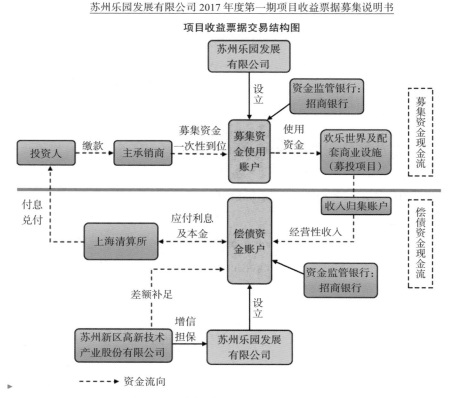

图 1-6   17 苏州乐园 PRN001 交易结构

发改委主管的债券品种

企业债的发行人主要以国有企业为主，而这其中尤以城投公司居多。因此，市场上所说的城投债，很大部分都是以企业债为主。由于企业债发行人在发行企业债时，必须要有配套的固定资产投资项目，而这与发改委的职能相重叠，因此发改委作为企业债发行的主管单位有其历史因素。

企业债对发行人的资质条件要求较高，一般至少需要满足以下几个条件：

（1）发债前连续3年盈利，所筹资金用途符合国家产业政策。

（2）累计债券余额不超过公司净资产额的40%；最近3年平均可分配利润足以支付公司债券1年的利息。

（3）发债用于技改项目的，发行总额不得超过其投资总额的30%；用于基建项目的不超过20%。

（4）取得公司董事会或市国资委同意申请发行债券的决定。

企业债的发行期限较长，大部分为5年以上的品种，且很多企业债有提前还本条款。

例1-1 企业债的一个例子

"18鄂交投债"是2018年6月初发行的一只企业债。

原始期限是7年，附从第3年年末开始的提前还本条款。下面的条款摘自募集说明书。

（七）还本付息方式：每年付息一次，在债券存续期内的第3、4、5、6、7年年末分别按照债券发行规模20%、20%、20%、20%、20%的比例偿还本金；第3、4、5、6、7年利息分别随债券存续期内第3、4、5、6、7年年末本金的兑付一起支付，每年付息时按债权登记日日终在托管机构托管名册上登记的各债券持有人所持债券面值应获利息进行支付。年度付息款项自付息日起不另计利息，本金自兑付日起不另计利息。

债券代码	1880117.IB	债券简称	18鄂交投债
债券全称	2018年湖北省交通投资集团有限公司公司债券		
发行人	湖北省交通投资集团有限公司		
担保人	—		
交易市场	1880117.IB（银行间），127820.SH（上海）		
债券类型	一般企业债	发行方式	公募
票面利率（发行时）	5.290 0	期限（年）	7.00
利率类型	固定利率	息票品种	附息
每年付息次数	1	当前余额（亿元）	50.00
起息日期	2018-06-05	到期日期	2025-06-05
上市日期	2018-06-14	摘牌日期	2025-06-04
发行价格（元）	100.000 0	最新面值（元）	100.000 0
最新债项评级	AAA	评级机构	大公国际资信评估有限公司

■

另一个发改委主管的信用债就是铁道债，即铁路总公司（以前的铁道部）发行的债券。铁道债具有准政府信用，信用风险资本只占20%，且投资铁道债所得的利息收入减半征收所得税。

财政部主管的债券品种

国债的发行主体是财政部，而地方债的发行主体是省级地方人民政府，其债务发行受中央财政约束。因此，国债及地方债的主管部门均为财政部。

中央政府对地方债的管理方式是限额管理：每年对各省通过地方债举措资金设置额度，实行总量管理和增量管理，在化解地方债务的同时，防止地方债务失控造成系统性金融风险。

中国人民银行（银保监会）主管的债券品种

中国人民银行直接主管的债券主要是银行发行的债务工具。当然，银行发行商业银行债或二级资本债，或是保险公司发行保险公司次级债，同样也需要银保监会的审批。

• 央行票据（简称"央票"）。它是由中央银行发行、为调节商业银行超额准备金而向商业银行发行的短期债务凭证。期限一般较短，从目前已经发行的央票来看，期限最短的是 3 个月，最长的有 3 年，但绝大部分均是短期限品种。

- 政策性银行债。它是我国三大政策性银行——国家开发银行、中国进出口银行、中国农业发展银行作为发行人而发行的债券。政策性银行不同于普通的商业银行，它们很大程度上承担着国家政策的执行，包括扶贫、基建、产业政策、人民币国际化、扩大内需等非营利性或盈利周期较长的项目。因此，政策性银行受到中央政府的信用背书，其发行的债券被认定为利率债，信用风险权重为零。

- 商业银行债。由商业银行发行的普通债券，期限在 1 年以上。根据监管部门规定，商业银行吸收的期限在 1 年以内的负债，算作同业负债，并受到同业负债不超过银行总负债 1/3 的限制。商业银行债的期限都在 1 年以上，一般为 3 年或 5 年，不纳入同业负债的范畴。

- 同业存单。同业存单是存款类金融机构在全国银行间市场上发行的记账式定期存款凭证，其投资和交易主体为全国银行间同业拆借市场成员、基金管理公司及基金类产品。存款类金融机构可以在当年发行备案额度内（向中国人民银行和外汇交易中心进行备案），自行确定每期同业存单的发行金额、期限，但单期发行金额不得低于 5 000 万元人民币。

- 商业银行二级资本债。它是用于补充商业银行二级资本的工具。根据《巴塞尔协议 III》的规定，商业银行的资本分为一级资本（核心资本）和二级资本（附属资本），并对商业银行的资本充足率提出了要求（≥ 8%）。二级资本债能够补充商业银行的二级资本，从而提高商业银行的资本充足率。二级资本债的期限较长，最常见的是 5+5 年。

- 保险公司次级债。它是指保险公司经批准定向募集的、期限在 5 年以上（含 5 年），本金和利息的清偿顺序列于保单责任和其他负债之后、先于保险公司股权资本的保险公司债务。

- 信贷 ABS。银保监会主管的 ABS，包括 MBS、CLO、其他信贷类资产证券化等。后续章节会对其进行单独介绍。

按交易市场分

在我国，债券的发行及交易被分成两个相对独立的市场：银行间市场和交易所市场（见图 1-7）。银行间市场的债券交易始于 1997 年，最初成员只有银行，但随后逐步扩大到整个金融机构（包括证券、保险、基金、财务公司及非法人机构等）。交易品种也由单一的资金、债券扩充到各类标准的金融产品。发展至今，银行间市场已经成为最大的固定收益交易市场，远远超过交易所债券市场规模。

市场类型	银行间市场		交易所市场	
交易平台	外汇交易中心		上交所	深交所
托管场所	中债登	上清所	中证登①	

图 1-7   债券交易市场的分类

①中国证券登记结算有限责任公司，简称"中证登"，又称为"中国结算"。

交易所市场由上交所及深交所两大证券交易所组成，既可以交易股票也可以交易债券。上交所和深交所均于 1990 年 12 月成立，交易品种涉及股票、债券、资金等多种金融产品。由于商业银行主要参与银行间市场，因此交易所市场的债券存量规模相对较小。

最初，商业银行主要在交易所市场参与债券及债券回购交易。由于当时制度设计及监控不完善，商业银行资金直接或间接参与股票交易的现象十分严重，比如为经济实体提供资金炒股，与券商合作将拆借资金用于股票交易，为新股申购提供资金支持，等等，引发了监管层对银行业金融系统性风险爆发的担忧。痛定思痛后，中央果断做出决策，于 1997 年 6 月 6 日正式成立银行间市场，所有银行由交易所市场强制转向银行间市场。

还有一类是柜台债市场，主要是个人或企业通过银行在营业网点或网银系统进行债券买卖。柜台债市场主要以国债为主，整个市场规模很小，这里不做展开。

就托管场所而言，银行间市场的债券也是按照不同的债券品种分别在中债登和上清所两家托管机构托管的。交易所市场比较简单，所有债券均在中证登托管（见图1-8）。

此外，还有一类债券的交易及托管机制比较特别，属于跨市场交易和托管（双托管）：在银行间市场与交易所市场均可挂牌交易。最常见的是一部分利率债（国债、政金债）、地方政府债和企业债可以跨市场托管。如果一只债券计划跨市场托管，会在发行公告中标明。当然，如果一只债券是跨市场托管的，肯定也是可以跨市场交易的。

市场类型	银行间市场		交易所市场	
交易平台	外汇交易中心		上交所	深交所
托管场所	中债登	上清所	中证登	
债券品种	国债、地方政府债、政金债、商业银行债（包括二级资本债）、保险公司次级债、企业债、铁道债、汇金债、国际机构债、银监会主管ABS	同业存单、超短期融资券、短期融资券、中期票据、定向工具、项目收益票据ABN	公司债、可转债、可交换债、企业ABS	

图1-8　债券分类：按场所

跨市场的国债在银行间市场、交易所和柜台市场均有托管。客户可以根据需要在银行间市场及交易所市场之间进行转托管，转托管一般需要2～3个工作日。

跨市场托管的企业债也比较常见。

一只债券发行时采用跨市场托管，主要是为了方便在交易所市场进行质押融资。由于交易所质押式回购采用中央交易对手集中撮合竞价的交易模式，使用高信用等级、高流动性和高质押率的利率债、地方政府债以及企业债进行质押融资，因此非常方便。

按风险特性分

从风险特性维度，债券可以分为无信用风险的利率债、有政府支持的准利率债以及包含信用风险的信用债三大类（见图 1-9）。

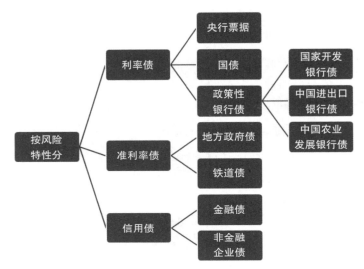

图 1-9　债券分类：按风险特性

利率债

利率债在我国包括国债（财政部发行）以及政策性银行债（三大政策性银行发行），主要是中央政府级信用或信用背书。利率债的信用安全等级最高，偿还有很强的信用保证，其主要风险集中在利率风险。

- 央行票据（简称"央票"）。央票是中央银行调节基础货币供应量的一项货币政策工具。
- 国债。由财政部为筹措资金而发行的债券。财政部为了弥补赤字的需要，往往通过发行国债来筹集资金。
- 政策性银行债。它是我国三大政策性银行——国家开发银行、中国进出口银行、中国农业发展银行作为发行人而发行的债券。
- 还有一类债券也属于利率债，风险权重为 0，就是中央汇金公司发行的部分汇金债。例如，2010 年、2015 年发行的汇金债的风险权重就是零。

准利率债

准利率债并非官方名称，是为了加以强调而单独列示的债券类型。第一种是地方政府债，由我国地方政府为筹措发展资金而发行的债券，类似于美国的市政债券，但其法律本质有所不同。第二种是铁道债，铁道债最早是由铁道部为支持国家铁路建设而发行的债券，2013 年铁路政企分开，组建了中国铁路总公司，其发行主体也由原来的铁道部换成了铁路总公司。地方政府债和铁道债在信用风险权重上都享受一定优惠，只按照 20% 进行占用。

信用债

信用债即法人企业主体发行的债券。根据风险特性、融资能力的不同，又可以分为金融机构发行的金融债和非金融机构发行的企业债。金融机构由于融资能力较强，且受到监管部门的严密监管，因此与普通的工商企业在风险特性上差异较大，需要区别对待。非金融机构发行的企业债，就是我们常说的狭义的信用债。

按债券属性分

按照债券本身的本质属性，债券又可以分成以下几个类型（见图 1-10）：

（1）普通债券。一般性的无抵押的纯信用债券。大部分债券都属于此类。

（2）永续债。永续债具有一定的股权性质，在银行间市场发行的永续债，官方称谓是长期限含权中期票据。期限一般为 X+N 的模式（也可以是 X+X+N 模式，具体看募集说明书中的约定），其中 X 为第一次的利率周期，X 年之后，利率重置，具体重置方式可以查阅募集发行条款。比如下面这个永续债（见图 1-11）。

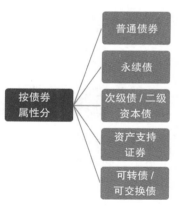

图 1-10　债券分类：按属性

债券代码	139139.SH	债券简称	16首创01
债券全称	2016年第一期北京首都创业集团有限公司可续期公司债券		
发行人	北京首都创业集团有限公司		
担保人	—		
交易市场	1680254.IB（银行间），139139.SH（上海）		
债券类型	一般企业债	发行方式	公募
票面利率（发行时）	4.400 0	期限（年）	5.00
利率类型	固定利率	息票品种	附息
每年付息次数	1	当前余额（亿元）	25.00
起息日期	2016-05-31	到期日期	2021-05-31
上市日期	2016-07-18	摘牌日期	2021-05-30
发行价格（元）	100.000 0	最新面值（元）	100.000 0
最新债项评级	AAA	评级机构	中诚信国际信用评级有限责任公司

图 1-11　16 首创 01 基本要素

资料来源：Wind.

其中的利率条款如下。

重定价周期（计息年度）	票面利率计算公式
第 1 个重定价周期（第 1～5 个计息年度）	首期基准利率 + 基本利差
第 2 个重定价周期开始的每个重定价周期（第 6 个计息年度开始的每个计息周期）	当期基准利率 + 基本利差 +300 个基点

这是典型的 5+N 的永续债，第 1 个重定价周期按照发行利率定价，在第 2 个重定价周期，如果发行人决定对该只债券进行续期，则需要在原有的利率档上再加 300 个基点，作为惩罚性利率。

为什么说永续债具有很强的股权属性呢？主要是永续债一般都含有递延支付本息条款和发行人续期选择权。

递延支付利息条款

本期债券附设发行人延期支付利息权，除非发生强制付息事件，本期债券的每个付息日，发行人可自行选择将当期利息以及按照本条款已经递延的所有利息及其孳息推迟至下一个付息日支付，且不受到任何递延支付利息次数的限制；前述利息递延不属于发行人未能按照约定足额支付利息的行为。

每笔递延利息在递延期间应按当期票面利率累计计息。如发行人决定递延支付利息的，发行人应在付息日前 5 个工作日披露《递延支付利息公告》。

如果发行人在某一计息年度末递延支付利息，则每递延支付一次，本期债券基本利差从下一个计息年度起上调 300 个基点，直到该笔递延的利息及其孳息全部还清的年度为止。

发行人续期选择权

在本期债券每个重定价周期末，发行人有权选择将本期债券期限延长 1 个重定价周期，或全额兑付本期债券。发行人应至少于续期选择权行权年度付息日前 30 个工作日在相关媒体上刊登续期选择权行使公告。

资料来源："16 首创 01"债券募集说明书。

也就是说，如果发行人遇到还款困难，可以选择对永续债进行续期，或是递延支付利息，减轻还款压力。在很多企业财报里，我们都可以看到永续债是被当作长期资本工具单独列示的，在计算负债率时不计入企业负债。

（3）次级债/二级资本债。一般性的说法是次级债，对于商业银行发行的次级债，一般称为二级资本债，用于补充商业银行的二级资本。次级债在企业的清偿顺序上低于普通债券和永续债。

（4）资产支持证券（ABS）。ABS 是债券的一个大类，目前在国内发展迅速。截至 2017 年年末，ABS 资产余额占所有债券余额的比例达到 2.49%。美国在 ABS 发展的高峰期，ABS 资产占债券市场的 30% 左右，是非常重要的一大类债券资产。

（5）可转债（CB）/可交换债（EB）。可转债和可交换债与其他普通债券最大的区别在于，它们在一定条件下可以转换成股票。可转债转股时，是对发行人（上市公司）股权的增股，其他股东股权摊薄；可交换债的发行人持有某上市公司的股权，转股时，是存量股权的转让，其他股东股权不变。

还有一类比较特殊，难以分类，就是含权债。从广义上说，永续债、可转债和可交换债、部分 ABS 都属于含权债，条款里面都包含针对发行人或投资人（或两者兼有）的期权条款。还有以下几类常见的含权债：

（1）浮息债。每个计息周期（如每年）利率不固定，与某个利率基准挂钩（如 Shibor）。利率的确定按照"先定后付"的原则，在每个重定价周期的期初，重新设定当期利率，在期末支付利息。

（2）"A+B"型的具有双向选择权的债券，如图 1-12 所示的这只。

债券代码	101655022.IB	债券简称	16沙钢MTN002
债券全称	江苏沙钢集团有限公司2016年度第二期中期票据		
发行人	江苏沙钢集团有限公司		
担保人	—		
交易市场	101655022.IB（银行间）		
债券类型	一般中期票据	发行方式	公募
票面利率（发行时）	3.690 0	期限（年）	5.00
利率类型	累进利率	息票品种	附息
每年付息次数	1	当前余额（亿元）	20.00
起息日期	2016-09-23	到期日期	2021-09-23
上市日期	2016-09-26	摘牌日期	2021-09-22
发行价格（元）	100.000 0	最新面值（元）	100.000 0
最新债项评级	AAA	评级机构	联合资信评估有限公司

图 1-12　16 沙钢 MTN002 的基本要素

资料来源：Wind.

这种属于典型的"3+2"期限的含权债，具有发行人与投资者双向选择权。这种 3+2 型的债券，可以当作 3 年期债券，因为投资者在任何情况下，都可以在第 3 年年末选择回售。

发行人调整利率选择权

发行人有权决定在本期中期票据存续期的第 3 年年末调整本期中期票据后 2 年的票面利率，调整后的票面年利率为本期中期票据存续期前 3 年票面年利率加或减发行人提升或降低的基点。

投资者回售选择权

发行人做出关于是否调整本期中期票据票面利率及调整幅度的公告后，投资者有权选择在投资者回售登记期内进行登记，将持有的本期中期票据按面值全部或部分回售给发行人，或选择继续持有本期中期票据。

资料来源："16沙钢MTN002"债券募集说明书。

几类有趣的债券

企业债

我国债券市场最令人疑惑的一个问题就是：企业债和公司债有何区别？企业债是由发改委审批的企业（不必一定是公司）发行的债券，发行人以国有企业为主，募集资金主要用于基础设施建设、固定资产投资、公益性事业等。公司债主要是在交易所发行的，发行人为上市或非上市公司。

由发改委审批的企业债，其发行主体基本为国有企业，且发债融资一般需配套有一定的固定资产投资项目，这也与发改委的职能密切相关。根据募集资金用途的不同，企业债主要分成以下三大类：第一类是地方政府的融资平台公司所发行的城投债，第二类是产业类公司发行的产业债，第三类是项目收益债。

城投债

1994年分税制改革后，地方政府的财权与事权严重不对等，事权多而财权少。城投债就是在中央政府严管地方政府违规举债但地方政府需要筹措资金发展经济的背景下应运而生的。为了举债发展经济，各省市区县等地方政府成立了融资平台公司，作为发行主体专门在资本市场上进行融资。因此，城投公司的财务报表都具有相当高的相似性，没有太多的主营业务经营性净现金流。

比如，某城投债发行人名称叫作常德市城市建设投资集团有限公司，从公司名称就可以看出该企业主要是作为常德市城市建设的融资平台而创设的。

城投债发行期限较长。大部分城投债具有提前还本的条款。如"16常城投"债，在其募集说明书中的"还本付息方式"章节列明：

（四）还本付息方式：本期债券每年付息一次，分次还本，在债券存续期的第 3 ~ 7 年年末每年分别偿还本金的 20%，当期利息随本金一起支付。每年付息时按债权登记日日终在托管机构托管名册上登记的各债券持有人所持债券面值应获利息进行支付。年度付息款项自付息日起不另计利息，本金自兑付日起不另计利息。

这种城投债原始期限虽为 7 年，但由于提前还本的条款，实际加权期限在 5 年左右。

产业债

产业公司发行的产业债，募集资金用途也是以固定资产投资为主。以广东省粤电集团有限公司发行的一只企业债"15 粤电 01"为例，在其募集说明书中详细披露了募集资金用于发电厂天然气热电联产工程（见图 1-13）。

债券代码	127253.SH	债券简称	15粤电01
债券全称	2015年第一期广东省粤电集团有限公司公司债券		
发行人	广东省粤电集团有限公司		
担保人	—		
交易市场	1580206.IB（银行间），127253.SH（上海）		
债券类型	一般企业债	发行方式	公募
票面利率（发行时）	4.540 0	期限（年）	10.00
利率类型	固定利率	息票品种	附息
每年付息次数	1	当前余额（亿元）	15.00
起息日期	2015-08-20	到期日期	2025-08-20
上市日期	2015-10-28	摘牌日期	2025-08-19
发行价格（元）	100.000 0	最新面值（元）	100.000 0
最新债项评级	AAA	评级机构	中诚信国际信用评级有限责任公司

图 1-13   15 粤电 01 的基本要素

资料来源：Wind.

本次债券募集资金 30 亿元，其中本期债券募集资金 15 亿元，拟全部用于黄埔电厂天然气热电联产工程、新会发电厂天然气热电联产工程和粤电中山三角天然气热电冷联产工程共 3 个项目。具体募集资金投向明细如下。

序号	项目名称	项目总投资额（亿元）	发行人权益投资比例（%）	本次债券使用募集资金额度（亿元）	本期债券使用募集资金额度（亿元）	本次债券使用募集资金占用发行人享有总投资比例（%）
1	黄埔电厂天然气热电联产工程	32.23	51.00	8.00	4.00	48.65
2	新会发电厂天然气热电联产工程	31.00	90.00	12.00	6.00	43.01
3	粤电中山三角天然气热电冷联产工程	46.70	60.00	10.00	5.00	35.69

资料来源："15粤电01"债券募集说明书。

项目收益债

根据发改委印发的《项目收益债券管理暂行办法》（发改办财金 [2015] 2010号），为支持各地基础设施和公用事业特许经营类项目，以及其他有利于结构调整和改善民生的项目，鼓励发行项目收益债。项目收益债和城投债最大的区别在于，项目收益债的发行人从事基础设施和公用事业特许经营类项目，或有利于结构调整和改善民生的项目，项目本身能够产生持续稳定的现金流，发行人希望项目收益能够匹配债券的还本付息。本质上，项目收益债属于专项债券，期限较长。通过项目本身产生的现金流来匹配债券的本息兑付，是项目收益债最明显的特征。

目前项目收益债常见的投资项目有：棚户区改造、城市地下综合管廊建设、城市停车场建设、水务项目、旅游开发、物流建设，以及战略新兴产业等。如"16如东棚改项目债"（1624001.IB），发行人是如东县开泰城建投资有限公司（见图1-14）。

在其募集说明书中，对募集资金投向、项目建设情况、项目经济效益及项目建成后的现金回流情况等，都做了详细的分析。

基本条款			
债券代码	1624001.IB	债券简称	16如东棚改项目债
当前余额(亿元)	9.60	债券类型	一般企业债
质押券代码	--	折合标准券元	--
上市日期	2016-01-14	摘牌日期	2023-01-06
交易市场	1624001.IB(银行间债券)	海外评级	无
最新债项评级	AAA(维持,2019-06-28)	评级机构	联合资信评估有限公司
票面利率(当期)	4.570 0	发行价格(元)/最新面值(元)	100.000 0/80.000 0
利率类型	固定利率	息票品种	附息
付息频率	每年付息1次	下一付息日	2020-01-08
利率说明	4.57%	距下一付息日(天)	103
计息基准	A/365F	票息类型	附息
剩余期限(年)	3.2822	期限(年)	7(4.954 4)
起息日期	2016-01-08	到期日期	2023-01-08
发行规模(亿元)	12	发行方式	公募
债券全称	2016年江苏省如东县2013-2017年棚户区改造项目(一期)项目收益债券	是否城投债曲线样本券	县及县级市
发行人	如东县开泰城建投资有限公司	发行人企业性质	地方国有企业

图 1-14　16 如东棚改项目债的基本要素

资料来源：Wind.

项目收益债按照债券的名称可以进行区分，公开发行的项目收益债一般简称为"××公司项目债"，非公开发行的项目收益债一般简称为"××公司NPB"。

永续债

永续债是包含一部分股权性质的普通债券。在银行间市场，它又被叫作"长期限含权中期票据"。永续债一个特别有意思的特征是：它到底是债权还是股权？回答这个问题，要通过每一只永续债募集说明书上的条款去仔细甄别。

国内近几年永续债发行规模迅速攀升，但与之形成鲜明对比的是，其永续债的募集发行条款各有千秋，并不是标准化的。这使得很多投资人容易忽略一些永续债中的条款，掉入永续债的大坑。

最常见的永续债的期限结构是 3+N 或 5+N。我们以一只典型的永续债"16 首创 01"为例来分析，具体如图 1-11 所示。

我们从"16 首创 01"的募集说明书中摘录了一些重要条款。

（四）债券期限：本期债券以每 5 个计息年度为 1 个重定价周期。在每个重定价周期末，发行人有权选择将本期债券期限延长 1 个重定价周期（即延续 5 年），或全额兑付本期债券。

（五）发行人续期选择权：在本期债券每个重定价周期末，发行人有权选择将本期债券期限延长 1 个重定价周期，或全额兑付本期债券。发行人应至少于续期选择权行权年度付息日前 30 个工作日，在相关媒体上刊登续期选择权行使公告。

（六）债券利率确定方式：本期债券采用浮动利率形式，单利按年计息。在本期债券存续的第 1 个重定价周期（第 1～5 个计息年度）内票面利率由基准利率加上基本利差确定。基准利率在每个重定价周期确定一次。首期基准利率为发行公告日前 1 250 个工作日的一周上海银行间同业拆放利率（Shibor）的算术平均数（四舍五入保留两位小数）。其后每个重定价周期的当期基准利率为在该重定价周期起息日前 1 250 个工作日的一周上海银行间同业拆放利率的算术平均数（四舍五入保留两位小数）。首次发行票面利率由发行人和主承销商在发行时根据簿记建档结果确定，并报国家有关主管部门备案。第 1 个重定价周期的票面利率为首期基准利率加上基本利差，其中基本利差为票面利率与首期基准利率之间的差值，即基本利差＝簿记建档票面利率－首期基准利率。基本利差在债券存续期内保持不变。如果发行人行使续期选择权，则从第 2 个重定价周期开始的每个重定价周期，票面利率调整为当期基准利率加上基本利差再加上 300 个基点。

重定价周期（计息年度）	票面利率计算公式
第 1 个重定价周期（第 1～5 个计息年度）	首期基准利率＋基本利差
第 2 个重定价周期开始的每个重定价周期（第 6 个计息年度开始的每个计息周期）	当期基准利率＋基本利差＋300 个基点

（八）递延支付利息条款：本期债券附设发行人延期支付利息权，除非发生强制付息事件，本期债券的每个付息日，发行人可自行选择将当期利息以及按照本条款已经递延的所有利息及其孳息推迟至下一个付息日支付，且不受到任何递延支付利息次数的限制；前述利息递延不属于发行人未能按照约定足额支付利息的行为。每笔递延利息在递延期间应按当期票面利率累计

计息。如发行人决定递延支付利息的，发行人应在付息日前 5 个工作日披露
《递延支付利息公告》。如果发行人在某一计息年度末递延支付利息，则每递
延支付一次，本期债券基本利差从下一个计息年度起上调 300 个基点，直到
该笔递延的利息及其孳息全部还清的年度为止。

（九）强制付息事件：付息日前 12 个月内，发生以下事件的，发行人不
得递延当期利息以及按照本条款已经递延的所有利息及其孳息：①向股东分
红；②减少注册资本。

（十）利息递延下的限制事项：若发行人选择行使延期支付利息权，则在
延期支付利息及其孳息未偿付完毕之前，发行人不得有下列行为：①向股东
分红；②减少注册资本。

从上述的募集发行条款中我们可以总结出永续债的要素规律：

（1）票面利率是以"基准利率 + 基本利差"的方式来决定的。因此，永
续债的票面利率在每个重定价周期进行重置（基准利率重置，惩罚性加点也
重置），且永续债在每个重定价周期内是固定利率债券。

（2）在第 1 个重定价周期结束后，发行人有权决定是否续期。如果续
期，一般会有惩罚性的利率加点（如"16 首创 01"，在第 2 个重定价周期加
300 个基点）。当然，也有些发行人，在后续的连续几个重定价周期，都不
加惩罚性加点，比如"16 广州地铁可续期债 01"（见图 1-15）。

这种永续债，从表面上看是 3+N，实际上是 3+3+3+3+3+N。如果在新
的重定价周期时的重置利率对于发行人合适，发行人可能就进行续期，最坏
的情况就是你投资了一只 15 年的债券。

（3）只要不发生强制付息事件，发行人是可以递延利息支付的，并且不
算违约。在本金方面，永续债本就可以进行本金续期（虽然有惩罚性利率加
点）。正是这些条款的存在，永续债也被当作权益性资本工具。当然，不论
是递延利息支付还是本金续期，都会有惩罚性条款，防止发行人恶意逃避还
本付息。

了解了这些条款明细，我们就清楚地知道投资永续债其中蕴含的风险点：

债券代码	1680052.IB	债券简称	16广州地铁可续期债01
债券全称	2016年第一期广州地铁集团有限公司可续期公司债券		
发行人	广州地铁集团有限公司		
担保人	—		
交易市场	1680052.IB（银行间），123032.SH（上海）		
债券类型	一般企业债	发行方式	公募
票面利率（发行时）	4.280 0	期限（年）	3.00
利率类型	固定利率	息票品种	附息
每年付息次数	1	当前余额（亿元）	26.00
起息日期	2016-01-26	到期日期	2019-01-26
上市日期	2016-01-29	摘牌日期	2019-01-25
发行价格（元）	100.000 0	最新面值（元）	100.000 0
最新债项评级	AAA	评级机构	中诚信国际信用评级有限责任公司

图 1-15　16 广州地铁可续期债 01 基本要素

资料来源：Wind.

重定价周期（计息年度）	票面利率计算公式
前 5 个重定价周期（第 1～15 个计息年度）	当期基准利率 + 基本利差
第 6 个重定价周期（第 16～18 个计息年度）	当期基准利率 + 基本利差 +300 个基点
从第 7 个重定价周期开始的每个重定价周期（从第 19 个计息年度开始的每个计息周期）	当期基准利率 + 基本利差 +600 个基点

（1）发行人具有选择权，而投资人并没有任何选择权。

（2）惩罚性利率加点是否足够，足以让发行人在第一个重定价周期结束后选择赎回。如有些永续债的惩罚性利率加点只有 200 个基点，未必能够保证发行人选择赎回债券。

（3）永续债该使用何种收益率？如 3+N 债券，要审慎评估发行人在 3 年后选择赎回的概率。如果发行人极大概率能够在 3 年后赎回债券，则可以使用 3 年到期的到期收益率。

企业为什么热衷于发行永续债呢？就是因为永续债这种类权益的债务工具，可以在发行人的资产负债表上体现为权益工具，而不作为负债。这样既能获得资金，又不提高企业的资产负债率。

含双向选择权的债券

这种债券指那些期限为 A+B 型的附带发行人赎回权和投资人回售权的债券，它在公司债中最为常见，银行间的中期票据也逐渐增多，如下面这只债券（见图 1-16）。

债券代码	143409.SH	债券简称	17万向01
债券全称	中国万向控股有限公司公开发行2017年公司债券（第一期）		
发行人	中国万向控股有限公司		
担保人	—		
交易市场	143409.SH（上海）		
债券类型	一般公司债	发行方式	公募
票面利率（发行时）	5.800 0	期限（年）	5.00
利率类型	累进利率	息票品种	附息
每年付息次数	1	当前余额（亿元）	9.00
起息日期	2017-12-06	到期日期	2022-12-06
上市日期	2017-12-15	摘牌日期	2022-12-05
发行价格（元）	100.000 0	最新面值（元）	100.000 0
最新债项评级	AA+	评级机构	上海新世纪资信评估投资服务有限公司

图 1-16 17 万向 01 基本要素

资料来源：Wind.

其期限为 5 年，结构是 3+2 年。在第 3 年年末附发行人赎回权和投资人回售权。下面是"17 万向 01"的募集说明书中的条款。

发行人赎回选择权

发行人将于本期债券第 3 个计息年度付息日前的第 30 个交易日，在中国证监会指定的信息披露媒体上发布关于是否行使赎回选择权的公告，若决定行使赎回权利，本期债券将被视为第 3 年全部到期，发行人将以票面面值加最后一期利息向投资者赎回全部公司债券。赎回的支付方式与本期债券到期本息支付相同，将按照本期债券登记机构的有关规定统计债券持有人名单，按照债券登记机构的相关规定办理。若不行使赎回，则本期债券将继续在第 4 年、第 5 年存续。

调整票面利率选择权

若发行人在本期债券第 3 个计息年度付息日前的第 30 个交易日，在中国证监会指定的信息披露媒体上发布关于放弃行使赎回权的公告，将同时发布关于是否调整本期债券票面利率以及调整幅度的公告。发行人有权决定是否在本期债券存续期的第 3 年年末调整本期债券后 2 年的票面利率。若发行人未行使调整票面利率选择权，则本期债券后续期限票面利率仍维持原有票面利率不变。

投资者回售选择权

发行人发出关于是否调整本期债券票面利率及调整幅度的公告后，投资者有权选择在本期债券第 3 个计息年度付息日将其持有的本期债券全部或部分按面值回售给发行人。本期债券第 3 个计息年度付息日即为回售支付日，发行人将按照上海证券交易所和中国证券登记公司相关业务规则完成回售支付工作。

关于这种债券，投资人具有最后的主动权：不管发行人如何选择（是赎回还是调整票面利率），投资人都可以选择回售。因此，这种 3+2 型的附双向选择权的债券完全可以看作 3 年期债券（如果投资人选择继续持有，那么一定是他觉得持有剩余的 2 年更有投资价值）。

发行人赎回选择权不是必需的，有些含权债并不包含发行人赎回选择权，只包含发行人调整票面利率选择权。对于发行人调整票面利率选择权，根据募集说明书中的具体规定，也分为上调利率选择权、下调利率选择权、调整（上调下调均可）利率选择权。如果发行人选择不调整票面利率，则一般默认继续原有的票面利率。

由于这种双向选择权的含权债的选择权是高度定制化的，因此需要对每只债券的募集说明书进行仔细阅读。

一级市场的玩法

债券市场可以分为一级市场和二级市场。

在一级市场，债券发行人找一家或多家承销商，负责整个债券发行的全流程。承销商根据工作流程，又可以分为承揽、承做与承销。承揽就是负责找到并搞定客户（发行人），这个项目让你做（有承销费可以拿）。承做具体就是债券的产品要素设计及相关的发行资料的准备。承销就是负责把债券卖给机构投资者。承揽、承做与承销的一条龙服务，保证了债券的高效发行。

在二级市场，所有的合格投资者可以自由参与买卖。

利率债的一级发行机制

承销团

利率债的一级发行机制与信用债有所不同。国债和政策性银行债的一级发行主要依靠主承销商来进行债券的承分销。目前，财政部每 3 年更新一次承销团成员（如最近的一期为 2021 ～ 2023 年承销团），并且财政部会定期在官网公布最新一期的承销团成员名单。政策性银行每年公布最新的承销团成员名单。

在每期债券发行时，只有承销团成员才有资格进行投标。其他金融机构如果需要投标，只能从某一个或多个承销团成员分销买入（见图 1-17）。

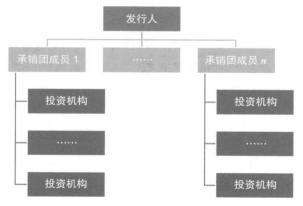

图 1-17　利率债承销团结构

招标方式

一般拍卖市场的招标方式分为荷兰式和美国式两种。国内创设了一种融合了荷兰式和美国式两种方式的混合式招标。

荷兰式招标

荷兰式招标又称单一价格招标，是指按照投标人所报买价自高向低（或者利率、利差由低而高）的顺序中标，直至满足预定发行额为止，中标的承销机构以相同的价格（所有中标价格中的最低价格）认购中标的债券数额。荷兰式招标以所有投标者的最低中标价格作为最终中标价格，全体中标者的中标价格是单一的。标的为利率时，最高中标利率为当期债券的票面利率；标的为利差时，最高中标利差为当期债券的基本利差；标的为价格时，最低中标价格为当期债券的承销价格。

美国式招标

美国式招标又称多重价格招标，是指中标价格为投标方各自报出的价格。标的为利率时，全场加权平均中标利率为当期国债的票面利率，各中标机构依各自及全场加权平均中标利率折算承销价格；标的为价格时，各中标机构按各自出的价格承销当期国债。

混合式招标

混合式招标又称修正的多重价格招标。标的为利率时，全场加权平均中标利率四舍五入后为当期（次）债券票面利率，低于或等于票面利率的中标标位，按面值承销；高于票面利率的中标标位，按各中标标位的利率与票面利率折算的价格承销。标的为价格时，全场加权平均中标价格四舍五入后为当期（次）债券发行价格，高于或等于发行价格的中标标位，按发行价格承销；低于发行价格的中标标位，按各中标标位的价格承销。

例1-2　三种招标方式

假设一只 10 年期的债券，计划发行量为 100 亿元，假定有 A、B、C、D、E 五个机构投资者，分别按照自己的计划投标收益率（或价格）及量进行投标，其标位情况如下。

投标机构	投标收益率（%）	投标量（亿元）
A	4.95	50

（续）

投标机构	投标收益率（%）	投标量（亿元）
B	4.98	40
C	5.00	30
D	5.05	20
E	5.10	10

荷兰式招标

按照收益率从低到高（或者价格从高到低）排序，最后A、B、C、D、E分别中标价格与量如下表所示。

投标机构	中标收益率（%）	中标量（亿元）
A	5.00	50
B	5.00	40
C	5.00	10
D	—	0
E	—	0

中标收益率只有一个，就是5.00%。其中C中在边际，只能分到一部分量，直到计划的100亿发行量满量即可。

$$全场倍数 = \frac{全场投标量}{中标量} = \frac{150}{100} = 1.5（倍）$$

$$边际倍数 = \frac{边际收益率投标量}{边际收益率中标量} = \frac{30}{10} = 3.0（倍）$$

美国式招标

按照收益率从低到高（或者价格从高到低）排序，最后A、B、C、D、E分别中标价格与量如下表所示。

投标机构	中标收益率（%）	中标量（亿元）
A	4.95	50
B	4.98	40
C	5.00	10
D	—	0
E	—	0

A、B、C 三个发行人的中标收益率均不同。

债券的票面利率等于中标利率的加权：

$$\frac{4.95\% \times 50 + 4.98\% \times 40 + 5.00\% \times 10}{100} = 4.967\%$$

$$全场倍数 = \frac{全场投标量}{中标量} = \frac{150}{100} = 1.5 （倍）$$

$$边际倍数 = \frac{边际收益率投标量}{边际收益率中标量} = \frac{30}{10} = 3.0 （倍）$$

混合式招标

首先计算 A、B、C 的中标加权利率：

$$\frac{4.95\% \times 50 + 4.98\% \times 40 + 5.00\% \times 10}{100} = 4.967\%$$

对于投标利率小于 4.967% 的，按照中标利率 4.967% 计算；对于超过 4.967% 的标位，按照各自的投标利率进行缴款，如下表所示。

投标机构	中标收益率（%）	中标量（亿元）
A	4.967	50
B	4.98	40
C	5.00	10
D	—	0
E	—	0

A的投标利率4.95%低于中标加权利率4.967%，则A的中标利率为中标加权利率4.967%。B和C的投标利率均高于中标加权利率，实际中标利率按照各自投标利率执行。A、B、C三个发行人的中标收益率均不同。

$$全场倍数 = \frac{全场投标量}{中标量} = \frac{150}{100} = 1.5（倍）$$

注：1. 每个投资者都可以同时放置多个投标标位。

2. 计算具体的中标利率时，需要考虑每种债券招标办法中规定的小数位数不同、四舍五入方法不同。以国债招标为例，票面利率保留2位小数，一年以下（含）期限国债发行价格保留3位小数，一年以上（不含一年）期限国债发行价格保留2位小数。

荷兰式与美国式招标的比较

荷兰式招标是单一价格中标。一般认为，在市场需求比较旺盛的情况下，往往出现投资人竞相压低投标收益率的行为，激活投资人的羊群效应，从而压低中标收益率。相反，当市场需求萎靡时，投标机构投标意愿不强烈，而中标收益率是边际上的收益率（即所谓的酱油标玩成了边际标），往往出现中标收益率偏高的现象。

美国式招标或者混合式招标，投资人需要按照自己投标利率来中标，因此投资人更为理性。由于绩效考核的关系，更重视自己中标利率与市场加权利率的比较，从而引导投资人倾向于理性投标，中标利率不太容易偏离市场利率水平。■

利率债的招标方式

国债和政策性银行债根据品种不同、期限不同，招标方式各有不同，表1-5列出了各自的招标方式。

表1-5 利率债的招标方式

品种	期限	招标方式	招标标的
国债	≤10年	混合式	价格/利率
	>10年	荷兰式	价格/利率

（续）

品种	期限	招标方式	招标标的
国家开发银行债 中国进出口银行债 中国农业发展银行债	所有	荷兰式	价格／利率

一般来说，新发债券会按照利率招标，而续发债券往往按照价格招标。

承销返费

关于国内利率债的发行，发行人根据不同的债券品种及承销团成员不同的承销量，对承销团成员进行不同的承销返费。

返费又分为明返和暗返。所谓明返，即公告手续费，只要债券中标，发行人就将既定的返费定期返还给承销团成员，以示鼓励。暗返则需要承销团成员在某个时间段（如每季度）的承销量达到一定数量，才能拿到返费。具体明返与暗返的金额，随债券品种、期限不同而不同，发行人可能不定期调整（见表 1-6）。

表 1-6 利率债的返费

	期限（年）	公告手续费	暗返
国家开发银行债	1	—	0.09%
	3	0.05%	0.09%
	5	0.10%	0.14%
	7	0.10%	0.14%
	10	0.15%	0.14%
中国进出口银行债	1	0.05%	0.03%
	3	0.05%	0.03%
	5	0.10%	0.03%
	7	0.10%	0.03%
	10	0.15%	0.03%

（续）

	期限（年）	公告手续费	暗返
中国农业发展银行债	1	0.05%	0.04%
	3	0.05%	0.04%
	5	0.10%	0.04%
	7	0.15%	0.04%
	10	0.15%	0.04%
国债	1	0.05%	—
	3	0.05%	—
	5	0.10%	—
	7	0.10%	—
	10	0.10%	—

信用债的一级发行机制

信用债的一级发行机制比较简单，发行人会聘请一个主承销商或外加几个联席承销商，负责承揽、承做与承销（见图 1-18）。

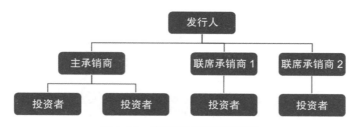

图 1-18　信用债承销商示意图

信用债基本上均为荷兰式招标。

第2章

技术指标的百宝箱

"工欲善其事，必先利其器"，债券投资也是如此。债券投资的第一课，就是需要深入了解债券的各类属性及技术指标，从而能够更好地掌握债券的特点，这也是合格债券投资经理的必由之路。本章挑选了债券最重要的几个技术指标一一进行分解。

债券价格的分解

一只普通债券，其票息是定期支付的（如每年或每半年）。对于贴现债，以低于面值（100）的价格发行，其发行价格与面值之间的差额即为票息。

由于票息是定期支付的，而在这期间债券可以随时在二级市场成交，因此成交结算价格中一定包含应计利息。所谓应计利息（accrued interest，AI），即投资人应收到而发行人尚未支付的累计票息收入的计提。

例 2-1 应计利息的计算

对于分期付息的债券，应计利息的计算公式如下：

$$AI = \frac{C}{f} \times \frac{t}{TS}$$

式中　AI——每百元面值债券的应计利息额；

　　　C——百元面值年利息，对浮动利率债券，C 根据当前付息周期的票面利率确定；

　　　f——年付息频率；

　　　t——起息日或上一付息日至结算日的实际天数（算头不算尾）；

　　　TS——当前付息周期的实际天数。

对于贴现债，应计利息的计算公式略有不同：

$$AI = \frac{100 - P_d}{T} \times t$$

式中　AI——每百元面值债券的应计利息；

　　　P_d——债券发行价；

　　　T——起息日至到期兑付日的实际天数；

　　　t——起息日至结算日的实际天数。

图 2-1 是 17 国开 15（170215）在外汇交易中心前台的成交单。

图 2-1　170215 交易前台

我们可以在 Excel 中做同样的计算（见图 2-2）。

提示：在前台系统中应计利息显示 5 位有效数字，但实际在计算结算金额时，使用四舍五入之前的精确数字进行计算，最终再四舍五入。■

债券代码：	170215
交割日：	2018/1/29
上一付息日/起息日：	2017/8/24
利息计提天数：	158
当期利息天数：	365
面值：	100
票面利率：	4.24%
应计利息：	1.83540

=B6*B7*B4/B5

图 2-2　Excel 的计算案例

应计利息是确定的、没有波动的。而债券市场的成交价格，是随时可能变动的。这其中变动的部分，就是债券的净价。

$$净价 = 结算价格（全价）- 应计利息$$

投资者根据债券的收益率来决定成交的结算价格（全价）。从全价中扣除确定性的应计利息部分，就得到债券的净价。我们平常所说的债券价格的波动，指的就是净价的波动，而应计利息是稳定直线增长的。以 180205 为例，图 2-3 是从 2018 年 2 月末到 5 月末的估值净价、全价以及应计利息的走势图。

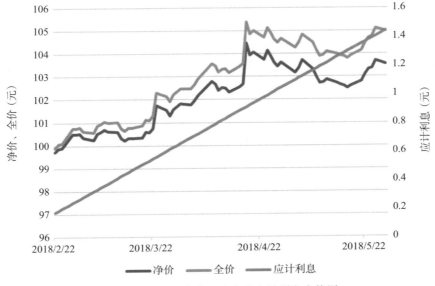

图 2-3　180205 净价、全价及应计利息走势图

计算到期收益率

当买入一笔债券时，我们究竟要依据什么来确定这笔买入是否划算呢？一个简单的方法就是：如果买入这笔债券，我能够获取多少年化收益？这就是债券的到期收益率（yield-to-maturity，YTM）。当你买入一笔债券时，这笔买入的到期收益率就是：当你持有这只债券至到期时，你所能获得的年化收益率。

到期收益率是债券交易中最重要的一个指标。所有的债券交易，均以到期收益率作为讨价还价的依据，并根据到期收益率成交。具体交割时，再根据到期收益率计算债券净价及全价。

到期收益率，顾名思义，就是买方如果一直持有这只债券至到期，所获得的收益率（年化）。到期收益率与票面利率不同，因为债券的成交净价不一定是票面价值 100 元。

到期收益率与债券价格之间的关系

如上所述，债券的到期收益率指的是，以某个结算价格成交的债券，持有至到期的整个期间，投资人所获得的年化收益率。或者说，到期收益率是这样的一个内部收益率（IRR），使得这只债券所有的未来现金流根据到期收益率进行贴现，恰好等于债券当前的成交全价。

对于每年付息一次的固定利率债券而言，其全价与到期收益率之间的关系如下：

$$全价 = 净价 + 应计利息$$

$$= \sum PV（未来所有现金流）$$

$$= \sum_i \frac{Cash\ Flow_i}{(1+y)^{t_i}}$$

式中　　PV——贴现值（present value）；

Cash Flow$_i$——第 i 笔现金流；

　　　　y——到期收益率；

t_i——第 i 笔现金流的日期距离计算日的时间（在实际计算中，实际天数 / 每年实际天数）。

当然，实际上到期收益率的计算要稍微复杂一点，需要考虑付息频率的问题。

延伸阅读 2-1

对于不处于最后付息周期的固定利率债券，到期收益率按复利计算。外汇交易中心公布的其前台交易系统的到期收益率计算公式为：

$$PV = \frac{\frac{C}{f}}{\left(1+\frac{y}{f}\right)^{\frac{d}{TS}}} + \frac{\frac{C}{f}}{\left(1+\frac{y}{f}\right)^{\frac{d}{TS}+1}} + \cdots + \frac{\frac{C}{f}}{\left(1+\frac{y}{f}\right)^{\frac{d}{TS}+n-1}} + \frac{M}{\left(1+\frac{y}{f}\right)^{\frac{d}{TS}+n-1}}$$

式中　PV——债券全价；

　　　C——票面年利息；

　　　f——年付息频率；

　　　y——到期收益率；

　　　d——债券结算日至下一最近付息日之间的实际天数；

　　　TS——本期付息的实际天数；

　　　n——结算日至到期兑付日的债券付息次数；

　　　M——债券面值。

如果是贴现债或者处于最后付息周期的固定利率债券，则使用单利去计算到期收益率：

$$y = \frac{FV-PV}{PV} \div \frac{D}{TY}$$

式中　y——到期收益率；

　　　FV——到期兑付日债券本息之和；

PV——债券全价；

D——债券结算日至到期兑付日的实际天数；

TY——当前计息年度的实际天数，算头不算尾。■

上述公式比较复杂，很难通过债券价格直接计算到期收益率。最常用的方法是通过试错法计算到期收益率：先给定一个初始到期收益率（如4%），计算债券全价，再比较计算结果与目标全价的大小，再逐步调整到期收益率，逐步缩小计算出的全价与目标全价之间的误差，从而得出足够精确的到期收益率 y。这种方法就是数学上的牛顿迭代法。

我知道，你对上面的公式早已感到厌烦了。你只需要记住以下四点就行了：

（1）债券价格（全价或者净价）与到期收益率是反向关系。价格越高，收益率越低，反之亦然。

（2）债券价格 P 是到期收益率 y 的多项式函数（负次方）：$P=f(y)$。

（3）由债券全价计算到期收益率，是通过试错法。

（4）债券价格 P 与到期收益率 y 的图像（见图2-4）。

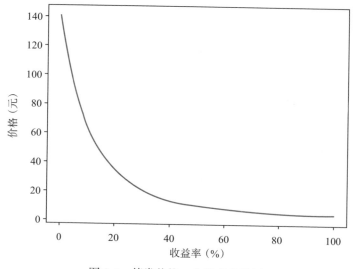

图2-4　债券价格 – 收益率曲线图

到期收益率与票面利率之间的关系

当你在债券二级市场买入一只债券时，其实际的买入标的是到期收益率，而不是票面利率。如两只同样剩余期限的债券（不考虑其他因素），一只票面利率是4%，另外一只是5%，如果成交的到期收益率都是4.5%，对你而言，这两只大体是一样的，区别不大（不考虑税收因素）。只不过在具体的债券净价上会略有不同。

一般来说，当你购入的债券净价大于面值100元时，你为此付出了额外的成本（超过面值100元的部分，即所谓的溢价）。因此买入的到期收益率低于票面利率。反之亦然（见表2-1）。

表2-1 到期收益率与净价之间的关系

利率之间的关系	价格之间的关系	称谓
到期收益率＜票面利率	净价＞面值（100元）	溢价
到期收益率＞票面利率	净价＜面值（100元）	折价
到期收益率＝票面利率	净价＝面值（100元）	平价

例2-2 折溢价计算

假设在2018年1月30日，180402的成交收益率为4.85%，对应的成交净价99.916 7元，则折价=100−99.916 7=0.083 3元。

如果成交收益率为4.80%，对应的成交净价100.052 6元，则溢价=100.052 6−100=0.052 6元。■

折溢价的摊销

实际上，在债券二级市场成交的债券，很难凑巧是按照净价100元成交的，绝大部分都有折价或者溢价，反映的是到期收益率随利率市场而波动。

在进行投资收益的测算时，票息的部分是确定的，很容易计算。但是对于折溢价该如何处理？如果置之不理，最大的问题是到这只债券还本付息时，会出现一笔较大的投资亏损或投资收益，对利润形成很大的干扰。

👆 例2-3　折溢价的影响

假设在 2018 年 1 月 30 日，你买入一笔 5 000 万元面值的 16 上药 01（代码：136198.SH），成交明细如下：

债券：16 上药 01（代码：136198.SH）

票面利率：2.98%

到期日：2019/1/26

交易日：2018/1/30

交割日：2018/1/31

成交净价：97.953 0 元

成交收益率：5.15%

成交面值：5 000 万元

则这只债券的折价 =100-97.953 0=2.047 0 元

如果在持有期间按照票面利率 2.98% 计提利息，而不考虑折价的摊销，则在到期日（2019/1/26）时，发行人按照 100 元的面值兑付，投资人一次性获得 2.047 0 元的折价收入。这对 2018 年及 2019 年的利润影响较大（2018 年利润较小，而 2019 年则利润较大）。■

按照权责发生制的会计准则，折价产生的收益，以及溢价产生的亏损，应在买入债券的开始日至到期日就逐步摊销（见图 2-5），以免到期日一次性兑付对利润造成的大幅波动。折溢价的摊销方式，一般采用实际利率法。

👆 例2-4　折溢价的摊销

假设在 2018 年 5 月 28 日，你买入 5 年期国家开发银行债 180204，

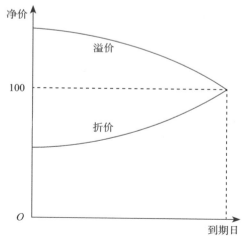

图 2-5　债券的折溢价摊销

T+1 日交割，成交收益率为 4.31%，成交净价为 101.606 8 元，180204 的票面利率为 4.69%（见表 2-2）。

表 2-2　180204 基本要素

代码：	180204	期限（年）：	5
起息日：	2018/3/2	到期日：	2023/3/23
票面利率：	4.69%	付息频率：	每年 1 次

可见 180204 为溢价买入，溢价金额为 1.606 8 元。如果持有至到期，则需要在剩余的 4.82 年中，逐步将溢价金额摊销至 0，且摊销金额计入当年的利润亏损。表 2-3 是摊销的现金流表。

表 2-3　180204 摊销现金流　　　　　　　　　（单位：元）

A	B	C	D	E	F	G
日期	名义利息收入 100x4.69%	实际利息收入 101.6068x4.31%	溢价摊销 C−B	溢价摊余金额	面值	账面价值 F+E
2018/5/29				1.606 8	100.00	101.606 8
2019/3/23	3.829 1	3.575 4	−0.253 7	1.353 1	100.00	101.353 1
2020/3/23	4.690 0	4.368 3	−0.321 7	1.031 4	100.00	101.031 4
2021/3/23	4.690 0	4.354 5	−0.335 5	0.695 9	100.00	100.695 9
2022/3/23	4.690 0	4.340 0	−0.350 0	0.345 9	100.00	100.345 9
2023/3/23	4.690 0	4.344 1	−0.345 9	0.000 0	100.00	100.000 0

在到期日，整个溢价金额摊销完毕，账面价值等于面值。∎

含权债的行权收益率

到期收益率固然很好很强大，但是对含权债，到期收益率是一个非常不可靠的指标，可能让投资人误入歧途。而行权收益率对于含权债而言，是个更具参考意义的指标。

具有双向选择权的含权债

具有双向选择权的含权债的原始期限，一般是 A+B 型。在 A 年后附发行人的赎回权、调整票面利率选择权以及投资者的回售权。对于发行人的调整票面利率选择权，有的条款规定是既可以上调也可以下调，还可以不调，有的条款规定是只可以上调或者不调。

如图 2-6 所示，15 闽高速（代码：122431.SH）的基本条款如下。

债券代码	122431.SH	债券简称	15闽高速
债券全称	福建发展高速公路股份有限公司2015年公司债券		
发行人	福建发展高速公路股份有限公司		
担保人	—		
交易市场	122431.SH（上海）		
债券类型	一般公司债	发行方式	公募
票面利率（发行时）	3.530 0	期限（年）	5.00
利率类型	累进利率	息票品种	附息
每年付息次数	1	当前余额（亿元）	20.00
起息日期	2015-08-11	到期日期	2020-08-11
上市日期	2015-09-15	摘牌日期	2020-08-10
发行价格（元）	100.000 0	最新面值（元）	100.000 0
最新债项评级	AA+	评级机构	中诚信证券评估有限公司

图 2-6　15 闽高速基本要素

资料来源：Wind.

这只债券的票面利率为 3.53%，期限是 3+2 年，附第 3 年年末发行人调整票面利率选择权、发行人赎回选择权和投资者回售选择权。

如果按照到期收益率去评估这笔交易，则意味着你假设在 3 年后，发行人不选择赎回且保持利率不变，并且投资者不选择回售。这种假设是否合理？

例 2-5　行权收益率与到期收益率

假设在 2016 年 10 月 21 日，你以估值净价 102.248 9 元买入 15 闽高速（代码：122431.SH），到期收益率是 2.895 2%（2020 年 8 月 11 日到期，剩余期限 3.8 年），而行权收益率只有 2.236 2%（行权日为 2018 年 8 月 11 日，剩余期限 1.8 年），如图 2-7 所示。

债券代码	122431.SH	...	15 闽高速
交易日期	2016/10/21 ▼		T+0
结算日期	2016/10/21 ▼		交易所债推荐 T+0（交易明日利息计入卖方）

模拟分析		中债估值	
剩余年限	1.81+2	3.8055	
净价	102.2489	102.2489	
全价	102.9452	102.9356	
应计利息	0.696329	0.6867	
到期收益率	2.8925	2.8952	
行权收益率 ▼	2.2362	点击使用中债权后票面计算到期收益率	
市场利差 ▼	—	—	
久期 ▼	3.6106	3.5066	
凸性 ▼	16.1252	16.1054	
基点价值	0.0361	0.0361	

图 2-7　15 闽高速试算截图

如果发行人福建发展高速公路股份有限公司在 2018 年 8 月 11 日前想行使赎回权，则投资人所获得的真实收益就是行权收益率，只有区区的 2.236 2%。

对于这只债券，行权收益率明显低于到期收益率：买入净价溢价 2.248 9 元，需要从买入日开始到债券到期日（或者回售日）逐步摊销至 0，逐步实现摊销亏损。因此，剩余到期日越短，年化亏损越多；也就是说，按照行权日，这 2.248 9 元的溢价要在剩余 1.8 年内摊销完毕。

反之，如果当前净价是折价成交，行权收益率就会大于到期收益率。■

永续债

永续债的原始期限是 A+N 型，永续债中包含的选择权都是发行人的权利，而投资人是没有选择的。因此，所谓的行权收益率，是指发行人行权情况下的到期收益率，这对投资人而言是非常不利的。投资永续债时，需要考虑发行人行权的可能性。

永续债条款中促使发行人赎回的条款主要是利率调升条款。但是，发行人是否如所设想的那样行使赎回权，主要取决于两点：

（1）利率调升幅度是否足够？

（2）发行人是否出现融资困难，以至于愿意以更高的调升利率去延续这只债券？

如 15 森工集 MTN001（代码：101560002.IB）这只永续债，其基本条款如下（见图 2-8）。

债券代码	101560002.IB	债券简称	15森工集MTN001
债券全称	中国吉林森林工业集团有限责任公司2015年度第一期中期票据		
发行人	中国吉林森林工业集团有限责任公司		
担保人	—		
交易市场	101560002.IB（银行间）		
债券类型	一般中期票据	发行方式	公募
票面利率（发行时）	7.100 0	期限（年）	6.00
利率类型	累进利率	息票品种	附息
每年付息次数	1	当前余额（亿元）	10.00
起息日期	2015-02-04	到期日期	2021-02-04
上市日期	2015-02-05	摘牌日期	2021-02-01
发行价格（元）	100.000 0	最新面值（元）	100.000 0
最新债项评级	A-	评级机构	中诚信国际信用评级有限责任公司

图 2-8　15 森工集 MTN001 基本要素

资料来源：Wind.

在 3 年后，如果发行人选择不赎回，则利率跳升 300 个基点。

2018 年 1 月 29 日，发行人中国吉林森林工业集团有限责任公司发布公告，决定不赎回这只债券。

因此，对于含权债，首先要看选择权（主动权）在发行人还是投资人，相比于到期收益率，行权收益率更有参考意义。

速算神器：久期与凸性

我们知道，二级债券市场上的债券成交，都是以债券的到期收益率（或行权收益率）为谈判标的。图 2-9 是某一天的二级债券成交明细。

剩余期限	代码	简称	成交价	涨跌(BP)	中债	类型	票息	主/债
61D	150207.IB	15国开07	3.30	-2.31	3.3231	G	4.18	--
61D	150207.IB	15国开07	3.30	-2.31	3.3231	G	4.18	--
5.56Y	130018.IB	13附息国债18	3.865	-1.33	3.8783	T	4.08	--
8D	111721196.IB	17渤海银行CD196	2.95	-6.30	3.0130	T	4.70	AAA/
5.56Y	130018.IB	13附息国债18	3.865	-1.33	3.8783	D	4.08	--
61D	150207.IB	15国开07	3.31	-1.31	3.3231	D	4.18	--
2.61Y	170209.IB	17国开09	4.73	-0.89	4.7389	T	4.14	--
13D	111708386.IB	17中信银行CD386	3.25	-36.35	3.6135	D	4.75	AAA/
61D	150207.IB	15国开07	3.31	-1.31	3.3231	D	4.18	--
282D	170413.IB	17农发13	4.32	-0.02	4.3202	D	4.02	--
5D	111788016.IB	17广州银行CD082	2.85	-5.07	2.9007	T	4.67	AAA/
8D	111705135.IB	17建设银行CD135	2.85	-7.05	2.9205	T	4.55	AAA/
8D	011753079.IB	17浙能源SCP007	3.00	-42.56	3.4256	D	4.32	AAA/
160D	170207.IB	17国开07	3.90	-1.77	3.9177	D	3.53	--
4.17Y	1580103.IB	15海城投债	6.20	0.26	6.1974	D	6.22	AA/AAA
26D	111792627.IB	17盛京银行CD012	4.20	1.33	4.1867	D	4.50	AAA/
5D	111710563.IB	17兴业银行CD563	2.75	-10.03	2.8503	D	4.63	AAA/
5D	111710563.IB	17兴业银行CD563	2.75	-10.03	2.8503	D	4.63	AAA/
96D	011768003.IB	17中铝业SCP008	5.15	-11.31	5.2631	D	4.55	AAA/
166D	111713073.IB	17浙商银行CD073	5.00	9.27	4.9073	D	4.58	AAA/
48D	111719410.IB	17恒丰银行CD410	4.25	-17.76	4.4276	T	5.32	AAA/
53D	150004.IB	15附息国债04	2.80	-16.58	2.9658	T	3.22	--

图 2-9　债券报价

资料来源：Wind.

从图 2-9 中我们可以看出，成交价都以到期收益率为标的，而不是债券净价或全价。原因很容易理解：如果以净价为交易标的，你还得自己再倒算到期收益率，还不如直接以到期收益率为标的进行谈判及成交，更为直接方便。

此外，债券的结算价格以及你的盈亏，都是以债券价格（尤其是净价，因为应计利息是确定性的）为计算基准的。收益率多 1 个基点或少 1 个基点，对债券净价，乃至整个结算金额，有什么影响呢？

当然，一种最容易想到的方法是通过收益率去计算净价和全价，然后再计算结算金额。收益率多几个基点或少几个基点，也可以利用这个方法算出来。

👆 例2-6 直接计算债券损益

假设在2018年2月1日上午，你买入3 000万元面值的17国开15（170215），成交明细如下：

债券代码：170215

结算日：2018/2/1

成交面值：3 000万元

成交收益率：5.06%

成交净价：93.878 6元

成交全价：95.748 8元

结算金额：28 724 641.48元

当天下午，170215的收益率上涨到5.10，即上涨4个基点。你的头寸估值亏损多少？如果止损，实现亏损多少？

最简单粗暴的方法就是通过最新收益率再倒算债券净价及全价：

面值：3 000万元

收益率：5.10%

成交净价：93.592 9元

成交全价：95.463 2元

结算金额：28 638 956.62元

每百元面值的全价（净价）波动 =95.463 2-95.748 8=-0.285 6（元）

与买入价差额：28 638 956.62-28 724 641.48=-85 684.86（元）

因此，估值亏损85 684.86元；如果卖出，会实现同样的亏损。■

这种使用收益率再计算债券价格的方法固然没错，但是太过复杂烦琐，不利于投资决策。投资经理需要通过心算就能知道，自己的头寸估值盈亏和买卖盈亏，只有这样才能快速决策。

我们需要一种速算法，对于任何一只债券，收益率每变动 1 个基点或几个基点，都能迅速知道对应价格的变化，从而能够粗略计算出你的头寸盈亏情况。

于是，久期的概念应运而生。

按照定义，久期指的是收益率每变动 1 个基点，债券全价的百分比变动。用公式表示就是：

$$久期^{\ominus} = \frac{债券全价的百分比变动}{收益率的百分比变动} = \frac{\dfrac{V_- - V_+}{V_0}}{2 \cdot \Delta y}$$

式中　Δy——收益率的变动，如 1 个基点就是 0.01%；

　　　V_0——债券初始全价；

　　　V_-——收益率下降 Δy 时，对应的债券全价；

　　　V_+——收益率上升 Δy 时，对应的债券全价。

假设在 2018 年 2 月 1 日，170215 的久期是 7.473。也就是说，收益率变动 1 个基点，170215 的债券全价反向变动 $7.473 \times 0.01\% = 0.074\,3\%$。

🖐 例 2-7　使用久期速算债券损益

在上述例子中，170215 的收益率从 5.06 上涨至 5.10，即上涨 4 个基点。

170215 的久期为 7.473，则：

每百元面值的价格百分比变动 $= 7.473 \times 0.04\% = 0.298\,9\%$

每百元面值的价格的绝对值变动 $= 0.298\,9\% \times 95.748\,8 = 0.286\,2$（元）

绝对亏损额 $= 30\,000\,000 \times \dfrac{0.286\,2}{100} = 85\,863.69$（元）

这与之前使用传统方法计算出来的 85 684.86 元相差 178.83 元，误差在 0.2% 左右，足够精确。

注：在上述计算中，均假设先进行计算，再四舍五入。■

$\ominus$　在久期的公式中，之所以使用收益率双向波动来计算平均值，是因为收益率向上和向下的波动，对于债券价格的影响是不一样的，因此一般采用上下波动并取平均值的办法。

　　由于债券价格与收益率变动是反向关系（收益率上升时，债券价格下降），因此按照公式，久期应该是个负数。但是市场约定俗成，不说正负号，久期直接就是一个正数，大家心里知道就行了。使用久期计算的时候，公式是这样：

$$债券价格的百分比变动 =- 久期 \times 收益率的百分比变动$$

　　使用久期去速算当然很方便！不过，使用久期进行速算，其实内含了一个假设。再去看久期的公式：

$$久期 = \frac{债券全价的百分比变动}{收益率的百分比变动}$$

实际上，久期假设债券收益率与价格是线性关系：

$$债券价格的百分比变动 =- 久期 \times 收益率的百分比变动$$

实际上，根据我们上面的叙述，债券价格 P 是收益率 y 的多项式函数（负次方），而不是线性函数：

$$P=f(y)$$

如果学过微积分，我们都知道，当收益率 y 变动在很小的范围内时（一般当日市场的收益率波动也不会很大），可以使用线性函数去近似拟合多项式函数（见图 2-10）。

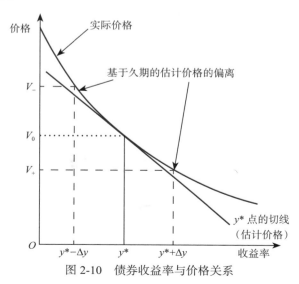

图 2-10　债券收益率与价格关系

如图 2-10 所示，实际的债券价格 P 与收益率 y 的图形是曲线，使用久期来进行速算，实际上是使用直线（线性关系）来替代曲线求解近似值。当收益率变动 Δy 较小时，误差很小。

但是当收益率变动比较大时，只用久期的线性函数去求近似解，误差就比较大了。这时候，凸性就派上用场了。

简单说，久期是用一次方函数（线性函数、直线）去近似真实的"债券价格 – 收益率"曲线，而凸性是二次方函数，使用"久期 + 凸性"组合成一个二次方函数去近似真实的"债券价格 – 收益率"曲线，误差就更小了。或者说，凸性是对久期速算的一种误差调整。这时候，债券价格变动的速算公式变成了这样：

$$\frac{\Delta P}{P} = -D \cdot \Delta y + \frac{1}{2} \cdot C \cdot (\Delta y)^2$$

式中 $\dfrac{\Delta P}{P}$——债券全价的百分比变动；

Δy——收益率变动；

D——久期；

C——凸性。

具体这个公式的推导，我相信大部分读者是不感兴趣的，大家只要记住就好了。具体的推导过程在后面的章节中有介绍。

👆 例 2-8 各类债券损益速算方法的比较

假设在 2018 年 2 月 1 日上午，你买入 3 000 万元面值的 17 国开 15（170215），成交明细如下：

债券代码：170215

结算日：2018/2/1

成交面值：3 000 万元

成交收益率：5.06%

成交净价：93.878 6 元

成交全价：95.748 8 元

结算金额：28 724 641.48 元

当天下午，170215 的收益率大幅上涨了 50 个基点至 5.56%。估值亏损多少？

通过收益率再倒算债券净价及全价：

收益率：5.56%

成交净价：90.384 5 元

成交全价：92.254 7 元

结算金额：27 676 415.36 元

每百元面值的全价（净价）波动 =92.254 7−95.748 8=−3.494 1（元）

与买入价差额：27 676 415.36 − 28 724 641.48=−1 048 226.12（元）

因此，估值亏损 1 048 226.12 元；如果卖出，会实现同样的亏损。

通过久期进行速算：

170215 的久期：7.473

每百元面值的价格百分比变动 =7.473 × 0.50%=3.736 5%

每百元面值的价格的绝对值变动 =3.736 5% × 95.748 8=3.577 7（元）

$$绝对亏损额 =30\ 000\ 000 \times \frac{3.577\ 7}{100} =1\ 073\ 296.17（元）$$

与实际的亏损 1 048 226.12 元相差 25 070 元，误差为 2.39%。

通过"久期＋凸性"的组合进行速算：

170215 的久期 D：7.473

170215 的凸性 C：70.482 7

每百元面值的价格百分比变动：

$$-7.473 \times 0.50\% + 0.5 \times 70.482\ 7 \times (0.50\%)^2 = 3.648\ 4\%$$

每百元面值的价格的绝对值变动 $= 3.648\ 4\% \times 95.748\ 8 = 3.493\ 3$（元）

绝对亏损额 $= 30\ 000\ 000 \times \dfrac{3.493\ 3}{100} = 1\ 047\ 988.80$（元）

与实际的亏损 1 048 226.12 元相差 237.32 元，误差为 0.02%。

我们可以看出，当收益率变动幅度较小时，使用久期进行估算是足够精确的，误差不大。但是当收益率变动幅度较大时，使用久期估算的误差就比较明显了，这时候使用"久期＋凸性"的组合进行估算，能够明显缩小估算误差。久期方法就好比是牛顿理论体系，适用于物体低速运动的情形，而"久期＋凸性"的方法就好比是爱因斯坦的理论体系，同时适用于物体的低速和高速运动情形。

注：在上述计算中，均假设先进行计算，再四舍五入。■

凸性的一大特点是：久期相同时，凸性越大越好。凸性越大，当利率下行时价格上升越多，而利率上行时价格下跌越少，即"涨多跌少"。我们从"债券价格－收益率"曲线上可以很明显看出区别（见图 2-11）。

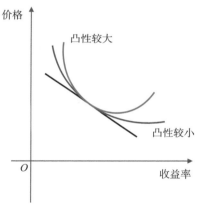

图 2-11 债券凸性

延伸阅读 2-2 久期及凸性的推导公式

债券价格与到期收益率的关系公式如下：

$$P + AI = \frac{现金流_1}{(1+y)^{t_1}} + \frac{现金流_2}{(1+y)^{t_2}} + \cdots + \frac{现金流_n}{(1+y)^{t_n}}$$

式中　P——债券净价；

　　　AI——债券的应收利息；

y——债券的到期收益率。

如果用一般性函数表示债券净价 P 与到期收益率 y 之间的关系，则是：

$$P=f(y)$$

其中，$f()$ 是个多项式函数。

根据泰勒公式：

$$f(y+\Delta y)=f(y)+f'(y)\times\Delta y+\frac{1}{2}f''(y)\times(\Delta y)^2+o\left((\Delta y)^3\right)$$

则：

$$\frac{\Delta P}{P}=\frac{f(y+\Delta y)-f(y)}{f(y)}=\frac{f'(y)}{f(y)}\times\Delta y+\frac{1}{2}\frac{f''(y)}{f(y)}\times(\Delta y)^2+o\left((\Delta y)^3\right)$$

式中　Δy ——债券到期收益率的变动（%）；

$\dfrac{f'(y)}{f(y)}$ ——久期的相反数 $-D$；

$\dfrac{f''(y)}{f(y)}$ ——凸性 C。

因此，债券价格的变化（应收利息不变，且应收利息占比较小，因此可以近似认为是净价的变化）：

$$\frac{\Delta P}{P}\approx-D\cdot\Delta y+\frac{1}{2}C\cdot(\Delta y)^2$$

久期 D 就是价格对收益率的一次导数，凸性 C 是价格对收益率的二次导数。■

久期的久有几种写法

上面详述了如何使用久期进行债券价格变动的速算，但是没有回答一个问题：久期如何计算？

麦考利久期

久期的概念最早于 1938 年由麦考利（Macaulay）提出。麦考利提出久期的概念时，可不是为了计算"债券价格－收益率"的敏感性，而是为了衡量所有现金流的加权期限，它是一个时间的概念。从久期的英文 duration 就能看出，它最初是为了衡量一只债券平均（加权的概念）多长时间能收回所有现金流。因此，有的时候你会听到有些人把久期说成 ×× 年。

实际上，麦考利久期是最没有用的久期，几乎可以忽略不计。你知道了一只债券的现金流的加权剩余期限是 4.3 年，又能得到什么信息呢？只不过由于出现的最早，名气还是在那儿的。

根据定义，麦考利久期的计算公式如下：

$$麦考利久期 = \frac{PV(CF_1)}{P} \cdot t_1 + \frac{PV(CF_2)}{P} \cdot t_2 + \cdots + \frac{PV(CF_n)}{P} \cdot t_n$$

式中　CF_n——债券的第 n 笔现金流；

$\quad\quad t_n$——第 n 笔现金流的期限；

$PV(CF_n)$——第 n 笔现金流的贴现值，使用到期收益率进行贴现；

$\quad\quad P$——债券的全价。

修正久期

既然麦考利久期的意义不大，为什么还要提它呢？这是因为，一个更有用的久期——修正久期，可以通过麦考利久期进行计算。

$$修正久期 = \frac{麦考利久期}{1+y/f}$$

式中　y——债券的到期收益率；

$\quad\quad f$——每年付息次数。

修正久期是对麦考利久期的修正，它就有点用处了。它表示债券价格百分比变动对收益率变动的相对值，可以用作速算。

目前中债登提供的估值数据都是估值修正久期。

修正久期有一个重要的假设：其预期的未来现金流不会随着收益率变化而变化。这个前提假设，对于不含权的债券是没有问题的。但是对于含权债或者浮息债，包括资产支持证券（ABS），这个假设并不成立。这时候就需要用到有效久期了。

有效久期

有效久期真有效！不管什么情况下，使用有效久期肯定没错！

因为有效久期就是按照久期的定义而来的，指的就是债券价格百分比变动对收益率变动的敏感性。

对于含权债，市场收益率水平的变动可能对未来发行人或投资人行使权利的可能性产生影响，进而影响其现金流的估计。对于资产支持证券（ABS）就更明显了，如住房抵押贷款的支持证券（MBS），收益率的变动会对贷款人的提前还款行为产生明显影响，从而影响其未来的现金流，进而影响对新的收益率下的债券价格（V_- 或者 V_+）。

那么，究竟该如何计算有效久期呢？公式如下：

$$久期 = \frac{债券全价的百分比变动}{收益率的百分比变动} = \frac{\frac{V_- - V_+}{V_0}}{2 \cdot \Delta y}$$

在修正久期的计算中，收益率的变动 Δy 只会影响未来现金流的贴现值 $\left(\frac{1}{(1+y \pm \Delta y)^{t_i}}\right)$，不会对现金流本身产生影响。而有效久期所针对的含权债及资产支持证券，收益率的变动 Δy 不但影响未来现金流的贴现值，还会影响现金流本身（现金流的时间、金额，都可能会影响）。在这种情况下，最常用也最精确的就是使用简单的蒙特卡罗模拟。

（1）模拟收益率变动下的各种不同利率路径。

（2）估计在不同利率路径下的债券的现金流。

（3）现金流贴现得出债券价格（V_- 或者 V_+）。

（4）通过久期的公式进行计算。

终极神器：基点价值

了解了久期与凸性之后，PVBP 与 DV01 的概念就变得很容易了。PVBP（price value of a basis point）中文叫作"基点价值"，指的是每百元面值的债券，当收益率变动 1 个基点时，债券价格的绝对值变动（由于应收利息不变，因此也是净价变动）。

$$PVBP = |初始价格 - 收益率变动 1 个基点之后的新价格|$$

实际上，收益率上升和下降 1 个基点对价格的影响不是对称的，略有差异。但由于 1 个基点的收益率变动很小，因此这种不对称基本可以忽略，所以 PVBP 对收益率不管是上升还是下降，都是适用的。PVBP 有时候也称作 DV01（dollar value of an 01）。

其实 PVBP 是比久期更好用的指标。毕竟久期是粗略速算，要更精确还需加上凸性指标进行联合计算，而 PVBP 是把这一切给你算好了，直接告诉你每百元面值，1 个基点收益率变动对债券价格变动的绝对值。

👆 例2-9 通过"久期 + 凸性"组合计算 PVBP

假设在 2018 年 2 月 1 日，17 国开 15（170215）的信息如下：

估值基点价值：0.071 5

估值修正久期：7.473

估值凸性：70.482 7

全价：95.683 5 元

$$\begin{aligned}
PVBP &= \left| P \cdot \left[-D \cdot 0.01\% + \frac{1}{2} \cdot C \cdot (0.01\%)^2 \right] \right| \\
&= \left| 95.683\,5 \times \left[-7.473 \times 0.01\% + 0.5 \times 70.482\,7 \times (0.01\%)^2 \right] \right| \\
&= 0.071\,5
\end{aligned}$$

这与中债登给出的估值基点价值是一致的。∎

👆 例2-10 利用 PVBP 速算债券价格变动

假设在 2018 年 2 月 1 日，你买入 3 000 万元面值的 17 国开 15，成交明细如下：

债券代码：170215

买入面值：3 000 万元

买入收益率：5.07%

买入净价：93.807 1 元

买入全价：95.677 3 元

估值收益率：5.042 3%

估值基点价值（PVBP）：0.071 7

$$估值盈利 = 收益率变动值 \times PVBP \times \frac{面值}{100}$$

$$= （5.07 - 5.042\ 3）\times 100 \times 0.071\ 7 \times \frac{30\ 000\ 000}{100}$$

$$= 59\ 582.70 （元）∎$$

由于债券成交一般是以 1 000 万元面值为单位进行成交的，因此记住 1 000 万元面值的债券持仓，1 个基点的变动对持仓市值波动的绝对值（持仓 DV01）是非常有益的。以上面的 170215 为例，1 个基点的变动造成 1 000 万元持仓的净价估值损益为：

$$1\ 000 \times \frac{0.071\ 7}{100} = 0.717 （万元）= 7\ 170 （元）$$

实际上，由于每只债券的票息不同，当前收益率水平不同，剩余期限不可能那么完整（比如正好是 5 年整），因而每只债券的基点价值都是不尽相同的。但是记住每个关键期限的债券的典型基点价值，还是非常有益处的，可以在误差允许范围内进行速算。

由于大部分债券是以 1 000 万元面值为基本单位成交的，因此记住每 1 000 万元面值的债券，1 个基点变动对于债券整个市值的波动是最方便的。持仓 DV01 的速记如表 2-4 所示。

表 2-4　持仓 DV01 的速记

剩余期限	每 1 个基点收益率变动对 1 000 万元面值债券的市值变化（元）
1 年	950
3 年	2 500
5 年	4 500
7 年	6 000
10 年	8 000
20 年	14 000
30 年	17 000

债券交易行话大全

债券市场中大部分属于 OTC 市场，需要进行点对点的成交。除了在交易所市场的部分公募债券可以通过竞价撮合成交（类似于股票交易），其他债券都是点对点的交易双方谈好价格，然后在前台系统进行成交。

相比于股票，债券的流动性相对欠佳，债券经纪商在债券二级市场中起着至关重要的作用。作为撮合中介，债券经纪商把市场上的债券买方与卖方的报价进行集中，再进行人工撮合成交。在与债券经纪商进行债券买卖的时候，记住常用术语对于交易的沟通是非常有益的。

下面以 17 国开 15（170215）在 QB 上的经纪商报价为例进行说明，如图 2-12 所示。

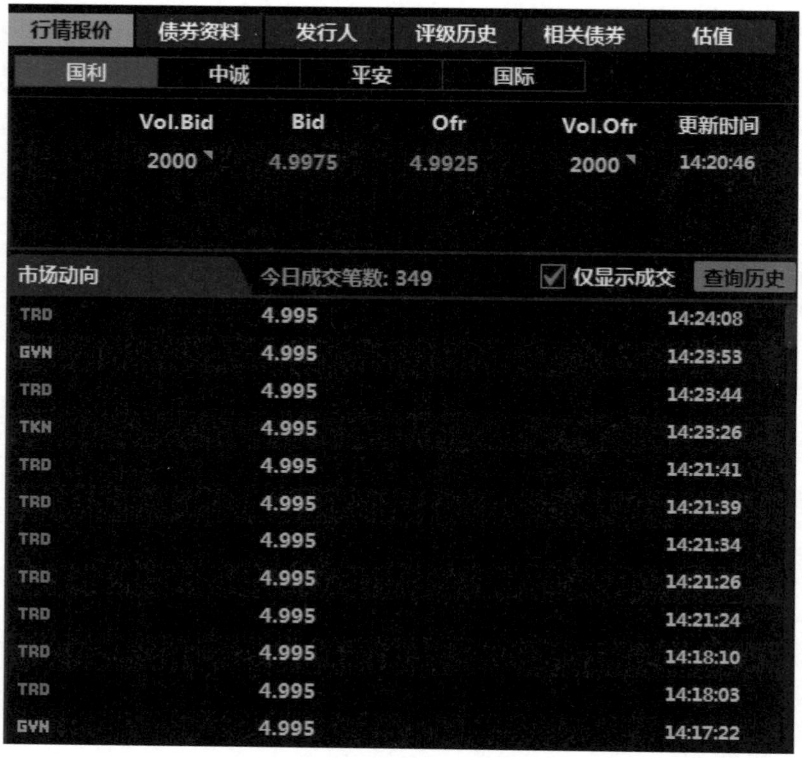

图 2-12 债券 170215 的中介报价

资料来源：QB.

作为买卖双方

首先，债券报价都以到期收益率作为报价标的，这样更为直观方便。买（卖）方报价的三个要素是：债券代码、报买（卖）收益率、报买（卖）面值。

👆 **例 2-11 中介报价样例**

假设你想在 5.01% 的位置买入 17 国开 15（170215）面值 2 000 万元，则在经纪商的报价格式可以是：

Bid 170215 5.01 2 000（万）

如果另外一人想在 4.99% 的位置卖出 17 国开 15（170215）面值 3 000

万元，则报价格式：

Ofr 170215 4.99 3 000（万）

注：1. Bid 代表买入，Ofr（offer）代表卖出。

2. 由于债券一般以万元为单位，因此 3 000 万元可以直接写成 3 000。

3. 如果不做特别约定，默认按照 T+1 交割。

经纪商在拿到双方的报买报卖之后，可以挂出如下的市场报价：

9.54Y 170215 5.01 2 000/4.99 3 000

注：170215 的报买量为 2 000 万，报买收益率为 5.01%，而卖方的报卖量为 3 000 万，报卖收益率为 4.99%。

买卖双方之间的点差有 2 个基点。这种情况一般会按照下面情形进行：

（1）如果买方迫不及待地要拿到这只债券，则可以按照卖方报价直接成交，即 4.99%，这种成交被称为"Taken"（简写为 TKN）。

（2）如果卖方迫不及待地要出售这只债券，则可以以买方报价直接成交，即 5.01%，这种成交被称为"Given"（简写为 GVN）。

（3）如果买卖双方互相僵持，互相讨价还价，假设以中间价格 5.00% 成交，则这种成交被称为"Trade"（简写为 TRD）。

特殊事项说明：

（1）在中介的报价默认都是 T+1 成交，这是为了方便买卖双方有充分时间提前安排资金头寸。如果想要做明天 T+0 成交（效果等同于今天 T+1），或者是其他特殊交割要求，需要在报价时给中介特意说明。

（2）在默认情况下，你在中介挂出的买卖价格和量都是可获得的。就是说，如果有交易对方能够满足你的报价要求，中介可以无须再行请示，直接成交。如果因为内部流程或其他因素，需要在成交前再和你确认（须请示），也可以和中介明确说明。这时在报买报卖价格上会打一个"＊"，如下图所示。

| ☆ | 9.50Y | 170215.IB | 17国开15 | - | 1000 ↘ | 5.0225 ＊ | 5.015 | 2000 |

（3）有时候你同时挂出多笔交易（如多笔不同债券的买入），比如：

Bid 170215，5.01，3 000（万）

Bid 170210，5.05，3 000（万）

由于两者都是 10 年期国家开发银行债，都相对比较活跃，因此成交任何一只都可以，如果你想让中介只成交其中任何一笔，即一笔成交另外一笔自动取消，可以使用 OCO 来给中介明确指示。OCO 是"one cancels the other order"的缩写。

（4）如果你想撤销之前在中介的挂单，你可以给中介打出"ref"，表明你要撤单。如果你同时挂了好几个单，可以打出"ref all"，撤销所有的挂单。ref 之所以表示撤单，一种说法是 ref 是 reference 的缩写，代表之前的挂单仅作为参考。■

第3章

债券定价基础之收益率曲线

债券的收益率曲线理论，包括各类收益率曲线的构建、收益率曲线形态的解释、基于收益率曲线的定价等，相对是比较理论化和数学化的内容。因此，我尽量控制不去讲太多的理论性的东西，主要精力放在日常需要使用的内容上。我们下面提到的收益率曲线，默认都是指债券的收益率曲线。

什么是收益率曲线

所谓收益率曲线，就是利率的期限结构。同一属性类别的债券，在不同期限上的利率水平如何？图 3-1 是 2018 年 5 月 29 日的国债和国家开发银行债的收益率曲线图。

图 3-1 中的横坐标是债券的期限，纵坐标是对应的债券到期收益率。通过这种画图的方式，能够把某个债券品种的收益率在不同期限上的分布看得一清二楚。通过对比，也能很容易发现不同类别（如国债与地方债、政金债）债券的收益率曲线形态之间的异同。

如在图 3-1 的收益率曲线中，我们可以发现短期限国家开发银行债（2年以内）的利率处于相对低位，但是中长期限的利率仍然处于高位。

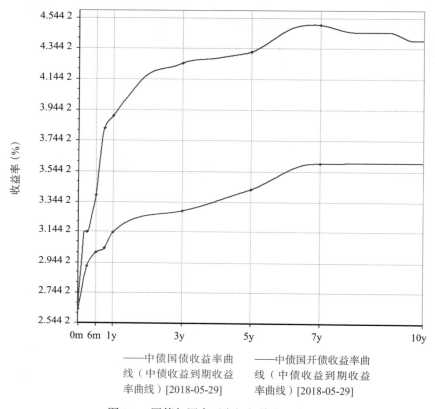

图 3-1   国债与国家开发银行债收益率曲线

资料来源：Wind.

收益率曲线的形态

收益率曲线既然是"债券期限 – 收益率"之间的关系图，那么这个曲线图形有一个典型的形态。按照正常的经验，期限越长利率越高，这是对风险及流动性的补偿，也是收益率曲线最常出现的形态。但在实际的金融市场上，也经常出现其他形态的收益率曲线。影响各期限的利率的因素比较多、比较复杂，很难简单用"期限越长利率越高"来一句话概括。

一般而言，收益率曲线最常见的是以下四种形态，如图3-2所示。

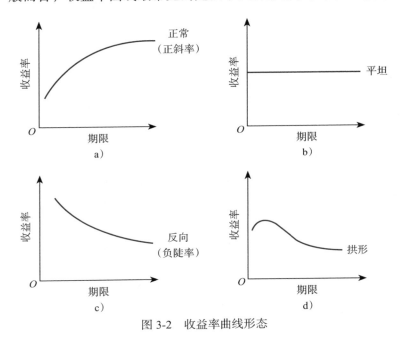

图3-2　收益率曲线形态

当然，在极特殊的情况下，也会出现很诡异的形态。如在2017年5月18日，国债出现过M形的收益率曲线。3年和7年的收益率较高，而5年与10年的收益率相对较低。

对于上述各种收益率形态，教科书上一般提供了三种理论解释：纯预期理论、流动性偏好理论、偏好理论。由于相对偏理论，这里不做展开。这里从实际业务的角度，对上述几种收益率曲线形态做出部分解释（见表3-1）。

表3-1　收益率曲线的形态

收益率曲线形态	形态定义	形态解释
正常形态	期限越长，利率越高	这是符合利率期限结构的正常分布。期限越长，意味着风险越大（包括利率风险、信用风险、流动性风险），要求的利率回报也就越高

（续）

收益率曲线 形态	形态定义	形态解释
平坦形态	长期限与短期限 的利率水平基本一 致，期限利差很小	这种形态一般分两种情况： （1）长端收益率相对短端下降较多，导致收益率曲线向下 变得平坦，即所谓的"牛平"。这种情况一般反映投资者对 债券牛市预期较强，做多长期限债券 （2）短端收益率较长端上行较多，导致收益率曲线向上变 得平坦，即所谓的"熊平"。当货币的资金变得紧张，导致 货币市场利率急剧抬升时，往往会带来"熊平"
反向形态	短端收益率高于 长端收益率	当流动性迅速收紧，甚至出现流动性枯竭时，货币市场利 率（1年以内的利率）急剧升高，超过了普通债券的收益率 水平，可能会出现收益率曲线的反向形态，不过反向形态一 般不会持续太长时间，如2013年的6·20事件后，国债的 收益率曲线维持了一段时间的反向形态
拱形形态	某个期限的收益 率水平明显偏高， 既高于左侧也高于 右侧的收益率	可能与流动性溢价有关，如利率债的7年期债券，流动性 往往不佳，经常出现7年期利率高于10年期利率的情况

　　影响短端利率和长端利率的因素到底有哪些？其影响因素比较复杂，在后面债券投资研究的框架章节会有详细叙述。记住一句话能包治百病："短端看资金，长端看预期。"短端利率受资金面松紧程度及货币市场利率影响较大，而长端利率则更多反映投资者对未来经济增长、通胀及利率走势的预期。

曲线的几大类别及应用

　　中债登提供的每日债券收益率曲线，一般会提供到期收益率曲线、即期收益率曲线和远期收益率曲线。这几种曲线到底是什么意思？有什么区别？分别可以用来做什么？

到期收益率曲线

到期收益率曲线是最常用的收益率曲线。前面章节所讨论的，也都默认是到期收益率曲线。顾名思义，到期收益率曲线就是把各期限债券的到期收益率计算出来，构成"期限－到期收益率"的二维数据和二维曲线。

第一个问题：每个期限的收益率到底用哪一只债券？以国债为例，剩余期限5年期的国债有好多只，有的是新发行的5年期国债，有的是更长原始期限的国债而剩余期限在5年左右，到底该选哪只债券的到期收益率作为基准呢？

这就涉及样本券（on-the-run bond，一般都是新近发行的债券）的选择。首先确定需要采集哪些关键期限点（标准期限），如1、3、5、7、10年等关键点。然后在每个关键点上，找出该剩余期限附近最活跃的债券作为样本券，以此样本券的到期收益率作为这个期限上的收益率基准。

以国债为例，中债登公布的关键点（标准期限）如表3-2所示。

表 3-2　收益率曲线的关键期限

标准期限（年）	收益率（%）
0.0	—
0.08	—
0.17	—
0.25	—
0.5	—
0.75	—
1.0	—
3.0	—
5.0	—
7.0	—
10.0	—
15.0	—

（续）

标准期限（年）	收益率（%）
20.0	—
30.0	—
40.0	—
50.0	—

比如 2018 年 2 月 2 日的国债收益率曲线的部分样本券（节选）如表 3-3 所示。

表 3-3　收益率曲线的样本券

样本券债券代码	债券名称	剩余期限（年）
170009.IB	17 附息国债 09	0.249 3
170017.IB	17 附息国债 17	0.498 6
160003.IB	16 附息国债 03	0.986 3
180003.IB	18 附息国债 03	0.997 3
180002.IB	18 附息国债 02	2.980 8
180001.IB	18 附息国债 01	4.961 6
170027.IB	17 附息国债 27	6.887 7
170025.IB	17 附息国债 25	9.753 4

第二个问题：非关键点上的到期收益率如何确定？或者说，已经在"期限 – 到期收益率"的坐标轴上有一系列的关键点数据了，如何将这些散点连成一条曲线？这中间所使用的方法叫插值法。目前，中债登的估值数据采用单调三次 Hermite 多项式插值，而中证登估值采用三次样条插值。三次样条插值法会使得曲线更为平滑，类似于轧钢板，而 Hermite 插值法更多考虑实际的利率水平，不去特意光滑曲线。因此，同一天的收益率曲线，你会发现中证的收益率曲线会比中债的更为光滑，而中债收益率曲线锯齿感更强一点（见图 3-3）。

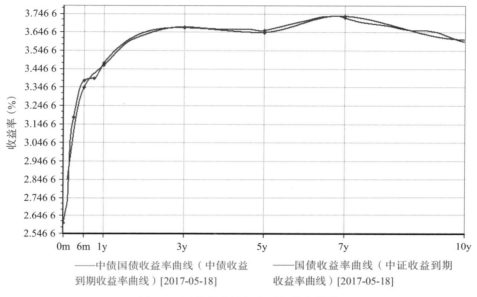

图 3-3 国债的中债与中证收益率曲线

资料来源：Wind.

即期收益率曲线

到期收益率曲线是最常用的收益率曲线，我们平常所提到的也指的是到期收益率曲线。不过，到期收益率曲线蕴含了很重要的一个假设。

例3-1 到期收益率的假设条件

假设国债到期收益率曲线上 5 年期的利率为 3.85%，意即 5 年期国债的到期收益率基准为 3.85%。此 5 年期债券每年付息，现金流如图 3-4 所示。

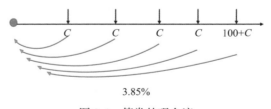

图 3-4 债券的现金流

这里假设所有的未来现金流都按照到期收益率 3.85% 进行贴现，从而得到现值（PV）。但这个假设未必合理，因为每笔现金流的期限不一样，而对应的贴现率理应也不一样。∎

即期收益率就是为了解决这个问题而提出的。即期收益率曲线上每个点的利率，都是期间没有现金流下的利率，因此可以用它来直接进行贴现率的计算。

例 3-2　利用即期收益率进行贴现

假设在 2018 年 2 月 2 日，国债即期收益率曲线上 5 年期的利率为 3.887 9%。某只国债的一笔现金流的剩余期限刚好为 5 年，金额为 100 000 元，则其现值（PV）为：

$$PV（现金流_i）= \frac{现金流量}{(1+y_5)^5} = \frac{100\ 000}{(1+3.887\ 9\%)^5} = 82\ 637.12（元）$$

如果需要对某只国债进行估值，可以对其所有的现金流，找到即期收益率曲线上对应的即期利率，然后使用该贴现率，计算每一笔现金流的现值；其所有现金流的现值之和即为该只债券的估值。用公式表示如下：

$$P = \sum_{i=1}^{n} \frac{cash\ flow_i}{(1+y_i)^{t_i}}$$

式中　　P——债券的估值价格（全价）；
$cash\ flow_i$——第 i 笔现金流金额；
　　y_i——第 i 笔现金流在即期收益率曲线上对应的利率；
　　t_i——第 i 笔现金流的剩余期限。∎

即期收益率曲线和到期收益率曲线最大的区别在于：到期收益率曲线假设期间所有不同期限的现金流的贴现率是相等的，而即期收益率则认为不同期限的现金流应该使用不同的贴现率，以反映真实的利率期限结构（见图 3-5）。

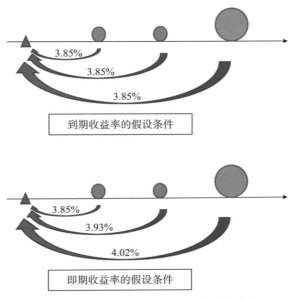

图 3-5　债券到期与即期收益率的假设条件

　　因此，即期收益率曲线，更多是用于债券的定价估值及模型设计，前台交易人员一般用得较少。

　　那么问题来了，即期收益率曲线该如何得出呢？我们可以通过到期收益率曲线推导即期收益率曲线，使用的方法就是著名的拔靴法（bootstrapping）。

例 3-3　使用拔靴法通过到期收益率曲线推导即期收益率曲线

（为了便于理解，笔者对例子做了简化。）

　　假设已有国债到期收益率曲线，其中 1 年期到期收益率为 3.5%，2 年期到期收益率为 3.7%。现假设左右的相关国债都是按年付息的固定利率。由于 1 年期的期间没有任何现金流，因此 1 年期的即期收益率等于 1 年期到期收益率。

$$1 年期即期收益率 y_1 = 3.5\%$$

　　设 2 年期即期收益率 y_2。2 年期到期收益率为 3.7%，其现金流为：

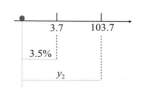

$$100=\frac{3.7}{(1+y_1)^1}+\frac{103.7}{(1+y_2)^2}=\frac{3.7}{(1+3.5\%)^1}+\frac{103.7}{(1+y_2)^2}$$

得出：y_2=3.703 7%

有了 y_1，y_2，就可以继续求解 y_3，y_4，…，这就是所谓的拔靴法。∎

远期收益率曲线

远期收益率曲线是从即期收益率曲线或到期收益率曲线中推导出隐含远期利率，再画出"期限 – 远期利率"的曲线图形。远期收益率不是市场直接成交或者观察到的，是通过市场利率推导出来的隐含利率。

远期利率的本质就等同于以下问题：1 年后的 2 年期远期收益率是多少？这个问题的答案可以通过即期收益率曲线推导得出。

👆 例3-4　通过即期收益率曲线推导远期收益率曲线

假设通过国债即期收益率曲线：

1 年期即期收益率 y_1=3.40%

3 年期即期收益率 y_3=3.70%

1 年后的 2 年期远期收益率为 $_1y_2$，则有：

$$(1+y_1)\times(1+_1y_2)^2=(1+y_3)^3$$
$$(1+3.40\%)\times(1+_1y_2)^2=(1+3.70\%)^3$$

得出：$_1y_2$=3.85%

（注：$_1y_2$ 的左下角标指的是 1 年之后的远期利率，右下角标指的是 2 年期的利率。）

通过这种方法，可以计算出 1 年后的所有期限的远期利率，从而得出 1 年后的远期收益率曲线。图 3-6 是中债登公布的 2018 年 5 月 29 日国债

1 年之后的远期的到期收益率曲线（1 年之后，国债的到期收益率曲线是什么样子）。

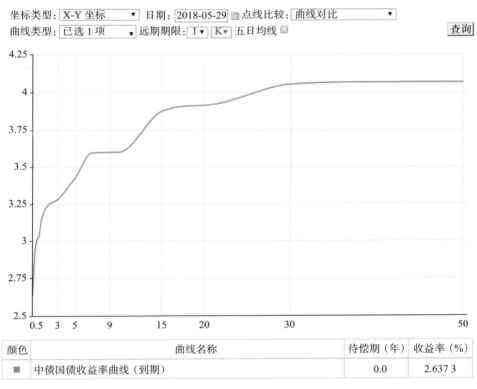

颜色	曲线名称	待偿期（年）	收益率（%）
■	中债国债收益率曲线（到期）	0.0	2.637 3

图 3-6　国债的远期收益率曲线　■

　　中债登每日公布远期的即期收益率曲线（通过即期收益率推导）和远期的到期收益率曲线（通过到期收益率推导）。

小结

　　三类（到期、即期、远期）收益率曲线各有各的用处，各有各的假设前提，该如何记忆呢？表 3-4 是速记表。

表 3-4   三种收益率曲线的对比

收益率曲线类别	含　义	构建方法	用　处
到期收益率曲线	"期限 – 到期收益率"的二维曲线图	（1）收集有效交易数据和报价数据，并选取关键期限及样本券 （2）通过插值模型连接各关键节点，并得出非关键节点的收益率	前台交易员使用较多，简单直观，常用作市场走势分析
即期收益率曲线	即期收益率指的是期间没有任何现金流的收益率	在到期收益率曲线基础上，通过拔靴法逐步推导	多用作债券定价估值及模型设计
远期收益率曲线	某个远期期限后的（即期或者到期）收益率曲线	通过即期或到期收益率曲线推导隐含的远期利率	多用作利率模型的构建

曲线的形态变化预示着什么

我们在研报中经常看到分析师使用"牛陡""牛平""熊陡""熊平"等关于收益率曲线变化的字眼。这些词主要指的是在某种市场环境下（牛市或熊市）收益率曲线形态是如何变化的。

牛平

"牛平"指的是在收益率曲线整体下移（也就是说，各期限的收益率均有下行）、债券整体处于牛市的背景下，长端收益率下行量值比短端收益率下行更多，导致收益率曲线变得更为平坦的情况。如图 3-7 中的长端收益率明显下降更多，新的曲线变得更为平坦了。

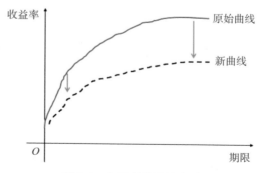

图 3-7   收益率曲线的牛平

收益率曲线的"牛平"，往往出现在下面的情形中：

当前市场的收益率下行尚未充分，曲线处于正常形态，而债券投资者的牛市预期比较强烈，因此强烈做多长端债券（因为长端债券的久期更长，获取资本利得更多），抢筹情绪浓厚。在这种情况下，长端利率下行更为明显，导致收益率曲线变得平坦。

牛陡

与"牛平"相似，"牛陡"也是处于债券的牛市中，收益率曲线整体下行。与"牛平"不同的是，"牛陡"下短端收益率下行更为迅猛，导致收益率曲线变得更为陡峭（见图 3-8）。

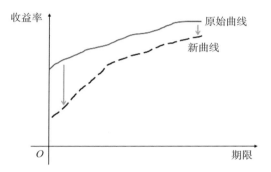

图 3-8　收益率曲线的牛陡

收益率曲线的"牛陡"，往往出现在下面的情形中：

收益率曲线中的短端利率受货币市场的资金利率影响更大。当货币市场的资金宽松，货币市场利率下行时，带动了短端收益率明显下行。

熊平

"熊平"首先是处于债券的熊市中，其次收益率曲线整体上行。但是，"熊平"下短端收益率上行更为明显，超过了长端收益率的上行幅度（见图 3-9）。

收益率曲线的"熊平"，往往出现在下面的情形中：

收益率曲线中的短端利率受货币市场的资金利率影响更大。当货币市场的资金持续紧张时，货币市场利

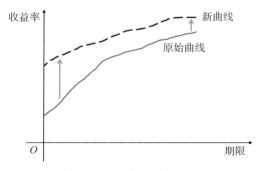

图 3-9　收益率曲线的熊平

率明显上行，带动了短端债券收益率明显上行。

熊陡

与"熊平"相似，"熊陡"也是处于债券的熊市中，收益率曲线整体上行。与"熊平"不同的是，"熊陡"下长端收益率上行更为迅猛，导致收益率曲线变得更为陡峭（见图 3-10）。

收益率曲线的"熊陡"，往往出现在下面的情形中：

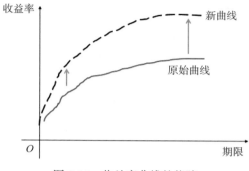

图 3-10　收益率曲线的熊陡

债券投资者看空债市情绪浓厚，长端利率债抛盘严重，导致长端收益率上行较多，而短端资金面较为稳定，暂无过多的利率上行。

利用骑乘效应赚钱

利用债券收益率曲线的骑乘效应（riding the yield curve）赚取资本利得，是债券交易中一种常见的交易策略。什么是骑乘效应？我们先来看债券的收益率曲线（以国家开发银行债为例），如图 3-11 所示。

如果你买入一只剩余期限 2 年的国家开发银行债 A，到期收益率为 4.08%。意思是如果你打算一直持有至到期，那么期间的投资收益率（年化）即为到期收益率 4.08%。如果你选择持有 1 年后，在剩余期限只有 1 年时，卖出国家开发银行债 A（假设债券收益率曲线不变），则可以按照收益率曲线上 1 年期的国家开发银行债到期收益率 3.68% 卖出！这样，你在持有这只债券期间，所获得收益率有两部分：

（1）持有期间所获得的到期收益率。

（2）随着剩余期限的减少，卖出时的收益率明显比买入时的收益率要低（请参考收益率曲线上从 2 年到 1 年的曲线迅速下行）。

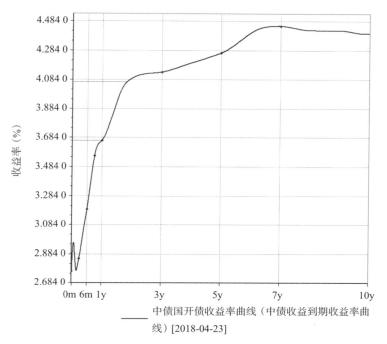

图 3-11 国家开发银行债收益率曲线

资料来源：Wind.

这第二部分即所谓的骑乘效应。具体点说，在买入一只债券时，随着持有时间的流逝，剩余期限缩短，债券收益率曲线在时间轴上陡峭下行，在选择卖出时，卖出的收益率明显比买入的收益率低，从而获得超额的资本利得。

例 3-5 骑乘效应的例子

假设在 2018 年 4 月 24 日，你买入 170205（剩余期限 1.986 3 年），买入的到期收益率为 4.08%。

1 年之后的 2019 年 4 月 24 日，如果你依然以 4.08% 的收益率卖出 170205，则现金流如表 3-5 所示。

则持有期收益率也为 4.08%（实际为 4.078 8%）。这说明，如果收益率曲线是平坦的，那么任何时候卖出，持有期收益率基本等于买入的到期收益率。当然，如果你持有至到期，持有期收益率也等于买入的到期收益率。

表 3-5   170205 卖出的现金流之一

交易日期	净　价	全　价	成交收益率	备　注
2018/4/24	99.624 7	−99.677 8	4.08%	买入
2019/4/19		3.88	—	利息收入
2019/4/24	99.808 3	99.861 3	4.08%	卖出

如果收益率曲线并不平坦，而是在 2 年到 1 年的时间段内，随着剩余期限缩短，利率迅速沿着曲线下行，则可以享受骑乘效应。

1 年之后的 2019 年 4 月 24 日，以 3.68% 的收益率卖出 170205，则现金流如表 3-6 所示。

表 3-6   170205 卖出的现金流之二

交易日期	净　价	全　价	成交收益率	备　注
2018/4/24	99.624 7	−99.677 8	4.08%	买入
2019/4/19		3.88	—	利息收入
2019/4/24	100.188 5	100.241 5	3.68%	卖出

则持有期收益率（年化）为 4.46%，比原有的买入的到期收益率 4.08% 高 38 个基点。这 38 个基点的资本利得，就是骑乘效应所带来的额外收益。

当然，收益率曲线不可能在 1 年时间内保持不变。但是只要收益率曲线保持陡峭化的形态，就能够择机操作获得骑乘收入。而且，在实际操作中，投资者也未必持有 1 年这么长时间，可能持有 1 个月就择机卖出了。投资者如果能够很好地利用骑乘效应获取超额资本利得，则可以获得比市场均值收益率水平高得多的投资收益。很多债券投资者就是利用骑乘效应，不断买入新的债券，并在持有一段时间后再以更低的收益率卖出，实现资产轮动，从而提升投资收益率。■

华山论剑：中债与中证收益率曲线

中债登和中证登都提供全市场债券的估值。尤其是对于那些双托管的债券（如国债、地方债、企业债等），在各自的场所交易（银行间和交易所），各自的托管机构都根据其实际交易提供每日估值。

　　同时，这两个托管机构均每日对全市场公布日终的收益率曲线。两家估值提供机构在收益率曲线的构建方法上略有不同，因此对于具体的某只债券，两边提供的估值也不尽相同。有的时候，同一只债券，两家托管机构提供的估值会有明显的差异，这一点是值得注意的。两者估值方法的主要差异如表 3-7 所示。

表 3-7　中债估值与中证估值对比

	中债估值	中证估值
估值所使用收益率	到期收益率	即期收益率
插值法	Hermite 插值	三次样条插值

估值所使用收益率

　　如前所述，按照债券估值的严格理论，使用即期收益率曲线对债券进行估值是最为严密合理的，因此中证估值采用了即期收益率对债券进行估值。而中债直接采用到期收益率曲线进行债券估值，根据待估值债券的待偿期，直接从到期收益率曲线上找到待偿期上的到期收益率，再用此到期收益率进行债券估值定价。中债之所以采用这种估值方法，主要是为了计算方便快捷，也避免了各种收益率之间的转换。但是这种方法隐含了一个重要假设：到期收益率与待偿期是一一对应的，相同待偿期的债券，其到期收益率是相同的。

插值法

　　插值法就是把关键期限点上的数据连接起来的一种技术，使得成为一条连续的曲线。中债登使用 Hermite 插值法，而中证登采用三次样条插值。相比而言，三次样条插值法下曲线更为平滑，但也因此忽略了某些关键期限点上的相对异常（相对较高或较低）却是市场真实成交的点。

对于有些债券而言，同一只债券，中债估值和中证估值净价能够差好几块钱，对于资产净值的计算有着重大影响，不可不察。表 3-8 截取了 2018 年 5 月 29 日部分交易所一般公司债的估值差异较大的债券。

表 3-8   中债与中证估值差异的部分例子

代　码	债券简称	中债估值	中证估值	中债估值−中证估值
143008.SH	17 东旭 02	75.996 5	82.784 0	−6.787 5
136418.SH	16 信威 02	86.721 3	92.708 3	−5.987 0
112387.SZ	16 华南 02	90.263 0	96.207 1	−5.944 1
122332.SH	14 亿利 01	94.244 5	99.869 6	−5.625 1
136871.SH	16 玉皇 04	90.212 8	95.254 5	−5.041 7
143437.SH	17 新大 03	93.536 1	98.127 1	−4.591 0
122213.SH	12 松建化	93.282 5	97.627 0	−4.344 5
136520.SH	16 永泰 03	80.379 2	84.100 0	−3.720 8
136167.SH	16 华夏债	88.638 1	92.234 1	−3.596 0
122158.SH	12 西钢债	94.399 2	97.809 7	−3.410 5
112276.SZ	15 金鸿债	89.170 9	92.470 3	−3.299 4
136635.SH	16 津投 03	86.561 1	89.857 8	−3.296 7
136132.SH	15 邢钢债	96.946 4	100.219 2	−3.272 8
136720.SH	16 西王 04	82.047 5	84.754 1	−2.706 6

🖑 延伸阅读 3-1   构建你的收益率曲线

收益率曲线的构建所涉及的利率理论和数学公式较多，比较枯燥。如果读者有兴趣，可以参考央行的工作论文（2016 年第 11 号）。根据构建方法不同，可以分成以下几类，如图 3-12 所示。

对于样条法，需要对曲线进行平滑处理，常见的平滑方法有平滑样条法（FNZ）和变动粗糙惩罚法（VRP）。

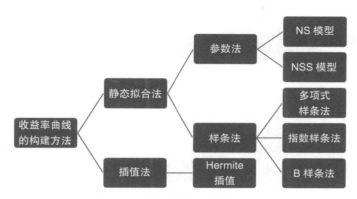

图 3-12 收益率曲线的构建方法

各国央行（或财政部）构建国债收益率曲线的实践比较如表 3-9 所示。

表 3-9 各国央行（或财政部）构建国债收益率曲线的实践比较

国 家	模 型	误差最小化	最小期限起始	税收调整	期限范围
比利时	NS 或 SV	加权平均价格	国库券：数天 国债：> 1 年	不调整	1 天～ 16 年
芬兰	NS	加权平均价格	EONIA：≥ 1 天 EURIBOR：≥ 1 个月 国债：全部	不调整	1 ～ 12 年
法国	NS 或 SV	加权平均价格	短期国库券：全部 中期国债：≥ 1 个月 长期国债：≥ 1 年	不调整	最高 10 年
意大利	NS	加权平均价格	隔夜拆借利率 LIBOR：1 ～ 12 个月 国债：> 1 年	不调整	最高 30 年 （2002 年前最高 10 年）
西班牙	SV	加权平均价格	回购利率：≥ 1 天 国库券：≥ 3 个月 国债：> 1 年	调整	最高 10 年
欧洲央行	SV	收益率	> 3 个月	不调整	最高 30 年
德国	SV	收益率	> 3 个月	不调整	1 ～ 10 年

（续）

国　家	模　型	误差最小化	最小期限起始	税收调整	期限范围
挪威	SV	收益率	货币市场利率：≥1个月 国债：＞2年	不调整	最高10年
瑞典	SV	收益率	回购利率：≥1天 国库券：≥1个月 国债：≥2年	不调整	最高30年
瑞士	SV	收益率	货币市场利率：≥1个月 国债：≥1年	不调整	最高10年
日本	FNZ（基于三次B样条）	价格	国库券：≥3个月 国债：≥0.5年	对国库券价格做调整	1～10年
美国　央行	FNZ（基于三次B样条）	短期曲线：加权平均价格	—	不调整	最高1年
		长期曲线：价格	≥30天	不调整	1～10年
财政部	Hermite	—	—	—	1个月～30年
英国	VRP（基于立方样条）	加权平均价格	≥1周	不调整	最高约30年
加拿大	美林证券指数样条法	加权平均价格	国库券：1～12个月 国债：＞12个月	剔除含税债券	3个月～30年

　　资料来源：吴国培，吕进中等.国债收益率曲线构建方法：国际实践与启示，2016. ∎

第4章

改头换面之资产支持证券

ABS 解决了什么问题

资产支持证券（asset backed security，ABS）是债券市场中一个非常重要的品种。在金融市场发达的美国，其最高一度占到整个美国债券市场规模的近 38.6%（2007 年）。金融危机后，虽然资产支持证券规模占比逐步收缩，但截至 2017 年年末，也稳定在 26.3% 左右，对于债券投资者来说，是一个极其重要的品种。

当我们谈资产支持证券（ABS）的时候，也有广义 ABS 和狭义 ABS 之分。广义 ABS 指的是所有的资产证券化产品，既包含住房抵押贷款资产证券化（mortgage backed security，MBS），也包含非住房抵押贷款的 ABS，即狭义 ABS。狭义 ABS 的底层基础资产主要是信贷资产、汽车贷款、信用卡贷款、融资租赁款、学生贷款等信用资产，而 MBS（住房抵押贷款的资产证券化）作为一个特别品种单独列示。美国证券业和金融市场协会（SIFMA）每年对美国债券市场的分类统计，也是将 MBS 和 ABS 单独列示和单独统计。

1980 ～ 2016 年美国资产证券化规模如图 4-1 所示，2017 年美国债券市场各品种化占比如图 4-2 所示。

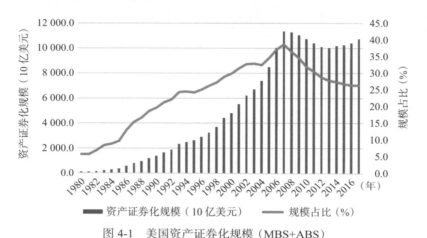

图 4-1　美国资产证券化规模（MBS+ABS）

资料来源：SIFMA.

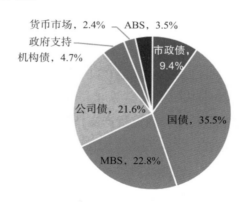

图 4-2　美国债券市场各品种占比

资料来源：SIFMA.

为什么要做 ABS 呢？设想你是一家企业或金融机构，手头上有一批可以产生稳定现金流的资产，而你现在或是想快速回笼现金流，或是想提高生息资产的周转率，该怎么办呢？当然你可以直接在债券市场利用自身信用进行融资，不过这会增加你的资产负债率。还有一个办法就是盘活这些存量的非流动性资产，将这些存量资产打包装入一个特殊目的载体（special purpose vehicle，SPV），再发行债券，并以这些存量资产所产生的现金流为债券的还本付息提供保障，这就是资产支持证券的由来。简而言之，就是将合格的存量生息资产（或未来现金流的收益权）打包，装入一个特殊目的载体，并以此作为抵押发行债券，如图 4-3 所示。

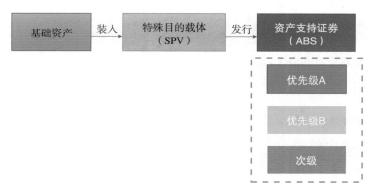

图 4-3　资产证券化结构

就基础资产的属性来说，其可以分成两大类：第一类是企业表内的存量债权资产，如住房抵押贷款、信贷资产、应收账款、委托贷款等；另一类是未来的预期现金流，即未来的收益权，如门票收入、公用设施收费（水电煤气公交高速公路等）、学校学费等。存量债权资产属于企业的表内资产，可以实现真实出售、真实出表；收益权属于预期将取得的资产，不在当前企业表内记录，因此不能真实出表（如果是融资租赁类的租金收益，可以视为表内资产，可以真实出表），我们可以认为这种收益权 ABS 是一种抵押融资。

例 4-1　以存量债权作为基础资产的 ABS

2017 年年底，工行发行了一笔以个人住房抵押贷款为基础资产的 MBS。根据发行募集说明书披露的信息，基础资产信息如下。

一、入池资产笔数与金额特征

资产池总笔数（笔）	69 710
资产池总户数（笔）	69 681
合同总金额（万元）	1 886 064.33
未偿本金余额总额（万元）	1 305 150.90
借款人平均未偿本金余额（万元）	18.73
单笔贷款最高本金余额（万元）	466.67
单笔贷款平均本金余额（万元）	18.72

二、入池资产期限特征

加权平均贷款合同期限（年）	10.4
加权平均贷款剩余期限（年）	7.18
加权平均贷款账龄（年）	3.22
单笔贷款最长剩余期限（年）	10
单笔贷款最短剩余期限（年）	0.42

三、入池资产利率特征

加权平均贷款年利率（%）	4.94
单笔贷款最高年利率（%）	6.86
单笔贷款最低年利率（%）	3.43

四、入池资产抵押物特征

资产池抵押住房初始评估价值合计（万元）	3 421 764.91
加权平均初始贷款价值比（%）	43.31
入池抵押住房一线城市占比（%）	5.06
入池抵押住房二线城市占比（%）	25.35
资产池抵押新房占比（%）	86.63

也就是说，这笔资产支持证券所对应的基础资产是总计 130.52 亿元、共 6.97 万笔的个人住房抵押贷款的债权。将这些资产统统装入特殊目的载体（开设在交银国际信托的信托专户），并以此信托财产为支持发行资产支持证券，发行的结构如下。

证　券	评　级	发行金额 （人民币元）	占　比	发行 利率	还本方式	预期到 期日	法定最终 到期日
优先 A-1 级	AAA_{sf}	4 010 000 000.00	30.72%	浮动 利率	过手摊还	2018 年 12 月 26 日	2029 年 7 月 26 日
优先 A-2 级	AAA_{sf}	7 750 000 000.00	59.38%	浮动 利率	过手摊还	2023 年 6 月 26 日	2029 年 7 月 26 日
次级	无评级	1 291 509 012.37	9.90%	无票 面利率		2027 年 7 月 26 日	2029 年 7 月 26 日
总计		13 051 509 012.37					

以上述 130.52 亿元个人住房抵押贷款的基础资产债权，发行 130.52 亿元的资产支持证券，并在信用分层上分成了优先 A 级和次级层。■

👆 例 4-2　以未来现金流收益权作为基础资产的 ABS

2015 年年初，原始权益人湖南省高速公路建设开发总公司（简称"湘高速"）以旗下的衡阳 – 枣木铺高速公路（简称"衡枣高速公路"）自 ABS 设立日起 10 个完整自然年度内每年特定月份的车辆通行费收益权作为基础资产（特定月份指每年的 1 ～ 12 月），并以此发行 ABS。募集说明书对衡枣高速公路的收费标准、历史通行费收入和养护支出以及后续的通行费现金流预测进行了详细分析，得出如下现金流预测表。

年　份	交通量 E	通行费收入 E（亿元）	净收入 E（亿元）
2015	16 445	6.44	5.83
2016	18 017	6.76	6.12

（续）

年　份	交通量 E	通行费收入 E（亿元）	净收入 E（亿元）
2017	19 719	7.10	6.43
2018	14 862	4.97	4.26
2019	16 117	5.22	4.72
2020	17 448	5.48	4.96
2021	18 728	5.75	5.21
2022	20 062	6.04	5.47
2023	21 447	6.34	5.74
2024	22 905	6.66	6.03

并以此未来现金流为基础资产，将 ABS 分成优先档（细分成 1～10 共 10 小档）和次级档。

产品	优先档 01	优先档 02	优先档 03	优先档 04	优先档 05	优先档 06	优先档 07	优先档 08	优先档 09	优先档 10
本金规模（亿元）	2.70	3.20	3.70	2.00	2.60	2.50	2.90	3.50	4.10	4.80
贴现率	各档票面利率									
兑付年份	2015	2016	2017	2018	2019	2020	2021	2022	2023	2024
应付本息（亿元）	5.20	5.51	5.79	3.79	4.23	4.46	4.58	4.86	5.08	5.33
净现金流（亿元）	5.83	6.12	6.43	4.26	4.72	4.96	5.21	5.47	5.74	6.03
DSCR	1.12	1.11	1.11	1.12	1.12	1.11	1.14	1.12	1.13	1.13

■

一般典型的资产证券化的过程如图 4-4 所示。

这里涉及的关键角色如下：

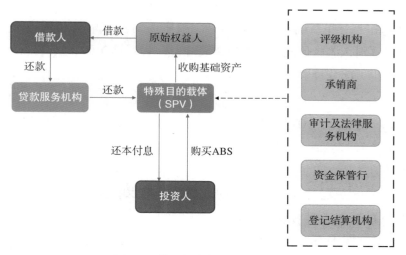

图 4-4　典型的资产证券化的过程

- 原始权益人：提供基础资产的机构。可以是金融机构（如银行住房抵押贷款、信贷资产等），也可以是企业或政府支持机构。
- 特殊目的载体（SPV）：将基础资产打包装入一个特殊目的载体，这样做在法律上产权清晰，可以实现原始权益人与基础资产的破产隔离。在国内，SPV 既可以通过信托，也可以通过券商专项资管计划或基金子公司资管计划的方式进行设立。
- 评级机构：专门对资产证券化产品的各个分层产品进行债项评级。
- 承销商：专门负责 ABS 的承揽、承做与承销。
- 资金保管行：资金的托管行。
- 登记结算机构：债券托管机构，如中债登或中证登。

ABS 分层的化学反应

将 ABS 的基础资产打包后，如果直接以此为标的资产发行证券化产品，可能并不那么容易卖出。为什么呢？原因如下。

（1）不同投资人对证券化产品的期限、利率及风险（包括信用风险、市场风险）偏好不同，单一产品不能满足投资人需求。

（2）由于一些基础资产比较复杂，投资人对资产的信用资质缺乏足够的能力去鉴别，造成信息不对称。需要建立一种增信机制，实现风险分层定价，能够让一部分投资人接受证券化产品，承担可接受的信用风险和信息不对称风险。

在这种情况下，ABS 的分层机制应运而生。通过信用分层机制，可以将 ABS 基础资产打包成不同的品种。在依靠基础资产现金流还本付息时，可以在不同层的产品之间实现不同的信用优先级和现金流偿还机制。

了解 ABS 分层特性最快最好的办法是从实践中学习，直接在市场上找一只 ABS 的募集说明书来仔细阅读。

我们找了一只住房抵押贷款资产支持证券（MBS），"17 工元 3"（包括"17 工元 3A1""17 工元 3A2""17 工元 3C"），在募集说明书中，其主要分层结构如下所示。

工元 2017 年第三期个人住房抵押贷款资产支持证券发行说明书

证　券	发行金额（人民币元）	占　比	发行利率	预计到期日	法定到期日	评级（中债资信）	评级（中诚信国际）
优先A-1 级	4 400 000 000.00	31.61%	浮动利率	2018/12/26	2029/7/26	AAAsf	AAAsf
优先A-2 级	8 215 000 000.00	59.01%	浮动利率	2022/9/26	2029/7/26	AAAsf	AAAsf
次级	1 306 553 795.03	9.39%	无票面利率	2027/7/26	2029/7/26	无评级	无评级
总计	13 921 553 795.03	100%					

注：证券预计到期日考虑早偿率，假设早偿率为 10%/ 年。在基础资产零早偿、零违约的假设下，优先 A-1 级、优先 A-2 级和次级资产支持证券的预计到期日分别为 2019 年 11 月 26 日、2024 年 7 月 26 日和 2027 年 7 月 26 日。

在信用保护等级上，当发生违约事件时，优先 A 级（包括 A-1 级和 A-2 级）能够受到次级档的保护，最多能够吸收的损失是次级档的本金比例：

9.39%。其违约保护机制主要是通过违约事件发生时，其基础资产现金流的支付顺序来实现。

违约时现金流支付顺序

《募集说明书》摘要：

（二）违约事件发生后，不再区分收益账和本金账，现金流支付顺序如下图所示。

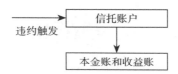

1. 税收及规费
2. 登记托管机构、代理机构报酬
3. 参与机构服务报酬和参与机构垫付费用
4. 贷款服务机构报酬
5. 优先 A-1 级和优先 A-2 级资产支持证券利息（同顺序按应受偿利息比例）
6. 优先 A-1 级和优先 A-2 级资产支持证券本金（同顺序按未偿本金余额比例）
7. 次级资产支持证券本金
8. 剩余本金账余额作为次级资产支持证券超额收益

从中我们可以看出，当违约事件发生后，优先偿付的就是优先级（优先 A-1 级与优先 A-2 级）的利息与本金，而且优先 A-1 级与优先 A-2 级是同顺序支付。在优先级清偿后，才能够支付次级的本金与收益（如有）。优先 A-1 级与优先 A-2 级在信用等级上没有区别，只是在预计期限、利率上有差别。

事实上，在优先级，还可以根据信用等级进行进一步的细分，如分成优先 -A 级和优先 -B 级：优先 -A 级能够得到优先 -B 级和次级的双重信用保护，而优先 -B 级则仅得到次级的保护，次级本身无信用保护。在同一档优先级内部，还可以根据不同的预期待偿期限，分成诸如优先 A-1、优先

A-2、优先 A-3 等细分档，这些同属一个档的细分档，在信用层级上是同等的（见图 4-5）。

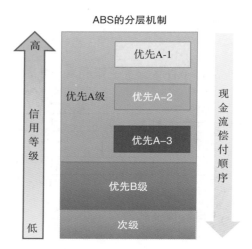

图 4-5　ABS 的分层机制

当然，由于 ABS 的分层机制及信用增进机制非常多，这里不一一列举了，在信用增进条款的章节中会详述。

国内 ABS 市场的一亩三分地

国内 ABS 市场从美国金融危机前的 2005 年开始起步，发行规模逐步增加，但是 2007 年发生于美国的金融危机使得国内 ABS 市场一度中断。美国金融危机的直接导火索便是 MBS 和 ABS 市场的资产大泡沫，导致国内监管层对资产支持证券的看法发生了改变。国内 ABS 市场再次迎来大发展是从 2014 年开始，伴随着宽松的货币政策，ABS 发行规模迅速增加，规模余额也节节升高。截至 2017 年年末，国内 ABS 市场规模余额达到整个债券市场的 2.49%（见图 4-6）。不同于美国资产证券化市场中 MBS 占据绝对主流，我国的非住房抵押贷款类的 ABS 占比较高。这其中的原因比较多：国内的住房抵押贷款对于银行而言是绝对的优质资产，银行难有动力进行资产证券化，而如房地产、政府平台类企业、融资租赁企业对融资需求比较饥渴，ABS 是获取融资、提高资产周转率的重要途径。

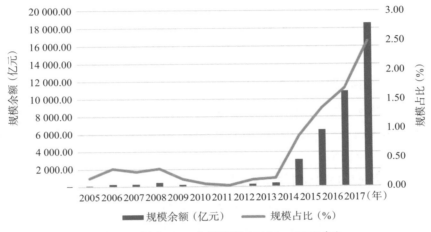

图 4-6　国内 ABS 市场规模（2006 ～ 2017 年）

资料来源：Wind.

国内 ABS 的分类比较特别，主要是按照主管部门的不同分为银保监会主管 ABS（信贷 ABS）、交易商协会主管 ABS（ABN）和证监会主管 ABS（企业 ABS）三大类。当然，每个主管部门下辖的 ABS 的底层基础资产侧重点有所不同。银保监会主管 ABS 主要集中在信贷类资产的资产证券化，底层资产包括如个人住房抵押贷款、企业贷款、信用卡贷款等；交易商协会主管 ABS 又被称作资产支持票据（ABN），其底层基础资产主要以融资租赁款和应收账款为主；证监会主管 ABS 的底层基础资产则分类覆盖较广，都是非金融企业的债权或收费权。以 2017 年年末为例，国内整个 ABS 市场概况如表 4-1 所示。

表 4-1　国内 ABS 的分类及规模

ABS 类别	债券数量（只）	债券余额（亿元）	余额比重（%）
银保监会主管 ABS	665	6 766.95	36.4
交易商协会 ABN	156	673.06	3.6

（续）

ABS 类别	债券数量（只）	债券余额（亿元）	余额比重（%）
证监会主管 ABS	3 503	11 139.53	60.0
总计	4 324	18 579.54	100.0

资料来源：Wind.

从三大 ABS 品种的发行金额和市场存量来看，在发展初期，受政策驱动，信贷类 ABS 资产的发行占据市场主导地位，后来逐步过渡到市场驱动下的企业 ABS 发行。截至最新时点，企业 ABS 不论是发行量还是市场存量，都占据主导地位。

这三大类 ABS 的区别如表 4-2 所示。

表 4-2　三类 ABS 的对比

项　　目	信贷资产 ABS	企业资产 ABS	资产支持票据（ABN）
审批 / 备案机构	中国人民银行、银保监会	证监会	交易商协会
发起人	银行	证券公司 / 基金子公司	企业
原始权益人	银行	企业	企业
SPV	信托	券商专项资管计划、基金子公司专项资管计划	信托
基础资产	个人住房抵押贷款、个人消费贷款、企业贷款、汽车抵押贷款、金融租赁、不良贷款等	个人消费贷款、信托受益权、商业地产类（CMBS 和 REIT）、融资租赁、应收账款、保理融资、收费收益权、两融债权、票据收益权、股票质押回购、保单质押贷款和住房公积金等	融资租赁、应收账款和公益性收费权为主
交易所场所	银行间（中债登托管）	交易所（中证登托管）	银行间（上清所托管）
风险自留要求	至少保留基础资产风险的 5%，目前多数自持各档证券的 5%	多数自留次级档	无风险自留，但需要履行与投资者保护相关的承诺

信贷资产 ABS

信贷资产 ABS 是以信贷类资产作为基础资产的 ABS。最常见的信贷类基础资产包括：个人住房抵押贷款（MBS）、对公企业贷款（CLO）、不良贷款（NPL-ABS）、汽车贷款（Auto-ABS）、信用卡贷款、金融租赁资产等。

截至 2017 年年末，信贷资产 ABS 各基础资产类别的余额及占比如下（见表 4-3）。[⊖]

表 4-3 信贷 ABS 的品种结构

信贷 ABS：基础资产类型	余额（亿元）	占比（%）
个人住房抵押贷款	2 758.68	40.77
企业贷款	1 279.76	18.91
信用卡贷款	1 188.77	17.57
汽车贷款	901.85	13.33
租赁资产	293.15	4.33
不良贷款	213.38	3.15
消费性贷款	89.71	1.33
铁路专项贷款	36.21	0.54
REIT	5.45	0.08
总计	6 766.95	100.00

资料来源：Wind.

信贷资产 ABS 中的很多基础资产的特点是：单笔金额小而贷款笔数多，分散度较高，而且一些基础资产的抵押资产比较优质且容易变现（如住房、汽车）。这种类型的 ABS 是非常优质的：根据大数定律，其违约率可预测性强，不太受经济波动影响。

还是以前述的"17 工元 3"（包括"17 工元 3A1""17 工元 3A2""17 工元 3C"）为例，其在募集说明书中披露了基础资产的总体信息。

⊖ 由于四舍五入原因，类似表中数据相加不等于 100%。

一、入池资产笔数与金额特征

资产池总笔数（笔）	74 420
资产池总户数（笔）	74 327
合同总金额（万元）	1 997 068.09
未偿本金余额总额（万元）	1 392 155.38
借款人平均未偿本金余额（万元）	18.73
单笔贷款最高本金余额（万元）	458.33
单笔贷款平均本金余额（万元）	18.71

二、入池资产期限特征

加权平均贷款合同期限（年）	10.32
加权平均贷款剩余期限（年）	7.16
加权平均贷款账龄（年）	3.16
单笔贷款最长剩余期限（年）	10.00
单笔贷款最短剩余期限	1.08

平均单笔金额才 18.71 万元，相对于池子总金额 139.2 亿元微乎其微，总贷款笔数有 74 420 笔，足够分散，而且抵押资产是住宅，具有较高保值性和变现性，属于优质的 ABS 资产。

企业 ABS

企业 ABS 的基础资产分类的覆盖面很广，主要以小额贷款、应收账款、租赁款、收费权、门票收入为主，信用资质鱼龙混杂，需仔细甄别。截至 2017 年年末，企业 ABS 根据各类基础类型的分类余额如表 4-4 所示。

表 4-4　企业 ABS 的品种结构

企业 ABS：基础资产类型	余额（亿元）	余额占比（%）
小额贷款	2 875.35	25.81
应收账款	1 946.19	17.47

（续）

企业 ABS：基础资产类型	余额（亿元）	余额占比（%）
租赁租金	1 383.44	12.42
信托受益权	1 270.89	11.41
企业债权	966.91	8.68
基础设施收费	842.13	7.56
商业房地产抵押贷款	664.71	5.97
不动产投资信托 REIT	529.26	4.75
融资融券债权	153.50	1.38
保理融资债权	128.19	1.15
PPP 项目	88.43	0.79
航空票款	81.00	0.73
委托贷款	71.44	0.64
门票收入	33.33	0.30
股票质押回购债权	29.35	0.26
住房公积金贷款	23.96	0.22
BT 回购款	19.61	0.18
棚改 / 保障房	18.50	0.17
保单贷款	13.36	0.12
总计	11 139.53	100.00

资料来源：Wind.

非金融类企业为什么要这么热衷于发行企业 ABS 呢？首先从发行难易程度上说，交易所 ABS 实行的是备案发行制，发行流程非常简便。工商企业发行 ABS，主要有以下几个目的：

- 作为另类融资渠道。一些融资受限的行业，如房地产、政府平台类企业，在近几年政策的限制下，融资渠道收紧，难以通过正常渠道获得充足融资。通过存量基础资产（或未来现金流的收益权）作为抵押或真实出售，能够获取融资。

- 降低融资成本和融资难度。一些主体信用评级不高（如AA或以下）的企业，如果通过债券做纯信用发行，发行难度较大，而且融资成本较高。通过ABS的结构化信用分层式的信用增进，能够提升ABS产品本身的债项评级（如将优先级提升到AAA或AA+），使得投资人更容易接受，也更容易获得相对低成本的融资。

- 盘活存量资产，提高资产周转率。如小额贷款公司，自有资金有限，很容易就贷款额度占满；如果通过ABS将存量的信贷资产打包出售，则能够将存量资产置换成现金，又可以重新投入资产新增中，从而提高资产周转率，提升年化经营收益。应收账款和租赁款也是如此，没有流动性且占用资金，企业也有很强的出表需求。

资产支持票据

资产支持票据（ABN）的基础资产以融资租赁债权和应收账款为主，还有一些公共事业类的收费项目。ABN市场规模较小，与银保监会主管的信贷ABS和证监会主管的企业ABS相比，发展比较缓慢，对资产资质要求也较高。

截至2017年年末，各项基础资产类别余额及占比如下（见表4-5）。

表4-5　ABN的品种结构

ABN：基础资产类型	余额（亿元）	占比（%）
租赁债权	286.50	42.57
应收债权	179.68	26.70
信托受益债权	94.40	14.03
票据收益	84.21	12.51
委托贷款债权	21.00	3.12
基础设施收费债权	5.27	0.78

（续）

ABN：基础资产类型	余额（亿元）	占比（%）
PPP 项目债权	2.00	0.30
总计	673.06	100.00

资料来源：Wind.

投资风险的实例分析

　　近几年 ABS 市场无论是发行规模还是存续规模，都堪称是寒武纪生命大爆发。这其中既有宽松货币政策的东风，也有监管层放松 ABS 发行管制，也有企业自身的融资和出表需求的推动。ABS 市场繁荣之下，各类产品的信用资质也是良莠不齐，鱼龙混杂，投资人需仔细甄别投资中的风险。

原始权益人的信用风险

　　从设立 ABS 的目的及其交易结构说，SPV 中装入的基础资产应该和原始权益人本身的资产进行风险隔离。但对一些 ABS 品种来说，其基础资产现金流却与原始权益人的财务状况和运行状况息息相关，难以完全隔离。

　　如果基础资产是债权类资产，且可以真实出售，那么基础资产本身的信用资质更为重要。如果基础资产是收益权类的资产，其现金流获得与原始权益人财务状况紧密相关，这时候考查原始权益人的信用资质就更为重要了；在某种程度上，对原始权益人信用资质进行考查比考查基础资产本身更为重要。

👆 例 4-3　ABS 中原始权益人的资质

　　以"建投 – 华谊兄弟影院信托受益权资产支持专项计划"为例，该 ABS 包含"16 华谊 A1-A5"的优先档及"16 华谊 B"次级档。其基础资产是信托受益权，底层资产为华谊兄弟全国 15 家全资影院未来 5 年经营中产生的票房收入应收账款现金流。其每档的发行额及债项评级如下图所示。

债券基本信息											
债券代码	债券名称	中诚信证券评估（最新）	分层比例（%）	发行金额（万元）	最新余额（万元）	未偿本金比例（%）	每年付息次数	票息说明	当期票息（%）	期限（年）	信用支持（%）
116471.SZ	16 华谊 A1	AA+	16.03	18 000.00	0.00	0.00	4 次	预期收益率…	3.90	0.98	9.17
116472.SZ	16 华谊 A2	AA+	16.92	19 000.00	19 000.00	100.00	4 次	预期收益率…	4.26	1.98	9.17
116473.SZ	16 华谊 A3	AA+	18.70	21 000.00	21 000.00	100.00	4 次	预期收益率…	4.50	2.98	9.17
116474.SZ	16 华谊 A4	AA+	19.59	22 000.00	22 000.00	100.00	4 次	预期收益率…	4.80	3.98	9.17
116475.SZ	16 华谊 A5	AA+	19.59	22 000.00	22 000.00	100.00	4 次	预期收益率…	4.95	4.98	9.17
116476.SZ	16 华谊 B	—	9.17	10 300.00	10 300.00	100.00	—	—	0.00	4.98	0.00

这只 ABS 基础资产是未来 5 年的影院票房收入，其基础资产未来现金流状况极度依赖原始权益人"华谊兄弟"本身未来 5 年的运营及财务状况。而且，这种类型的基础资产也难以通过二级市场变现或转让。这种 ABS 的信用风险评估，就必须要评估华谊兄弟的经营能力及信用资质。■

基础资产的信用风险

资产证券化的根本目的就是将基础资产单独剥离，进行风险隔离，以此为标的发行 ABS。因此，在大部分情况下，基础资产的信用风险分析是 ABS 投资分析的核心。根据基础资产类型的不同，信用分析的重点不同。如果是有抵押物的基础资产，如住房抵押贷款（MBS）或汽车贷款，需要考虑抵押物本身的真实价值及可能的估值变动，以及变现的折价率。如果是债权类资产（如融资租赁款），则需要逐笔分析基础资产池内每个债务人的信用资质，并评估相关性及违约率。如果是收费权类（如门票），则需要考虑收费增长模型是否符合实际。

比如违约的"大成西黄河大桥通行费收入收益权专项资产管理计划优先级资产支持证券"（违约债券为"14 益优 02"）（严格意义上，不能称作违约，因为 ABS 本身就是依靠基础资产的现金流来偿还本息，没有义务必须要足额兑付）。这只 ABS 的基础资产是"原始权益人根据政府文件及相关协议安排，因建设和维护大成西黄河大桥所获得的自专项计划成立起未来 6 年内特定时期的大桥通行费收入收益权，特定时期是指 2014 年 1 月 1 日～2019 年 12 月 31 日 6 个完整年度内每年的 3 月 1 日～12 月 31 日"。原始权益人是鄂尔多斯市益通路桥有限公司。每年前两个月的通行费收入归原始权益人所有，用作大桥的基本维护。

债券基本信息												
债券代码	债券名称	联合评级（最新）	分层比例（%）	发行金额（万元）	最新余额（万元）	未偿本金比例（%）	每年付息次数	票息说明	当期票息（%）	期限（年）	信用支持（%）
123513.SH	14 益优 01	AA+	9.43	5 000.00	5 000.00	100.00	—	8.2%	8.20	1.00	90.57
123514.SH	14 益优 02	AA+	13.21	7 000.00	7 000.00	100.00	1次	8.3%	8.30	2.00	5.66
123515.SH	14 益优 03	AA+	15.09	8 000.00	8 000.00	100.00	1次	8.5%	8.50	3.00	5.66
123516.SH	14 益优 04	AA+	16.98	9 000.00	9 000.00	100.00	1次	8.9%	8.90	4.00	5.66
123517.SH	14 益优 05	AA+	18.87	10 000.00	10 000.00	100.00	1次	9.2%	9.20	5.00	5.66
123518.SH	14 益优 06	AA+	20.75	11 000.00	11 000.00	100.00	1次	9.5%	9.50	6.00	5.66
123519.SH	14 益通次	—	5.66	3 000.00	3 000.00	100.00			0.00	6.01	0.00

大成西黄河大桥是连接鄂尔多斯煤炭产区与煤炭外运集散基地的交通枢纽，它的通行费收入主要依赖于当地煤炭运输，因此煤炭行业的整体景气度和大城西煤场的运营状况都会高度影响大成西黄河大桥的通行费收入。

下面我们来看看募集说明书中对 2014～2019 年的通行费现金流预测（见表 4-6 和表 4-7）。

表 4-6　2014～2019 年大成西黄河大桥通行费收入现金流预测

（单位：万元）

月 ＼ 年	2014 年度	2015 年度	2016 年度	2017 年度	2018 年度	2019 年度	合　计
1 月	703.38	878.54	948.82	1 062.68	1 190.21	1 333.03	6 116.67
2 月	906.30	1 131.98	1 222.54	1 369.25	1 533.56	1 717.58	7 881.22
3 月	879.51	1 098.53	1 186.41	1 328.78	1 488.23	1 666.82	7 648.27

（续）

月 \ 年	2014 年度	2015 年度	2016 年度	2017 年度	2018 年度	2019 年度	合　计
4 月	1 219.59	1 523.29	1 645.15	1 842.57	2 063.68	2 311.32	10 605.61
5 月	1 240.82	1 549.81	1 673.79	1 874.65	2 099.60	2 351.56	10 790.21
6 月	916.93	1 145.26	1 236.88	1 385.31	1 551.54	1 737.73	7 973.64
7 月	822.88	1 027.80	1 110.02	1 243.23	1 392.41	1 559.50	7 814.16
8 月	1 223.39	1 528.05	1 650.29	1 848.33	2 070.12	2 318.54	11 617.44
9 月	1 462.63	1 826.85	1 973.00	2 209.76	2 474.93	2 771.92	13 889.19
10 月	1 186.54	1 482.02	1 600.58	1 792.65	2 007.76	2 248.70	11 267.48
11 月	1 063.64	1 328.51	1 434.79	1 606.96	1 799.79	2 015.77	10 100.36
12 月	967.67	1 208.64	1 305.33	1 461.97	1 637.41	1 833.90	9 189.06
总计	12 593.26	15 729.27	16 987.61	19 026.12	21 309.26	23 866.37	114 893.31

资料来源：现金流预测分析报告。

表 4-7　基础资产特定时期现金流预测

（单位：万元）

期间 \ 收入	2014 年 3 月 1 日～ 2014 年 12 月 31 日	2015 年 3 月 1 日～ 2015 年 12 月 31 日	2016 年 3 月 1 日～ 2016 年 12 月 31 日	2017 年 3 月 1 日～ 2017 年 12 月 31 日	2018 年 3 月 1 日～ 2018 年 12 月 31 日	2019 年 3 月 1 日～ 2019 年 12 月 31 日	合　计
收费收入	10 983.6	13 718.76	14 816.24	16 594.21	18 585.47	20 815.76	100 895.42

资料来源：现金流预测分析报告。

　　图 4-7 是 2010 ～ 2016 年内蒙古的原煤产量累计同比。可以想见，大桥的实际通行费收入与其预测的大相径庭。

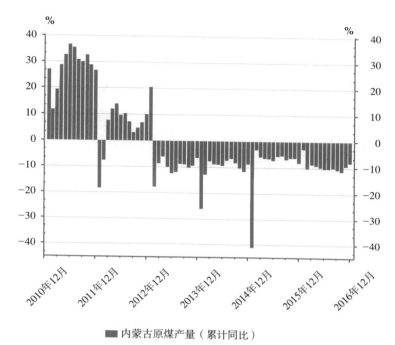

图 4-7　内蒙古原煤产量（累计同比）

资料来源：Wind.

资金账户监管的风险

所有的 ABS 均会开设一个专用的资金账户，用于所有的货币收支活动，但有些基础资产的现金流在另外一个原始权益人的收款账户（如收费或门票收入专用账户）中，或者就是现金。在这种情况下，一般原始权益人会定期将基础资产的资金划入 ABS 的托管资金户。在 ABS 的交易结构中，也有资金监管银行对其资金进行监管，但监管约束一般较弱。这里面存在一定的道德风险。至少，理论上无法保证基础资产现金流的完全监控和冻结。

关键条款的实例分析

国内的 ABS 市场发展较晚，最近两年发行规模迅速扩大。但在条款的标准化和透明化方面略有不足。作为投资人，需要了解其中的关键条款，才能做到有的放矢，少踩坑。这里列举一些常见的关键性条款供大家讨论。

信用增进条款

为了促进 ABS 的销售，一些原始权益人愿意对其 ABS 产品做一定的信用增进，提高发行的成功概率，降低发行利率。目前国内主要的信用增进方式有：优先次级档安排、基础资产现金流超额覆盖、原始权益人差额补足承诺、保证人担保、原始权益人回购等。

我们选取了"合肥热电供热合同债权资产支持专项计划"ABS 作为示例，来看看这些信用增进条款是如何设计的。

债券基本信息											
债券代码	债券名称	中诚信证券评估（最新）	分层比例（%）	发行金额（万元）	最新余额（万元）	未偿本金比例（%）	每年付息次数	票息说明	当期票息（%）	期限（年）	信用支持（%）
116020.SZ	合热01	AAA	15.09	8 000.00	8 000.00	100.00	—	预期收益率…	4.50	0.52	5.66
116021.SZ	合热02	AAA	18.87	10 000.00	10 000.00	100.00	1次	预期收益率…	4.90	1.52	5.66
116022.SZ	合热03	AAA	18.87	10 000.00	10 000.00	100.00	1次	预期收益率…	4.95	2.52	5.66
116023.SZ	合热04	AAA	20.75	11 000.00	11 000.00	100.00	1次	预期收益率…	5.05	3.52	5.66
116024.SZ	合热05	AAA	20.75	11 000.00	11 000.00	100.00	1次	预期收益率…	5.15	4.52	5.66
116025.SZ	合热次级	—	5.66	3 000.00	3 000.00	100.00	—	—	0.00	4.52	0.00

这只 ABS 的基础资产：

"初始日至截止日，原始权益人依据特定供热合同的约定，对特定用户享有的每年 11 月 26 日至次年 3 月 25 日收取热费的合同债权及其从权利。""初始日"指 2015 年 11 月 26 日。"截止日"指 2020 年 3 月 25 日。

其交易结构如图 4-8 所示。

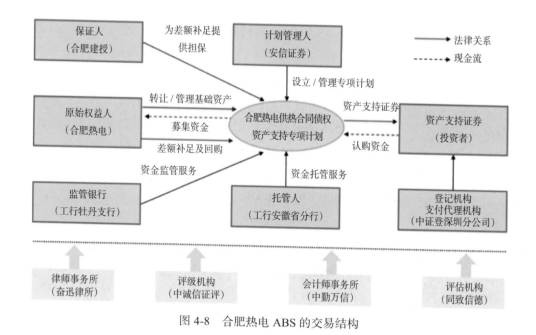

图 4-8　合肥热电 ABS 的交易结构

优先次级档安排

优先次级档的分层安排应该是资产证券化中最重要、最核心的信用增进手段了。优先档享受次级档的本息保护。有些 ABS，将优先级也分成了优先A 档与优先 B 档，给予优先 A 档更多的信用增进。

如 "华泰建信葛洲坝应收账款资产支持专项计划" ABS，分成了优先 A、优先 B 和次级三档，其各自比例如下。

债券基本信息											
债券代码	债券名称	联合评级（最新）	分层比例（%）	发行金额（万元）	最新余额（万元）	未偿本金比例（%）	每年付息次数	票息说明	当期票息（%）	期限（年）	信用支持（%）
149083.SH	葛洲坝 A	AAA	60.55	31 000.00	31 000.00	100.00	4 次	预期收益率…	6.00	0.58	39.45
149084.SH	葛洲坝 B	AA+	13.67	7 000.00	7 000.00	100.00	4 次	预期收益率…	6.50	0.83	25.78
149085.SH	葛洲坝 C	—	25.78	13 200.00	13 200.00	100.00			0.00	3.72	0.00

"葛洲坝 A" 能够享受优先 B 和次级共计 39.45% 的信用保护，"葛洲坝B" 能够享受次级 25.78% 的信用保护。

需要注意的是，很多 ABS 根据预期到期日分成了 1～N 好几档，但是其信用档是不变的，都属于同一优先档，只是预期到期日不同。在非加速清偿或违约事件发生的正常情况下，其各期限的产品的现金流支付优先顺序不同；当加速清偿或违约事件发生时，这些 1～N 档是同顺序按比例支付，没有优先次序。如"广州机场高速公路车辆通行费收益权专项计划"ABS（广交投 ABS），其优先 A 档根据期限分成了 6 档，而优先 B 档则根据期限也分成了 6 档，满足不同投资的期限偏好。但是 A1～A6 档在其信用等级上是一样的，B1～B6 档也是如此（见表 4-8）。

表 4-8　广交投 ABS 的分层结构

债券代码	债券名称	中诚信证券评估	分层比例（%）	发行金额（万元）	每年付息次数	当期票息（%）	期限（年）
119299.SZ	广交投 A1	AAA	9.91	43 600.00	—	3.8	0.68
116001.SZ	广交投 A2	AAA	11.02	48 500.00	1 次	4	1.68
116002.SZ	广交投 A3	AAA	12.39	54 500.00	1 次	4.5	2.68
116003.SZ	广交投 A4	AAA	16.57	72 900.00	1 次	4.8	3.68
116004.SZ	广交投 A5	AAA	18.89	83 100.00	1 次	4.8	4.68
116005.SZ	广交投 A6	AAA	20.23	89 000.00	1 次	5	5.68
116006.SZ	广交投 B1	—	0.61	2 700.00		11	0.68
116007.SZ	广交投 B2	—	0.68	3 000.00	1 次	11	1.68
116008.SZ	广交投 B3	—	0.77	3 400.00	1 次	11	2.68
116009.SZ	广交投 B4	—	1.02	4 500.00	1 次	11	3.68
116010.SZ	广交投 B5	—	1.16	5 100.00	1 次	11	4.68
116011.SZ	广交投 B6	—	1.25	5 500.00	1 次	11	5.68
116012.SZ	广交投次	—	5.5	24 200.00	—	0	5.68

超额现金流覆盖

专项计划采用了超额现金流覆盖的信用增级方式。根据中诚信证评的评级结果，基础资产每期产生的现金流入均大于当期优先级资产支持证券预期支付额，压力测试结果显示在基础资产产生的现金流入下调 0 ～ 20%、优先级资产支持证券预期收益率取值范围设为 5.00% ～ 7.50% 的情况下，中诚信证评进行了 10 万次测试，结果显示优先级资产支持证券存续期间各分配时点基础资产现金流入对当期优先级资产支持证券预计支付额的覆盖比率均值均超过 1.28 倍。

原始权益人承担差额补足义务

原始权益人应当于计划管理人按照《资产买卖协议》的约定支付基础资产购买价款前，签署《差额补足承诺函》，不可撤销地承诺与保证：在专项计划存续期间，如果根据托管人在初始核算日通过录音电话或者邮件向计划管理人告知的专项计划账户内资金余额，专项计划账户内资金余额按《标准条款》约定的分配顺序不足以支付优先级资产支持证券预期支付额的 1.25 倍时，则计划管理人于差额补足通知日通知原始权益人依据《差额补足承诺函》承担差额补足义务。接到计划管理人上述通知后，原始权益人应以自有资金对专项计划账户进行差额补足。原始权益人最迟于差额补足支付日 12:00 前将相应金额的资金划付至专项计划账户，直至专项计划账户内资金根据《标准条款》和《认购协议》的规定足以支付该次分配所对应的优先级资产支持证券预期支付额的 1.25 倍。因原始权益人未及时履行差额补足义务而增加的交易费用和损失，由原始权益人承担。

保证人为原始权益人履行差额补足义务提供连带责任保证担保

保证人应当于计划管理人按照《资产买卖协议》的约定支付基础资产购买价款前，签署《担保函》，为原始权益人履行差额补足义务提供不可撤销的连带责任保证担保。如果根据托管人在差额补足支付日发出的报告，专项计划账户内资金余额按《标准条款》约定的分配顺序，经原始权益人差额补足流程后，仍不足优先级资产支持证券预期支付额的 1.25 倍时，则计划管理人于担保通知日通知保证人履行担保义务，保证人在接到计划管理人的上述通知后，应最迟于《标准条款》约定的担保履行日截止时点之前将相应金额的资金划付至专项计划账户，直至专项计划账户内资金根据《标准条款》和《认购协议》的规定达到该次分配所对应的优先级资产支持证券预期支付额的1.25倍，但保证人就该等资金划付的累计总额扣除保证人于专项计划存续期间内已向原始权益人追偿的部分，最高额度不超过人民币5亿元。

原始权益人承担基础资产回购义务

发生加速清偿事件或违约事件，计划管理人宣布专项计划进入加速清偿程序，资产支持证券提前到期的，原始权益人应以自有资金按照《资产买卖协议》的约定回购剩余基础资产。原始权益人应于资产支持证券提前到期日后30个工作日内将基础资产回购价款全额划转至专项计划账户。回购价格为以下4项之和与资产支持证券提前到期日专项计划账户资金余额的差额：

（1）专项计划资产处置及清算费用、专项计划应支付的税、资产支持证券上市初费、上市月费、登记注册费、兑付兑息费、计划管理人的管理费、其他中介机构费用，以及由计划管理人垫付的相关费用等；

（2）优先级资产支持证券未偿本金余额；

（3）自上一个权益登记日（含该日，无上一个权益登记日的，为计划设立日）至资产支持证券提前到期日（即当期资金确认日，不含该日），优先级资产支持证券未偿本金余额按照预期年收益率计算的利息；

（4）自资产支持证券提前到期日起（含该日），直至原始权益人将基础资产回购款项全额支付至专项计划账户之日（不含该日），最晚不超过计划管理人宣布专项计划进入加速清偿程序之日后第180个工作日（不含该日），各档优先级资产支持证券以未偿付本金为基数按该档优先级资产支持证券预期年收益率的1.5倍计付的利息。

资料来源：广交投ABS债券募集说明书。

对于上述的诸多信用增进方式，其触发顺序在募集说明书中的收益分配顺序中会有详细说明。

为了便于记忆，将上述信用增进条款特征总结如下（见表4-9）。

表 4-9　ABS 的各类信用增信方式

信用增进方式	说　明
优先次级档安排	通过对信用等级的分级，将资产分成优先档与次级档，以实现次级档对优先档的信用保护。在优先档内部，又可以细分成优先 –A 档和优先 –B 档
超额现金流覆盖	基础资产产生的现金流入＞还本付息的现金流出
原始权益人差额补足	账户中资金余额不足以支付应付本息时，差额部分由原始权益人以自有资金补足
保证人担保	如果原始权益人没有能力做差额补足，差额部分由保证人以自有资金出资
原始权益人回购	发生加速清偿或违约事件时，或者长期限的某个产品在某个年限后，原始权益人按照预定价格买回，从而让投资人变现

加速清偿条款

ABS 条款中一般都会有"加速清偿条款"。当原始权益人发生重大业务变化（如丧失其相关业务经营权、破产、政策变更等），导致其基础资产现金流可能无法收回时，会启动加速清偿条款，加大对投资人的保护。以上述的"合肥热电供热合同债权资产支持专项计划"ABS 为例，其加速清偿事件描述如下：

加速清偿事件是指由于原始权益人业务变更、丧失或可能丧失相关经营资质、政策变更、进入破产程序、发生不可抗力事件等原因，导致特定供热合同债权全部或部分灭失或有无法回收的风险。发生加速清偿事件的，计划管理人有权决定专项计划是否进入加速清偿程序。计划管理人宣布专项计划进入加速清偿程序的，应要求原始权益人回购基础资产。

加速清偿条款一般约定，当加速清偿事件发生后，ABS 资产提前到期，加速偿还 ABS 各档的本息，或者原始权益人有义务回购 ABS 资产，作为对投资人的一种保护措施。

违约条款

违约条款一般指，当基础资产产生的现金流无法偿付当期应付本息额或本息额的一定倍数时而启用的条款，如"合肥热电供热合同债权资产支持专项计划"ABS 中约定的违约事件：

违约事件是指专项计划存续期间，在某一期的资金确认日，专项计划账户资金余额按《标准条款》约定的分配顺序不足该次分配所对应的优先级资产支持证券预期支付额的 1.25 倍的情况。

当发生违约事件时，一般 ABS 的条款会约定启动加速清偿，其具体的偿付顺序和比例在募集说明书中的违约后的现金流分配顺序中有详细规定。

模型假设的"猫腻"

ABS 中的基础资产，有的是单笔金额小而分散度高的小额分散型（如住房抵押贷款 MBS、车贷 ABS），有的是基于未来一段时期内的收费收入（如门票、过桥费等）。这些基础资产的现金流及价值评估，必须依赖于模型假设。如 MBS、车贷 ABS、信用卡 ABS 等，需要正确估计其违约率曲线；基于门票、过桥费、水电燃气费等基础资产的 ABS，依赖于对未来现金流增长的预测。对 ABS 的信用风险评估，必须要审慎考虑这些模型假设的合理性。

违约率模型假设

对于那些以信贷类或债权类的足够分散的资产作为基础资产的 ABS（如 MBS、车贷 ABS 等）来说，必须要对基础资产中总体的违约率做模型假设。在 ABS 发行时，均会提供评级公司的信用评级报告。评级报告会对其违约率模型及各优先档的信用评级进行披露。以"中盈 2017 年第三期个人住房抵押贷款资产支持证券"（代码：1789363.IB）为例，在中债资信提供的评级报告中，对其违约率做了如下假设（见图 4-9）。

评级公司会根据基础资产池的违约假设，并结合次级档（如果有，外加优先 B 档）的信用增极量，来设定各优先档的信用评级。

在对 ABS 基础资产的违约率做出假设时，我们要问一句：模型所依赖的假设条件是什么？如果市场发生比较大的变化，模型假设中的相关参与是否依然合理？在这种情况下模型估算的资产价值与实际价值是否会大相径庭？美国在 2007～2008 年的次贷危机中，各类 ABS 尤其是 MBS 的评级虚高、违约率模型失真等模型问题，在次贷危机中扮演了重要角色，可谓前车之鉴。

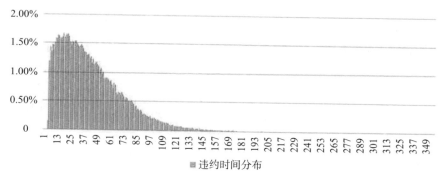

图 4-9　17 中盈 ABS：基础资产违约时间分布图

收入增长模型假设

对于依靠未来现金流作为基础资产（如过桥费、学费、门票等）的 ABS 来说，其基础资产的信用资质与未来现金流增长模型息息相关。过于乐观的增长预测可能高估了信用评级并低估了其中的信用风险。

比如前述大成西黄河大桥通行费收入收益权专项资产管理计划优先级资产支持证券（代码：123514.SH），其大桥收费的现金流预测过于乐观（而不考虑其现金流与经济周期紧密相关），最终导致其产品违约。

原始权益作乐观预测的目的是提高 ABS 的信用评级，便于销售或是降低融资成本。

第5章

城投债及地方政府债

城投债的前世今生

城投债是国内债券市场一个非常特殊的品种，以至于大部分研究报告都会将城投债单独作为一个品种来研究。城投债指的是城投公司发行的债券。城投公司即地方政府融资平台公司。在《国务院关于加强地方政府融资平台公司管理有关问题的通知》（国发 [2010]）中将地方政府融资平台公司定义为："由地方政府及其部门和机构等通过财政拨款或注入土地、股权等资产设立，承担政府投资项目融资功能，并拥有独立法人资格的经济实体。"城投企业主要是为地方经济和社会发展筹措资金而设立的地方国有企业，主要从事公益性或准公益性项目，且政府财政补贴是其偿还债务的主要资金来源之一。

城投公司（地方政府融资平台公司）的发展，主要源于1994年的分税制改革。分税制改革后，地方政府财政收入占中国总体财政收入比例大幅降低，而中央财政收入占比急剧增高，解决了当时中央财政困难的问题。但是，地方政府的财政支出责任却未减少，导致了地方政府的财权与事权的严重不匹配（见图5-1和图5-2）。各级地方政府为了发展当地经济，亟须筹措资金。在这种情况下，城投公司应运而生，肩负起为地方政府融资发展经济的重任。

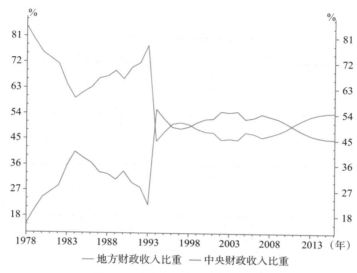

图 5-1　中央与地方财政收入占比

资料来源：Wind.

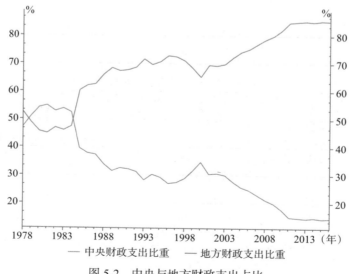

图 5-2　中央与地方财政支出占比

资料来源：Wind.

从 1993 年上海城市建设投资总公司发行第一只城投债"浦东建设债"算起，城投债走过了 25 年的发展历程。截至 2017 年年末，城投债存量余额达 7 万亿元左右。根据其发展历程，可以划分为四个发展阶段（见表 5-1）。

表 5-1 城投债发展的四个阶段

发展阶段	时间段	特　点
起步	1993 ~ 2008 年	随着地方经济的高速发展，城投债发行规模稳步上升，且以企业债为主；由于全国经济处于高速发展阶段，城投企业信用质量高，几乎没有违约风险，属于强信仰阶段
扩张	2009 ~ 2011 年	随着"四万亿"财政刺激政策的推出，各地掀起了基础设施建设投资的浪潮，各级地方政府融资平台如雨后春笋般出现，城投债发行量急速增加
繁荣	2012 ~ 2016 年	在此期间，中央政府担忧地方债务的失控，因此对城投企业融资采取了有堵有疏的政策；一方面地方政府债务置换稳步推进，另一方面，由于货币宽松政策以及稳增长压力，城投债存款规模依然节节升高
严控	2016 年至今	随着对地方政府债务的强监管，以及地方债的大规模发行，地方融资平台违规融资受到严密监控；不断有城投企业退出融资平台；城投企业未来转型压力及融资压力加大

那么，到底什么才算是城投债呢？中债登曾发布过城投债的定义及判定标准（见表 5-2）。

表 5-2 城投债定义及判定标准

定义	城投债是指为地方经济和社会发展筹集资金，由地方政府投融资平台公司（由地方政府及其部门和机构等通过财政拨款或注入土地、股权等资产设立，从事政府指定或委托的公益性或准公益性项目的融资、投资、建设和运营，拥有独立法人资格的经济实体）发行的债券，包括企业债、公司债、中期票据、短期融资券、非公开定向债券融资工具（PPN）等
发行人	城投债发行人原则上应满足以下几点标准：①发行人为地方国有企业，中央国有企业、中外合资企业、民营企业、集体企业等不包含在内；②发行人的主营业务应包含但不限于公益性或准公益性项目

（续）

公益性项目	公益性项目是指为社会公共利益服务、不以盈利为目的，资金来源主要为财政补贴，且不能或不宜通过市场化方式运作的政府投资项目；公益性项目包含但不限于以下几类：①城市开发、基础设施建设项目，包括基础设施建设、市政建设、园区开发、建设等；②土地开发项目，包括土地整理、土地储备管理等；③公益性住房项目，包括棚户区改造、保障房、安居房、安置房、经济适用房、廉租房等；④公益性事业，包括垃圾、污水处理、环境整治、水利建设等
准公益性项目	准公益性项目是指为社会公共利益服务，虽不以盈利为目的但可产生较稳定的经营性收入的政府投资项目。准公益性项目包含但不限于以下几类：①公共服务项目，包括供水、供电（电力）、供气、供热等；②公共交通建设运营项目，包括高速公路投资运营、铁路、港口、码头、机场（民航）建设运营、轨道交通建设运营、城市交通投资、建设、运输等
特殊认定标准	从事公益性项目的发行人，其发行的债券可直接认定为城投债；从事准公益性项目，但不从事任何公益性项目的发行人，如其经营性指标满足以下两个条件任意之一，则其发行的债券可被认可为城投债：①自身现金流无法完全覆盖债务本息，"当年经营性现金流净值 −1 年内到期的长期负债"，如近 3 年中任意一年该指标结果小于 0 则满足此条件；②比较依赖地方政府财政性补贴，"当年补贴收入 ÷1 年内到期的长期负债 ×100%"，如近 3 年中任意一年该指标结果大于 30% 则满足此条件
注意事项	①所有类型的道路交通建设全部归为准公益类，进行财务指标判断；②市政和基础设施建设的符合公益性标准，市政和基础建设"投资"的也算；③以发行人主营业务为准，不参考子公司经营业务

根据城投公司的业务类型，可以将城投公司分成以下两类（见表 5-3）。

表 5-3　城投公司的分类

城投公司类型	业务特点
综合类	最常见的城投公司类型；业务模式多元化，主要是城市基建、公共交通、水电煤气供应、土地储备的开发等多种经营性业务；公司名称往往以"建设投资公司、建设开发公司、投资开发公司、投资控股公司、投资发展公司、投资集团公司"出现
行业类	业务主要依托于某个行业，如交通投资、供水排水污水处理、房地产开发、园林绿化等；公司名称上一般会显示其发行人的主营业务，如交通投资公司、供水公司、房地产开发公司等

由于城投债背靠的是地方政府的信用，具有刚性兑付的特点，因此，其中的地方债务风险难以显性量化，容易造成地方债务失控，给中央对地方政

府的债务甄别和管理带来了困难。

有鉴于此,2014年国务院发布的第43号文,以及2016年10月国务院发布的88号文,都对融资平台的债务(包括但不限于城投债)采取了有堵有疏的治理政策。一方面,对于截至2014年年底纳入地方债政府债务范围内的城投债,通过规定时间内的地方债置换予以化解;另一方面,对于其他的融资平台债务(包括新增),地方政府并不承担全部的偿还责任,其信仰属性减弱。

白衣骑士之地方政府债

平台公司融资作为最近几十年(尤其是最近10年)地方政府最主要的融资渠道,有其不得已的苦衷。改革开放后,鉴于中央政府对地方政府兑付能力的担忧,中央一直不允许地方政府发行地方政府债(简称"地方债")进行融资,并且在1995年1月1日起施行的《预算法》第28条明确规定:"除法律和国务院另有规定外,地方政府不得发行地方政府债券。"所谓"'上帝'给你关上了门,还会给你再打开一扇窗",平台公司发行的城投债完美地承担了地方债的角色。但是这种开后门的融资方式,埋下了地方债务无序膨胀、道德风险加剧的隐患。从2009年开始,地方债发行有所松动,开始在个别地区试点;到2015年新《预算法》生效,扫清了地方债发行的最后障碍,地方债迎来发行井喷期,"开正门堵后门"成为解决地方债务问题的基本政策方针。

从地方债发展阶段上看,可以分为五个阶段(见表5-4)。

表5-4　地方债的发展阶段

时　间	地方债发行方式	发行主体	发行组织主体	还本付息主体
2009年以前	不允许	—	—	—
2009～2011年	代发代还	省级地方政府(含计划单列市)	财政部代理发行	财政部代办还本付息
2012～2013年	自发代还	广东、浙江、深圳、上海、江苏、山东6个试点地区	试点地区自行组织	财政部代办还本付息

（续）

时 间	地方债发行方式	发行主体	发行组织主体	还本付息主体
2014年	自发自还	北京、上海、江苏、广东、山东、浙江、江西、宁夏、深圳、青岛 10 个试点地区	试点地区自行组织	试点地区自行还本付息
2015年及以后	自发自还	省级地方政府（含计划单列市）	发行主体自行组织	发行主体自行还本付息

根据财政部对地方债务的摸底情况，截至 2014 年年末，地方政府负有偿还责任的债务余额 15.4 万亿元，负有担保责任的债务以及可能承担一定救助责任的债务 8.6 万亿元，两者合计 24 万亿元。2015 年起全面推出的地方债，主要目的之一是用于置换存量的地方政府负有偿还责任的 15.4 万亿元债务，同时也要考虑地方政府正常的债务新增。

从募集资金用途和还款来源上看，地方债又可以分为一般债和专项债，其中一般债的还本付息从一般公共预算科目中出，专项债的还本付息从政府性基金预算科目中出。从发行方式上区分，地方债可以分为公开发行和定向承销两种方式，其中定向承销主要用于存量债务置换。从发行场所区分，地方债可以分为银行间发行和交易所发行。

地方政府专项债券值得一提。根据财政部发布的相关政策文件，财政部鼓励地方政府发行项目收益与融资自求平衡的地方政府专项债券，不明显增加地方政府的预算负担。专项债的背后是有一定项目收益的政府性投资项目，并以此项目的现金流作为部分偿债来源。因此，专项债的募集说明书均会披露对应项目的基本情况及收益分析。目前专项债对应项目以土地储备和收费公路为主。

政府账本的秘密

由于城投债及地方债的信用资质与地方政府的信用资质紧密相连，因此对城投债及地方债投资的信用分析离不开对当地政府的财政实力分析，这就

有必要对我国的财政体系有个大概的了解。[⊖]

财政体制是一国之根本，是国家通过规定各级政权管理财政收支的权限和各企事业单位在财务管理上的权限，据以处理国家各级政权之间、国家与企事业之间的财政分配关系的管理制度。在我国，行政政权分为中央、省、市、县、乡镇五个行政层级，每级都有自己的财政预算。1994 年的分税制改革对中央与地方之间的财政收入与支出进行了重新划分。

目前我国的财政预算管理分为一般公共预算、政府性基金预算、国有资本经营预算、社会保险基金预算四大部分（见图 5-3）。也就是说，不管是中央政府还是地方政府，其财政收入和支出均纳入这四个预算科目之一。

在每年年初，各级政府将编制好的财政预算表提交同级人大进行表决通过，当年财政按照预算表执行。在第二年，再根据前一年已经发生的实数，进行财政决算，公布财政决算表，并统计预算与决算之间的完成率。财政预算表与决算表在各级政府网站上都有公布（全国性的及中央政府的，在财政部官网公布）。

图 5-3　财政预算的组成部分

一般公共预算

一般公共预算是对以税收为主体的财政收入，安排用于保障和改善民生、推动经济社会发展、维护国家安全、维持国家机构正常运转等方面的收支预算。

⊖　该部分内容参考了招商证券谢亚轩的研究报告《一文看懂财政核算》。

按照现金流收支方向，一般公共预算可以分为一般公共预算收入与一般公共预算支出。按照行政层级，一般公共预算可以分为全国一般公共预算、中央一般公共预算和地方一般公共预算，其中全国一般公共预算是中央一般公共预算以及地方一般公共预算的汇总（扣除其中的内部往来重复项）。

在一般公共预算收入方面，税收收入是占比最大、最稳定的部分，也最能反映政府的财政实力。一般公共预算收入一般包含一系列的税收收入及非税收入项目，了解这些收入来源对了解政府的财政实力非常有益。表5-5是2016年地方一般公共预算收入决算表。

表 5-5　2016 年地方一般公共预算收入决算表　（单位：亿元）

项　　目	预算数	决算数	决算数占比（%）
一、税收收入	62 850.00	64 691.69	74.15
国内增值税	21 140.00	18 762.61	21.51
营业税	5 980.00	10 168.80	11.66
企业所得税	10 200.00	10 135.58	11.62
个人所得税	3 785.00	4 034.92	4.63
资源税	1 150.00	919.40	1.05
城市维护建设税	3 880.00	3 880.32	4.45
房产税	2 200.00	2 220.91	2.55
印花税	940.00	958.82	1.10
城镇土地使用税	2 300.00	2 255.74	2.59
土地增值税	4 100.00	4 212.19	4.83
车船税	670.00	682.68	0.78
耕地占用税	2 200.00	2 028.89	2.33
契税	4 160.00	4 300.00	4.93
烟叶税	145.00	130.54	0.15
其他税收收入		0.29	0.00
二、非税收入	22 000.00	22 547.66	25.85

（续）

项　目	预算数	决算数	决算数占比（%）
专项收入	5 880.00	6 186.88	7.09
行政事业性收费收入	4 260.00	4 416.50	5.06
罚没收入	1 900.00	1 851.51	2.12
国有资本经营收入	750.00	857.65	0.98
国有资源（资产）有偿使用收入	6 540.00	6 652.43	7.63
捐赠收入		127.33	0.15
政府住房基金收入		747.85	0.86
其他收入	2 670.00	1 707.51	1.96
地方本级收入	84 850.00	87 239.35	100.00
中央税收返还和转移支付	59 810.00	59 400.70	
地方一般公共预算收入	144 660.00	146 640.05	
地方财政使用结转结余及调入资金	400.00	5 911.31	
支出大于收入的差额	7 800.00	7 800.00	

资料来源：财政部。

注：1. 地方一般公共预算支出大于收入的差额＝地方一般公共预算支出－收入总量（即地方一般公共预算收入＋地方财政使用结转结余及调入资金）。

　　2. 因实施调整中央与地方增值税收入划分过渡方案，2016年中央一般公共预算收入预算数调整增加1 780亿元，相应地，2016年代编地方一般公共预算本级收入预算数调整减少1 780亿元；中央一般公共预算支出预算数调整增加1 780亿元，全部用于中央对地方税收返还。调整后，地方一般公共预算收入总量不变。

　　3. 根据现行规定，地方财政结转结余当年不列预算支出，在以后年度实际使用时再列预算支出；国库集中支付结余按权责发生制当年列预算支出。2016年地方使用结转结余及调入资金5 911.31亿元主要来源于以前年度结转结余资金。据汇总，2015年年底地方财政除国库集中支付结余外结转结余资金为9 391亿元。

　　4. 营业税收入超出预算较多，主要是2016年5月1日全面推开营改增试点之前地方清缴积欠营业税所致。

可以看出，税收收入占本级一般公共预算收入的74.15%，是中流砥柱。大部分税收是中央与地方的共享税，中央对地方会有税收返还；同时，中央通过转移支付，平衡不同地区之间的税收平衡。因此，中央税收返还和转移支付在地方综合收入中占比不低。

通过表 5-5 可以看出，地方一般公共预算收入总量，等于地方本级一般公共预算收入，加中央税收返还和转移支付，再加地方财政使用结转结余及调入资金。即

地方一般公共预算收入总量

＝地方一般公共预算收入＋地方财政使用结转结余及调入资金

＝地方本级一般公共预算收入＋中央税收返还和转移支付＋

地方财政使用结转结余及调入资金

在调入资金方面，可以从预算稳定调节基金、政府性基金预算、国有资本经营预算这几个项目中调入资金，补充一般公共预算收入，从而平衡一般公共预算的收支。

预算稳定调节基金，指财政通过超收收入和支出预算结余安排的具有储备性质的基金，视预算平衡情况，在安排下年度预算时调入并安排使用，或用于弥补短收年份预算执行的收支缺口，基金的安排使用接受同级人大及其常委会的监督。预算稳定调节基金单设科目，补充基金时在支出方反映，调入使用基金时在收入方反映。简单说，预算稳定调节基金是政府"削峰填谷"的手段。

表 5-6 是 2016 年地方一般公共预算支出决算表。

表 5-6　2016 年地方一般公共预算支出决算表　（单位：亿元）

项　目	预算数	决算数	决算数占比（%）
一、一般公共服务支出	12 448.48	13 581.37	8.47
二、外交支出	3.46	2.28	0.00
三、国防支出	221.83	219.87	0.14
四、公共安全支出	7 560.57	9 290.07	5.79
五、教育支出	25 332.30	26 625.06	16.60

（续）

项　目	预算数	决算数	决算数占比（%）
六、科学技术支出	3 362.86	3 877.86	2.42
七、文化体育与传媒支出	2 825.03	2 915.13	1.82
八、社会保障和就业支出	18 890.83	20 700.87	12.91
九、医疗卫生与计划生育支出	12 238.52	13 067.61	8.15
十、节能环保支出	4 521.38	4 439.33	2.77
十一、城乡社区支出	15 874.40	18 374.86	11.46
十二、农林水支出	16 789.34	17 808.29	11.11
十三、交通运输支出	10 966.88	9 686.59	6.04
十四、资源勘探信息等支出	5 719.84	5 465.41	3.41
十五、商业服务业等支出	1 719.04	1 688.14	1.05
十六、金融支出	364.10	550.33	0.34
十七、援助其他地区支出	261.62	303.17	0.19
十八、国土海洋气象等支出	1 786.24	1 473.93	0.92
十九、住房保障支出	6 019.85	6 338.77	3.95
二十、粮油物资储备支出	766.23	738.03	0.46
廿一、其他支出	3 161.40	1 467.16	0.91
廿二、债务付息支出	2 001.56	1 700.49	1.06
廿三、债务发行费用支出	24.24	36.74	0.02
地方一般公共预算支出	152 860.00	160 351.36	100.00
扣除使用结转结余及调入资金后支出	152 860.00	154 440.05	

资料来源：财政部。

图 5-4 可以帮助我们了解一般公共预算各项目及项目之间的关系。

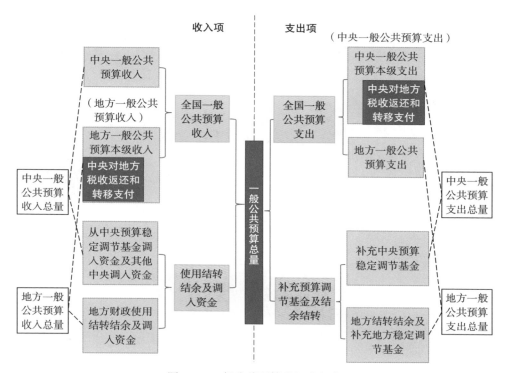

图 5-4　一般公共预算的组成部分

政府性基金预算

　　政府性基金预算，指对依照法律、行政法规的规定在一定期限内向特定对象征收、收取或者以其他方式筹集的资金，专项用于特定公共事业发展的收支预算。政府性基金预算应当根据基金项目收入情况和实际支出需要，按基金项目编制，做到以收定支。

　　表 5-7 是 2016 年地方政府性基金收入决算表。

表 5-7　2016 年地方政府性基金收入决算表　（单位：亿元）

项　　目	预算数	决算数	决算数占比（%）
一、地方农网还贷资金收入	35.86	32.34	0.08
二、海南省高等级公路车辆通行附加费收入	21.00	20.58	0.05

（续）

项　目	预算数	决算数	决算数占比（%）
三、港口建设费收入	38.39	41.36	0.10
四、新型墙体材料专项基金收入	86.69	104.07	0.25
五、国家电影事业发展专项资金收入	15.00	15.86	0.04
六、新菜地开发建设基金收入	0.49	2.78	0.01
七、新增建设用地土地有偿使用费收入	504.82	472.03	1.11
八、南水北调工程基金收入	1.08	4.86	0.01
九、城市公用事业附加收入	245.41	269.46	0.63
十、国有土地使用权出让金收入	26 722.10	35 639.69	83.93
十一、国有土地收益基金收入	865.38	1 189.57	2.80
十二、农业土地开发资金收入	156.30	177.76	0.42
十三、彩票公益金收入	509.52	542.14	1.28
十四、城市基础设施配套费收入	940.91	1 332.86	3.14
十五、地方水库移民扶持基金收入	57.58	57.43	0.14
十六、国家重大水利工程建设基金收入	58.90	57.19	0.13
十七、车辆通行费收入	1 460.13	1 437.86	3.39
十八、彩票发行和销售机构业务费收入	181.48	168.51	0.40
十九、污水处理费收入	272.40	370.12	0.87
二十、其他政府性基金收入	728.65	528.72	1.25
地方政府性基金本级收入	32 902.09	42 465.19	100.00
中央政府性基金转移支付	1 114.59	1 110.12	
地方政府性基金收入	34 016.68	43 575.31	

（续）

项　　目	预算数	决算数	决算数占比（%）
地方政府专项债券收入	4 000.00	4 000.00	

资料来源：财政部。

注：1. 2016 年新增建设用地土地有偿使用费收入 472.03 亿元，国有土地使用权出让金收入 35 639.69 亿元，国有土地收益基金收入 1 189.57 亿元，农业土地开发资金收入 177.76 亿元，构成国有土地使用权出让收入 37 479.05 亿元。国有土地使用权出让收入反映以招标、拍卖、挂牌、协议和划拨等方式出让国有土地使用权所确定的成交价款，应支付的征地拆迁补偿等成本性支出需从中安排。

2. 国家电影事业发展专项资金收入决算数 15.86 亿元，为上年决算数的 2 937%，主要是自 2015 年 10 月起该基金由中央收入调整为中央与地方 4∶6 分成，2015 年地方有少量收入。

3. 2016 年地方政府专项债券实际发行 4 037 亿元，其中 37 亿元为 2015 年结转额度，已在 2015 年决算中编列反映。

从表 5-7 中可以看出，政府性基金收入，目前最主要的部分还是出让土地的收入，占到地方政府性基金收入总和的 83.93%，也就是我们常说的"土地财政"。值得一提的是，地方政府专项债纳入政府性基金收入核算，不列入一般公共预算。

关于支出方面，让我们来看看 2016 年地方政府性基金支出决算表（见表 5-8）。

表 5-8　2016 年地方政府性基金支出决算表　（单位：亿元）

项　　目	预算数	决算数	决算数占比（%）
一、地方农网还贷资金安排的支出	35.86	31.68	0.07
二、民航发展基金支出	184.34	185.34	0.42
三、海南省高等级公路车辆通行附加费相关支出	21.38	21.04	0.05
四、港口建设费相关支出	127.05	118.87	0.27
五、新型墙体材料专项基金相关支出	86.69	50.81	0.12
六、旅游发展基金支出	10.13	6.32	0.01
七、国家电影事业发展专项资金相关支出	26.66	23.35	0.05

（续）

项　目	预算数	决算数	决算数占比（%）
八、新菜地开发建设基金相关支出	0.49	4.38	0.01
九、新增建设用地有偿使用费相关支出	809.34	748.36	1.70
十、南水北调工程基金相关支出	1.08	0.96	0.00
十一、城市公用事业附加相关支出	279.85	246.36	0.56
十二、国有土地使用权出让金收入相关支出	30 048.18	36 722.08	83.48
十三、国有土地收益基金相关支出	1 010.26	934.59	2.12
十四、农业土地开发资金相关支出	156.30	112.84	0.26
十五、中央水库移民扶持基金支出	264.49	279.93	0.64
十六、彩票公益金相关支出	599.36	654.68	1.49
十七、城市基础设施配套费相关支出	973.39	1 071.67	2.44
十八、地方水库移民扶持基金相关支出	59.95	49.47	0.11
十九、国家重大水利工程建设基金相关支出	140.66	166.66	0.38
二十、车辆通行费相关支出	1 483.18	1 391.56	3.16
廿一、可再生能源电价附加收入安排的支出	70.93	89.26	0.20
廿二、彩票发行和销售机构业务费安排的支出	189.74	133.75	0.30
廿三、污水处理费收入安排的支出	272.40	324.73	0.74
廿四、其他政府性基金支出	1 164.97	619.77	1.41
地方政府性基金支出	38 016.68	43 988.46	100.00
上解中央支出		7.59	
收入大于支出		3 579.26	

资料来源：财政部。

注：1. 2016 年新增建设用地土地有偿使用费相关支出 748.36 亿元，国有土地使用权出让金收入相关支出 36 722.08 亿元，国有土地收益基金相关支出 934.59 亿元，农业土地开发资金相关支出 112.84 亿元，构成国有土地使用权出让金收入相关支出 38 517.87 亿元。

2. 收入大于支出的资金 3 579.26 亿元，包括调入一般公共预算资金和结转下年支出两部分。

图 5-5 可以帮助我们了解政府性基金预算的收支。

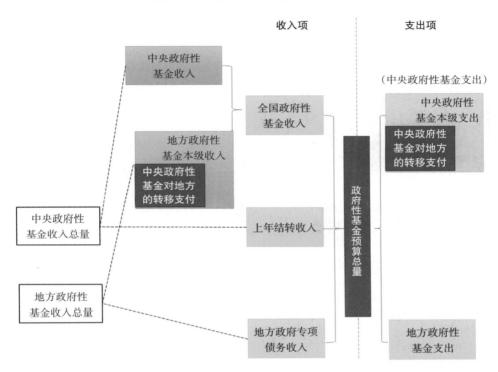

图 5-5　政府性基金预算的组成部分

国有资本经营预算

国有资本经营预算，指对国有资本收益做出支出安排的收支预算。国有资本经营预算应当按照收支平衡的原则编制，不列赤字，并安排资金调入一般公共预算。

目前，纳入中央国有资本经营预算编制范围的一级企业共 845 户，包括：国资委监管企业 106 户、所属企业 36 户、最高人民检察院所属企业 2 户、教育部所属企业 371 户、工业和信息化部所属企业 72 户、体育总局所属企业 49 户、中国国际贸易促进委员会所属企业 27 户、中央文化企业国有资产监督领导小组办公室履行出资人职责的中央文化企业 108 户，以及中国烟草总公司、中国邮政集团公司和中国铁路总公司等。地方国有企业纳入地方政府的国有经营预算。

表 5-9 是 2016 年地方国有资本经营收入决算表。

表 5-9   2016 年地方国有资本经营收入决算表   （单位：亿元）

项　目	预算数	决算数	决算数占比（%）
一、利润收入	498.08	708.97	60.14
石油石化企业利润收入	5.79	5.06	0.43
电力企业利润收入	33.95	38.24	3.24
电信企业利润收入	0.36	0.01	0.00
煤炭企业利润收入	1.07	1.86	0.16
有色冶金采掘企业利润收入	2.09	1.69	0.14
钢铁企业利润收入	0.48	2.05	0.17
化工企业利润收入	2.62	2.83	0.24
运输企业利润收入	16.59	34.42	2.92
电子企业利润收入	4.57	5.56	0.47
机械企业利润收入	47.81	52.11	4.42
投资服务企业利润收入	109.26	145.50	12.34
纺织轻工企业利润收入	9.58	1.88	0.16
贸易企业利润收入	17.22	15.02	1.27
建筑施工企业利润收入	20.59	16.56	1.40
房地产企业利润收入	13.80	16.84	1.43
建材企业利润收入	3.35	2.22	0.19
境外企业利润收入	0.11	0.16	0.01
对外合作企业利润收入	0.83	0.69	0.06
医药企业利润收入	3.17	4.51	0.38
农林牧渔企业利润收入	4.76	4.75	0.40

（续）

项　目	预算数	决算数	决算数占比（%）
邮政企业利润收入	0.03		
军工企业利润收入	0.27	0.44	0.04
转制科研院所利润收入	0.93	1.09	0.09
地质勘查企业利润收入	0.25	0.64	0.05
卫生体育福利企业利润收入		0.05	0.00
教育文化广播企业利润收入	11.91	14.16	1.20
科学研究企业利润收入	0.10	0.19	0.02
机关社团所属企业利润收入	0.73	0.68	0.06
其他国有资本经营预算企业利润收入	185.86	339.76	28.82
二、股利、股息收入	132.91	197.86	16.79
国有控股公司股利、股息收入	84.10	104.91	8.90
国有参股公司股利、股息收入	40.11	39.47	3.35
其他国有资本经营预算企业股利、股息收入	8.70	53.48	4.54
三、产权转让收入	57.29	158.25	13.42
国有股权、股份转让收入	21.20	67.63	5.74
国有独资企业产权转让收入	16.83	16.04	1.36
其他国有资本经营预算企业产权转让收入	19.26	74.58	6.33
四、清算收入	2.34	6.76	0.57
国有股权、股份清算收入	0.04	3.55	0.30
国有独资企业清算收入	1.31	1.43	0.12
其他国有资本经营预算企业清算收入	0.99	1.78	0.15
五、其他国有资本经营预算收入	204.08	106.94	9.07
地方国有资本经营本级收入	894.70	1 178.78	100.00

（续）

项　目	预算数	决算数	决算数占比（%）
中央对地方国有资本经营转移支付	360.00	513.53	
地方国有资本经营收入	1 254.70	1 692.31	

资料来源：财政部。

国有资本经营预算收入是指经营和使用国有财产取得的收入，具体包括以下项目内容：①利润收入，即国有独资企业按规定上交给国家的税后利润；②股利、股息收入，即国有控股、参股企业国有股权（股份）享有的股利和股息；③产权转让收入，即国有独资企业产权转让收入和国有控股、参股企业国有股权（股份）转让收入以及国有股减持收入；④清算收入，即扣除清算费用后国有独资企业清算收入和国有控股、参股企业国有股权（股份）享有的清算收入；⑤其他国有资本经营收入；⑥上年结转收入。

关于支出方面，表 5-10 是 2016 年地方国有资本经营支出决算表。

表 5-10　2016 年地方国有资本经营支出决算表　（单位：亿元）

项　目	预算数	决算数	决算数占比（%）
一、解决历史遗留问题及改革成本支出	483.17	401.67	32.97
其中：厂办大集体改革支出	221.19	29.42	2.41
"三供一业"移交补助支出	184.53	281.26	23.08
国有企业办职教幼教补助支出	1.82	0.97	0.08
国有企业退休人员社会化管理补助支出	15.99	5.31	0.44
国有企业棚户区改造支出	3.61	2.89	0.24
国有企业改革成本支出	24.72	32.54	2.67
离休干部医药费补助支出	1.08	1.17	0.10
其他解决历史遗留问题及改革成本支出	30.23	48.11	3.95
二、国有企业资本金注入	456.43	488.04	40.06
其中：国有经济结构调整支出	212.37	184.35	15.13

（续）

项　目	预算数	决算数	决算数占比（%）
公益性设施投资支出	70.82	81.61	6.70
前瞻性战略性产业发展支出	68.53	58.92	4.84
生态环境保护支出	10.10	10.22	0.84
支持科技进步支出	25.47	34.90	2.86
保障国家经济安全支出	0.13	0.06	0.00
对外投资合作支出	0.75	1.66	0.14
其他国有企业资本金注入	68.26	116.32	9.55
三、国有企业政策性补贴	21.78	28.70	2.36
其中：国有企业政策性补贴	21.78	28.70	2.36
四、其他国有资本经营预算支出	106.44	300.00	24.62
其中：其他国有资本经营预算支出	106.44	300.00	24.62
地方国有资本经营支出	1 067.82	1 218.41	100.00
国有资本经营预算调出资金	186.88	305.39	
结转下年支出		168.51	

资料来源：财政部。

国有资本经营预算支出主要是根据产业发展规划、国有经济布局和结构调整、国有企业发展要求以及国家战略、安全需要的支出，弥补国有企业改革成本方面的支出和其他支出等。国有资本经营预算支出可分为四大类：①国有企业改革中的一些历史遗留问题所需的支出；②资本性支出，即向新设企业注入国有资本金，向现有企业增加资本性投入，向公司制企业认购股权、股份等方面的资本性支出；③对国有企业的财政补贴；④其他支出。

图 5-6 可以帮助我们了解国有资本经营预算。

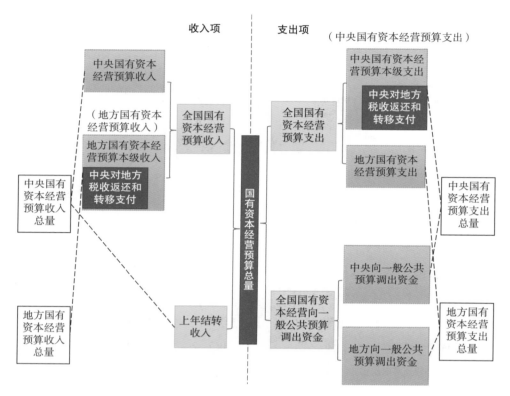

图 5-6　国有资本经营预算的组成部分

社会保险基金预算

社会保险基金预算，是由社会保险缴款、一般公共预算安排和其他方式筹集的资金，专项用于社会保险的收支预算。社会保险基金预算应当按照统筹层次和社会保险项目分别编制。

社会保险各项基金预算严格按照有关法律法规规范收支内容、保准和范围，具有专款专用性。在预算体系中，社会保险基金预算单独编报，与一般公共预算和国有资本经营预算相对独立，有机衔接。社会保险基金不能用于平衡一般公共预算，一般公共预算可补助社会保险基金。

表 5-11 是 2016 年全国社会保险基金收支决算情况总表。

表 5-11 2016 年全国社会保险基金收支决算情况总表

（单位：万元）

项　目	合　计	企业职工基本养老保险基金	城乡居民基本养老保险基金	城镇职工基本医疗保险基金	居民基本医疗保险基金	工伤保险基金	失业保险基金	生育保险基金
一、收入	501 124 710	285 185 382	29 562 073	100 821 409	60 946 036	7 160 163	12 281 037	5 168 610
1. 保险费收入	364 792 126	224 071 207	7 374 966	96 700 493	14 059 805	6 704 385	10 903 049	4 978 221
2. 财政补贴收入	110 886 033	42 908 663	20 920 870	750 528	46 115 539	125 265	1 778	63 390
二、支出	436 048 474	257 816 931	21 738 687	80 878 468	54 720 254	5 881 772	9 755 029	5 257 333
社会保险待遇支出	425 382 267	254 453 112	21 306 669	80 130 708	54 518 475	5 819 216	3 899 851	5 254 235
三、本年收支结余	65 076 236	27 368 451	7 823 386	19 942 941	6 225 782	1 278 391	2 526 008	−88 723
四、年末滚存结余	654 247 134	365 768 320	53 986 944	127 360 491	33 295 320	13 910 688	53 332 688	6 592 683

资料来源：财政部。

社会保险基金预算在预算草案及预算执行报告中披露的内容较少，主要包括当年收入与支出金额、当年结余金额，以及年末滚存结余金额数据。

地方债的预算科目归属

我国地方政府债发展较晚。根据老的《中华人民共和国预算法》（简称《预算法》），严禁地方政府举债。在老《预算法》第 28 条中，明确规定"除法律和国务院另有规定外，地方政府不得发行地方政府债券"。

随着最近 10 年地方政府债务的迅速膨胀，为了规范梳理地方政府债务，防止地方政府的偿债危机，以及为了满足地方的经济发展，2014 年 8 月 31 日，全国人大常委会审议通过了《预算法》修改决定，明确允许地方政府适度举债，并从举债主体、举债方式、规模控制、预算管理、举债用途、风险控制、责任追究等方面对地方政府债务管理做出了规定。2014 年 9 月，国务院印发《关于加强地方政府性债务管理的意见》，即"43 号文"，进一步明确了地方政府债务管理的整体制度安排。从 2015 年起，地方债的发行开始井喷。截至 2017 年年末，地方债的余额达到 14.8 万亿元。

根据财政部相关的政策规章，按照地方政府债券的资金用途，地方政府债分为一般债券（一般债）和专项债券（专项债）。

根据财政部印发的《地方政府一般债务预算管理办法》（财预〔2016〕154 号），一般债以一般公共预算收入作为偿债来源，同时还可以采取调减投资计划、统筹各类结余结转资金、调入政府性基金或国有资本经营预算收入、动用预算稳定调节基金或预备费等方式筹措资金偿还，必要时可以处置政府资产。

根据财政部印发的《地方政府专项债务预算管理办法》（财预〔2016〕155 号），专项债以政府性基金收入作为偿债来源，同时还可以通过调入项目运营收入、调减债务单位行业主管部门投资计划、处置部门和债务单位可变现资产、调整部门预算支出结构、扣减部门经费等方式筹集资金偿还债务。

一般地方债与专项地方债的区别如表 5-12 所示。

表 5-12　一般地方债与专项地方债的区别

地方债类别	偿债来源	相关法规文件
一般债	地方一般公共预算收入	《地方政府一般债务预算管理办法》
专项债	地方政府性基金收入	《地方政府专项债务预算管理办法》

地方政府的财政实力分析

如果将地方政府比作一家企业，衡量地方政府这家企业的财政实力的最好方式就是看它的收入支出结构，以及收入的稳定性和支出的刚性。上述章节已经把地方政府的账本的秘密都拆解了一遍，下面就看如何具体问题具体分析了。

关于地方政府的财政数据，地方政府的财政局官网均有披露。一个更好的数据获取办法是查阅当地政府城投平台的评级报告，里面有对地方财政数据的详细分析。

地方政府的财政实力，可以从不同大小的口径去衡量。

- 大口径统计：财政总收入。为地区内财政收入的总和，包括上解款项（包括上解中央和省级政府的财政收入）。这一部分是当地地区产生的所有预算科目下的所有收入（包括本级的和上解上级政府的）的总和。该口径能够反映该地区的整体经济实力。

- 中口径统计：地方政府本级的财政总收入，或者说是政府本级可以使用的财政收入。这部分等于财政总收入扣除上解款项。

- 小口径统计：指的是一般公共预算收入，属于财政收入中比较稳定的部分，主要由当地税收收入组成，最能衡量一个地方的经济发展水平及未来财政收入的稳定性。

🖐 例 5-1　盐城市地方财政实力分析

以"17 盐城国投 CP001"为例，拆解江苏盐城市政府的财政实力状况。在"17 盐城国投 CP001"的信用评级报告中，披露了盐城市的财政收支状况。

2014～2016 年盐城市财政收支状况表   （单位：亿元）

项　目		全市			市本级		
		2016 年	2015 年	2014 年	2016 年	2015 年	2014 年
财政本年收入	本年收入合计	**853.15**	**850.44**	**907.82**	**226.82**	**180.47**	**161.07**
	地方财政收入	557.68	584.31	664.40	125.52	117.05	142.33
	一般预算收入	415.18	477.50	418.02	67.68	66.00	55.87
	其中：税收收入	324.67	384.31	341.41	53.61	45.24	42.97
	基金收入	142.50	106.81	239.95	57.84	51.05	84.98
	预算外收入	—	—	6.43	—	—	1.48
	转移性收入	295.47	266.13	243.42	101.30	63.41	18.74
	一般预算收入	286.57	253.57	225.40	96.83	59.24	20.47
	基金收入	8.90	12.56	18.02	4.47	4.17	−1.73
财政本年支出	本年支出合计	**976.16**	**925.86**	**915.22**	**202.78**	**186.46**	**158.57**
	地方财政支出	908.36	868.58	858.14	169.12	165.50	170.82
	一般预算支出	730.33	746.31	603.21	110.84	115.78	84.50
	基金支出	178.03	122.27	250.17	58.28	49.72	85.34
	预算外支出	—	—	4.76	—	—	0.98
	转移性支出	67.81	57.28	57.09	33.65	20.96	−12.25
	一般预算支出	67.53	56.62	56.80	33.43	20.83	−12.31
	基金支出	0.28	0.66	0.29	0.22	0.13	0.06
本年收支净额		**123.01**	**−75.42**	**−68.91**	**24.04**	**−5.99**	**−1.33**

资料来源：根据盐城市财政局提供资料整理。

以小口径统计，2016 年盐城市全市的一般公共预算收入为 415.18 亿元，在江苏省内排名第七，基本能反映地区的经济实力。

转移性收入主要是上级政府对盐城市的各项转移性收入，总计 295.47 亿元。转移性收入包括一般公共预算的转移收入及各项基金科目的转移性收入。转移性收入占盐城市全市总收入的 34.6%，固然有力补充了地方财政收入，但是也说明其财政收入比较依赖于上级政府的补助。

关于支出方面，尤其需要注意的是刚性支出的占比。

2014～2016年盐城市一般预算支出中的刚性支出占比情况（单位：亿元）

项 目	2016年		2015年		2014年	
	金额	占比（%）	金额	占比（%）	金额	占比（%）
一般预算支出	730.33	100.00	746.31	100.00	603.21	100.00
狭义刚性支出	348.71	47.75	329.84	44.20	270.32	44.81
一般公共服务	82.78	11.33	77.63	12.05	67.84	11.25
教育	129.47	17.73	127.37	15.87	103.95	17.23
社会保障和就业	72.64	9.95	64.13	6.20	48.64	8.06
医疗卫生	63.83	8.74	60.70	6.77	49.89	8.27
广义刚性支出	445.74	61.03	420.35	56.32	343.60	56.96

资料来源：根据盐城市财政局提供资料整理。

刚性支出包括狭义刚性支出及广义刚性支出。狭义刚性支出包括社会保障与就业、医疗卫生、教育和一般公共服务四个支出科目。广义刚性支出除包括狭义刚性支出外，还包括一般预算支出中外交、国防、公共安全、科学技术、文化教育与传媒、环境保护等科目，但不包括城乡社区事务、农林水事务、交通运输和工业商业金融等事务相关科目。

那么，可以从哪些量化指标去衡量地方财政实力呢？

（1）一般公共预算收入的绝对规模。

规模越大，转圜的余地越大。因此，一般公共预算收入的绝对规模与一个地方政府的经济实力成高度相关性。我们不仅要考虑财政的收支平衡，也要考虑绝对规模。2016年盐城市全市的一般公共预算收入为415.18亿元。

（2）财政自给率。

$$财政自给率 = \frac{一般公共预算收入}{一般公共预算支出}$$

该指标反映的是当地政府一般公共预算收入对一般公共预算支出的覆盖

率。比率越低，越说明当地政府对上级政府的转移性收入的依赖，自身造血能力不足。

2016 年，盐城市的财政自给率 =415.18/730.33=56.85%，将江苏省其他发达城市与之相比，还有差距。

（3）土地财政的依赖度。

在政府性基金收入中，国有土地使用权出让收入是收入占比中最大的一部分，即所谓的"土地财政"。这部分收入既可以平衡政府性基金预算，超过支出的部分还可以调入一般性公共预算，补充一般公共预算的收入。

土地财政依赖度 = 国有土地使用权出让收入 / 政府性基金收入

这个比例越高，说明当地政府越依赖于卖地收入。但是这部分受房地产市场及宏观调控影响很大，波动较为剧烈。

盐城市 2016 年政府性基金收入预算执行情况表

（单位：万元）

收入科目	2015 年实际	2016 年预算	2016 年调整预算	2016 年实际		
				数额	占调整预算（%）	增长（%）
合　计	1 068 072	1 250 579	1 220 643	1 424 955	116.7	33.4
1. 港口建设费收入	1 305	1 500	1 380	1 376	99.7	5.4
2. 散装水泥专项资金收入	1 623	1 010	840	892	106.2	−45
3. 新型墙体材料专项基金收入	5 194	6 125	15 305	17 744	155.9	241.6
4. 城市公用事业附加收入	14 805	12 550	14 685	17 354	188.2	17.2
5. 国有土地收益基金收入	35 970	39 951	40 121	42 757	106.6	18.9
6. 农业土地开发资金收入	7 573	6 601	5 581	7 739	138.7	2.2
7. 国有土地使用权出让收入	932 468	1 144 731	1 103 978	1 283 183	116.2	37.6

（续）

收入科目	2015 年 实际	2016 年 预算	2016 年 调整预算	2016 年实际		
				数额	占调整 预算（%）	增长（%）
8. 城市基础设施配套费收入	45 362	28 825	29 925	43 713	146.1	−3.6
9. 污水处理费收入	12 337	8 920	8 620	9 915	115.0	−19.6

2016 年，盐城市此比例为 90%（即 128.3/142.5），高度依赖于国有土地使用权出让收入。不过这不是局部现象，由于分税制改革后地方政府的财权与事权不匹配，当地政府为了发展地方经济、解决财政困难，看上了土地出让金这块肥肉。因此，全国各地政府的土地出让金收入在政府性基金收入占比都很高。■

城投债的信用分析

自 43 号文（《国务院关于加强地方政府性债务管理的意见》）及后续的 88 号文（《地方政府性债务风险应急处置预案》）起，中央政府对地方政府融资平台类企业的存量债务进行了进一步甄别并进行分类处置。可以肯定的是，不是所有城投平台的所有债务都属于地方政府性债务范围。城投企业的转型也迫在眉睫。但是由于地方政府债务试行额度限额制，被明确划入地方政府性债务的规模有限。对于那些处于灰色地带的城投债，尤其是城投平台的新发债券，究竟如何处理，尚不明朗，但其中有政府的隐性信用在里面。因此，对于城投债的信用分析，除了对城投企业自身经营能力的分析之外，还必须考虑当地政府的财力支持，这也是市场所谓的"城投信仰"。

对于已经退出融资平台名单，并且正常的业务经营现金流可以 100% 覆盖本息支付的企业，可以将其作为独立的法人实体，予以信用分析，同时考虑地方政府的财政补贴。对于那些传统的从事公益或准公益性项目的城投企业，其信用分析可能更侧重于对地方政府偿债能力与偿债意愿的评估。

第6章

进攻退守之可转债及可交换债

实例条款大比拼

可转债（convertible bond，CB）与可交换债（exchangeable bond，EB）属于债券中比较独特的两个品种：兼具债券与股票两种属性。

可转债全称是"可转换公司债券"，是指在一定时间内可以按照既定的转股价格转换为指定股票（即所谓"正股"）的债券。可交换债是指上市公司的股东依法发行、在一定期限内依据约定的条件可以交换成该股东所持有的上市公司股份的债券品种。本质上，不管是可转债还是可交换债，都可以看作"纯债+股票期权"的组合。当然，在大部分可转债或可交换债条款中，还包含了一些其他的定制条款，这些条款或是发行人期权或是投资者期权。因此，可转债或可交换债的价值可以看作"纯债价值+股票期权价值+定制条款价值"的价值组合，其中"定制条款价值"可能为负值（有利于发行人的条款）。

可以说，可转债和可交换债是"进可攻退可守"型的债券，既有纯债价值托底，又能享受正股股价上涨带来的超额收益。从 2017 年开始，可转债与可交换债的发行量迎来井喷（见图 6-1）。

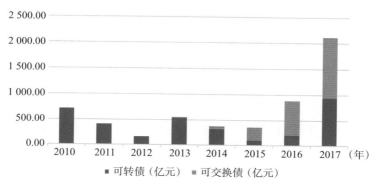

图 6-1　可转债、可交换债发行规模（2010 ～ 2017 年）

可交换债

可交换债是上市公司股东抵押其持有的股票给托管机构发行的公司债券，债券持有人可以在约定的换股期内按照债券发行时约定的条件用所持有的债券换取发债人抵押的上市公司股票。需要说明的是，可交换债中可转换的股票是由发行人所持有的存量股票，因此可交换债的发行不影响存量股票规模。

可交换债分为公募发行与私募发行两种方式。公募 EB 的条款都比较标准化，特殊条款较少，而私募 EB 中的条款设计是发行人与投资人互相博弈的结果，条款比较丰富。

条款设计

（1）转股条款。

转股条款是可交换债中最基本的条款。

转股条款：进入**转股期**后，投资者可将债券（部分或全部）按照事先约定的**转股价**转换成**指定的股票**。一般换股期在发行结束日的 6 个月或 12 个月之后。

我们以"17 宝武 EB"（代码：132013）为例。这只 EB 的发行人是中国宝武钢铁集团有限公司。

换股期限

本次可交换债券换股期限自可交换债券发行结束日满 12 个月后的第一个交易日起至可交换债券到期日止，即 2018 年 11 月 29 日至 2020 年 11 月 24 日止。若到期日为法定节假日或休息日，则顺延至下一个交易日。

转股条款是投资人所持有的期权条款，进入转股期后，是一个美式期权（在转股期内任一工作日均可以转股）。转股条款是可交换债"进可攻"的最主要手段。

（2）赎回条款。

赎回条款是发行人所持有的期权，其条款设计比较复杂（尤其是私募 EB），主要分成两大类：

第一类：到期赎回条款。 到期赎回条款往往附加到期后补偿利率条款。也就是说，如果可交换债到期后还有未换股的债券，发行人会在到期赎回时给予一定的利率补偿。到期赎回条款是有利于投资人的条款。

以"16 以岭 EB"为例，其到期赎回条款如下。

到期赎回条款

在本次债券本金支付日当日，公司将以本次债券票面面值的 107%（不含最后一期年利息）的价格向持有人赎回全部未换股的可交换债。

"16 以岭 EB"的票面利率为 1%，期限为 5 年。当正股价格不合适，投资人到期未换股时，发行人予以最后一年 7% 的票面利率补偿。

第二类：有条件赎回条款。 这类条款细则比较复杂，尤其是私募 EB，定制性很强。"16 以岭 EB"中的有条件赎回条款如下。

有条件赎回条款

本次发行的可交换债设置有条件赎回条款，赎回条件如下：

（1）进入换股期后：当下述两种情形的任意一种出现时，发行人有权决定按照债券票面价格（包括赎回当年的应计利息）的价格赎回全部或部分未换股的可交换公司债券。

①在换股期内，如果标的股票在任意连续 20 个交易日中至少 10 个交易日的收盘价格不低于当期换股价格的 130%，公司有权决定赎回全部或部分未换股的可交换债；

②当本次可交换债券未换股余额不足 2 000 万元时（如适用的上市规则另有规定，则适用相应规定）。

……

第①条款是在换股期内的**提前赎回条款**。这个条款说明发行人的股票减持意愿强烈，迫使投资人在正股价格高于转股价一定比例（30%）时，选择转股，从而实现发行人的股票减持。

第②条款只是为了便于发行人管理方便，将尾量债券赎回。

在提前赎回条款中，一般都是在换股期内生效。当然，还有些没节操的发行人，其提前赎回条款在换股期前生效。这种条款反映的是发行人通过可交换债减持意愿不大，更愿意自己享受高股价。

如"15 天集 EB"为例，其赎回前的提前赎回条款如下。

（1）进入换股期前：进入换股期前的 30 个交易日，如果标的股票在任意连续 20 个交易日中至少有 10 个交易日的收盘价格不低于当期价格的 130% 时，发行人有权决定按照债券票面价格 107%（包括赎回当年的应计利息）的价格赎回全部或部分未换股的可交换债。

当然，如果发行人在换股前赎回，投资人还可以获得一定的利率补偿（按照面值的 107% 兑付），而其本身的票面利率只有 1%。

（3）下修条款。

对于有减持意愿的发行人，或是为了吸引投资人，在可交换债中常常设置转股价向下修正条款（简称"下修条款"）。当正股价格远远达不到转股价时，发行人有权将转股价向下修正，从而让转股具备潜在价值。此条款是发行人的权利，但对投资人和发行人均有利。

还是以"16以岭EB"为例，其下修条款如下。

换股价格向下修正条款： 换股期内，当标的股票在任意连续20个交易日中至少有10个交易日的收盘价低于当期换股价格的85%时，发行人执行董事及股东有权决定换股价格是否向下修正。若由于向下修正换股价格，造成预备用于交换的股票数量少于未偿还可交换债券全部换股所需股票的，公司应当在换股价格修正日之前补足预备用于交换的股票，同时就该等股票设定担保。

当然，正股价格触发下修条款时，发行人未必一定会开启转股价下修，最终还得看发行人的意愿。

（4）回售条款。

回售条款分为两种：一种是有条件回售条款，一般是当正股收盘价连续一段时间低于转股价的一定比例（如80%）时，投资人有权选择按照预先定义好的价格向发行人回售；另一种是附加回售条款，一般是当债券募集资金投资项目的实施情况与公司在募集说明书中的承诺情况相比出现重大变化时，持有人享有一次回售的权利。回售条款可以看作是对债券投资人的一种保护。

以"16以岭EB"中回售条款为例。

回售条款： 本次债券存续期的最后两年，当标的股票在任意连续20个交易日中至少有10个交易日的收盘价低于当期换股价格的80%时，公司在回售条件触发次日发布公告，债券持有人有权在公告日后10个交易日内将其持有的本次债券全部或部分回售给公司。回售价格为债券票面面值的103%（含当期利息）。

"16以岭EB"的票面利率为1%。当投资人选择回售时，最多可以获得3元/百元面值（假设当期应收利息为0）的补偿。

转股价下修条款与回售条款同时存在，往往表示发行人有减持诚意。如果正股价格低于转股价一定比例，而发行人选择不下修，则投资人选择回售获得利率补偿。

可转债

可转债与可交换债非常相似，都是在普通债券中嵌入转换成股票期权，也常常包含转股价下修条款、回售条款、赎回条款等可交换债具备的条款。可转债与可交换债最大的区别在于：

（1）可交换债的发行人是上市公司股东，是对存量股票的转移，不存在股权稀释效应，而可转债的发行人是上市公司本身，转股时增加股票流通量，存在股权稀释效应。

（2）可转债的发行人有比较强的转股意愿（相当于新增发股票），而可交换债发行人的转股意愿不明，因人而异。

（3）可交换债的条款设计更为丰富，而可转债的条款比较标准化。

可转债的发行利率通常采用固定利率或累进利率的方式。对于累进利率方式，每年的票面利率会逐渐上浮。以"光大转债"（代码：113011）为例，其利率说明如下。

5. 债券利率

本次发行可转债票面利率：第一年为 0.2%、第二年为 0.5%、第三年为 1.0%、第四年为 1.5%、第五年为 1.8%、第六年为 2.0%。

发行要求的对比

可转债及可交换债属于证监会主管的债券品种，兼具债性与股性，因此证监会对发行人有一定的资质要求。公募 EB 及可转债的发行人资质要求较高，而私募 EB 由于是私募发行，需合格投资者才能购买，因此发行要求较低。下面是具体的发行要求对比（见表 6-1）。

表 6-1　可转债与可交换债的对比[①]

	公募 EB	私募 EB	可转债
发行人	A 股上市公司股东，是有限责任公司或者股份有限公司	A 股上市公司股东	A 股上市公司
审批	证监会（当作公司债）	交易所预审，证监会走简易程序	证监会

（续）

	公募 EB	私募 EB	可转债
发行门槛	• 净资产不低于 3 亿元 • 最近 3 年年均可分配利润不少于公司债券 1 年的利息 • 发行后债券余额不超过净资产的 40% • 标的股票的公司净资产不低于 15 亿元或者近 3 年加权平均净资产收益率平均不低于 6% • 股票不存在限售或其他与交换冲突的情况	• 股票在换股期不存在限售或其他与交换冲突的情况 • 预备用于交换的股票在债券发行前，除为本次发行设定担保外，不存在被司法冻结等其他权利受限情形	• 近 3 年加权平均资产收益率不低于 6% • 发行后债券余额不超过净资产的 40% • 最近 3 年年均可分配利润不少于公司债券一年的利息 • 最近 3 年以现金或股票方式累计分配的利润不少于最近 3 年实现的年均可分配利润的 20%
担保／评级要求	以股票质押，可交换债经评级机构评级，且信用状况良好（要符合公司债发行的评级要求）	以股票质押，无评级要求	须评级，须担保（净资产不低于人民币 15 亿元的发行人除外）
期限	1～6 年	1 年以上	1～6 年
金额	发行金额不超过待交换市值的 70%	无	发行金额不高于募投项目所需
条款限制	换股价不低于前 20 个交易日和前 1 日均价，1 年后可换股，可设置赎回、回售条款	换股价不低于前 20 和前 1 日交易均价的 90%，6 个月后可换股，可设置赎回、回售条款	转股价不低于前 20 和前 1 日交易均价，6 个月后可转股，可设置赎回、回售条款

① 本表参考了中金公司张继强的研报《中金债市宝典之可转债篇》及《中金债市宝典之可交换债篇》。

通过指标看价值

可交换债兼具债券的防守性与股票的进攻性两种特性。当然，由于每只可交换债的设计条款、正股市价的不同，不同的交换债体现出不同的特性：有的更偏向于债券特性（债性），有的更偏向于股票特性（股性）。通过一些常用的技术指标，我们能够对可转债、可交换债中的纯债和转股价值做量化比较。

转股溢价率

不管是可转债还是可交换债，都具备转股条款。那么，如果立刻实施转股，对于投资人而言是什么结果呢？是赚还是亏呢？转股溢价率可以回答这个问题。

对于每百元面值的可转债（可交换债），根据募集说明书中的约定，可转换的股数为：

$$可转换股数 = \frac{100}{转股价}$$

假设可转债（可交换债）所对应的正股的价格为 P，那么立即实施转股后，投资人所得的转股价值为：

$$转股价值 = 可转换股数 \times 正股价格$$

投资人可以将转股价值与当前可转债（可交换债）的市价（全价）做比较，如果转股价值＞当前市场价格，则说明立即进行转股有利可图，否则投资人不会选择转股。

$$转股溢价 = 可转债（可交换债）市价 - 转股价值$$

$$转股溢价率 = \frac{可转债（可交换债）市价}{转股价值} - 1 = \frac{转股溢价}{转股价值} \times 100\%$$

一只可转债（可交换债）在转股期间，转股溢价率肯定为正。如果为负，说明立刻进行转股就有无风险套利收益，这会推高债的价格，使得转股溢价率为 0 或者为正。当然，如果还未到转股期，转股溢价率为负是完全正常的。

👆 例6-1　转股溢价率的计算

假设在 2018 年 6 月 4 日，15 国资 EB（代码：132005）的收盘价为 116.770 元（净价），应计利息 0.833 7 元，全价价格为 117.603 7 元。

15 国资 EB 经调整后的转股价为 37.58 元，则每百元面值可转股数为：100/37.58 = 2.661 股。正股中国太保（601601）当日收盘价为 34.34 元。

则转股价值 = 2.661 × 34.34 = 91.378 7（元）

转股溢价 = 117.603 7 − 91.378 7 = 26.225 0（元）

转股溢价率 = 117.603 7 / 91.378 7 − 1 = 28.70%

这 26.225 0 元的价值，就是转股的美式期权的价值（转换期间为 2018 年 6 月 4 日 ~ 2020 年 12 月 7 日）。∎

纯债溢价率

另一个比较有用的比率就是纯债溢价率：假设这只可转债（可交换债）是一只纯债，不含转股条款，则对应的债券价值为多少？首先：

$$可转债（可交换债）市价 \geqslant 纯债价值$$

$$纯债溢价 = 可转债（可交换债）市价 − 纯债价值$$

$$纯债溢价率 = \frac{可转债（可交换债）市价}{纯债价值} − 1$$

这里面比较难以计算的是纯债价值。一个简单的方法是：在这个发行人发行的所有存量纯债中，找一只剩余期限与可转债（可交换债）接近的，使用这只纯债的到期收益率，计算出可转债（可交换债）所对应的纯债价值。

🖱 例 6-2　18 中油 EB（代码：132015）的纯债价值

假设在 2018 年 6 月 4 日，18 中油 EB（代码：132015）的收盘价为 96.910 元（净价），应计利息 0.475 616 元，全价共计 97.385 6 元。18 中油 EB 的到期日为 2023 年 2 月 1 日，剩余期限 4.66 年。为了找到 18 中油 EB 对应的纯债价值，我们在发行人中国石油天然气集团有限公司所发行的存量纯债中，找到两只债券。

代　码	简　称	剩余期限（年）	估值收益率（%）
1280101	12 中石油 06	3.85	4.635 4
1080092	10 中石油 02	7.2	4.858 9

18 中油 EB 的剩余期限 4.66 年正好在 3.85 与 7.2 之间。为简便计算，可以对估值的到期收益率进行线性插值，得出 4.66 年对应的估值收益率为：

$$y = 4.635\ 4\% + \frac{4.858\ 9\% - 4.635\ 4\%}{7.2 - 3.85} \times (4.66 - 3.85) = 4.689\ 4\%$$

4.689 4% 的到期收益率，所对应的纯债价值为 91.006 2 元（全价）。

债券代码	132015.SH	...	18 中油 EB
交易日期	2018-06-04	▼	T+0
结算日期	2018-06-04	▼	交易所债推荐 T+0（交易明日利息计入卖方）

模拟分析		中债估值
剩余年限	4.6658	—
净价	90.5306	—
全价	91.0062	—
应计利息	0.475616	—
到期收益率	4.6894	—
行权收益率 ▼	—	—
市场利差 ▼	—	—
久期 ▼	4.5230	—
凸性 ▼	23.1680	—
基点价值	0.0393	—

纯债溢价 = 97.385 6 − 91.006 2 = 6.379 4（元）

纯债溢价率 = 97.385 6 / 91.006 2 − 1 = 7.01%

注：这里面使用到期收益率做线性插值，只是为了简便计算。严格的计算应该使用即期收益率，并且插值方法也应该采用 Hermite 或三次样条插值。■

如果找不到合适的发行人的存量债券呢？比如发行人没有存量债券，或者剩余期限不合适。在这种情况下，可以采用同评级的企业债券收益率曲线做定价，不过这种方法没有考虑发行人具体资质的信用差异，其定价结果可能会与实际的纯债价值差异较大。

溢价率与期权价值

在可转债（可交换债）的市价、转股价值、纯债价值之间，究竟有何关系？

在转股期以前，投资人还不能进行转股，因此可转债（可交换债）的市价与转股价值之间没有必然的大小关系，市价有可能低于转股价值（即转股溢价率＜0），但是肯定要高于纯债价值，否则投资者直接购买可转债（可交换债），能够免费（甚至是负的成本）获得一份未来的美式期权。也就是说，在转股期前有：

可转债（可交换债）市价 ≥ 纯债价值

在进入转股期后，投资人能够在任何时间转股，可转债（可交换债）市价肯定要大于转股价值，否则即有无风险套利机会。当然，市价也必然要大于纯债价值。也就是说，在转股期间有：

可转债（可交换债）市价 ≥
max（转股价值，纯债价值）

这所多出来的溢价部分，其实就是投资者购买了一份能够在整个转股期间都能转股的美式期权价值（见图 6-2）。这个美式期权，由于立刻转股没有盈利，因此是一个虚值期权，内在价值为 0，只有时间价值。

在转股期间，转股溢价率越高，说明要么正股价格低迷，要么投资者看好正股价格后续走势，对未来价格上涨预期已经充分地体现在可转债（可交换债）的价格当中了；

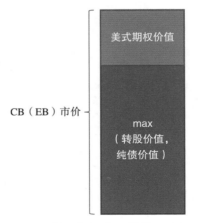

图 6-2　转股期间的可转债（可交换债）市价构成

这时候，正股价格的上涨难以带动可转债（可交换债）的价格上涨。反之，转股溢价率越低，正股价格的上涨越容易带动可转债（可交换债）的价格上涨。可以从美式期权价值角度来理解：转股溢价率越低，内含美式期权越有可能是平值期权，这时候期权价值波动越大。

在转股期间，纯债溢价率越高，说明可转债（可交换债）受到的底价保护越低，安全边际越小。纯债溢价率越低，可转债（可交换债）受到的底价保护（不会跌破纯债价值）越强，安全边际越大。

总之，"低纯债溢价率"+"低转股溢价率"是最理想的一个组合，既有好的安全边际（不会跌太多），又有很好的潜在上涨空间（跟随正股价格一同上涨）。

估值的模型方法

由于内嵌期权性条款，可转债与可交换债的估值远比普通债券复杂。从定价角度说，可以把可转债及可交换债分解成"纯债价值＋一系列期权组合的价值"来进行定价。具体到条款，可以细分成"纯债价值＋转股条款期权价值＋回售条款期权价值－赎回条款期权价值＋下修条款期权价值 ± 其他条款价值"的价值组合。

在具体的估值方法上，可转债与可交换债的最大特点是估值的路径依赖，其理论价格依赖于标的股票价格的走势路径。因为其中蕴含的一些条款是明显有路径依赖的：发行人或投资人是否选择行权，或者何时选择行权，都与标的股票价格的具体走势路径有关，从而影响其估值。

对于这类债券，最有效的估值方式是使用蒙特卡罗模拟（见图 6-3）。对未来利率走势（从而推导出贴现率）、标的股票价格走势使用一个成熟的模型，再在基本的假设模型上进行多次模拟（如 10 万次），模拟出标的价格及利率的每一条路径，再计算每条路径下可转债或可交换债的价值，从而可以计算多次模拟估值结果的均值。

Longstaff 和 Schwartz（2001）在 *Valuing American Options by Simulation:*

A Simple Least-Squares Approach 中提出了 LSM 模型对美式期权进行蒙特卡罗模拟定价。可转债及可交换债可以使用 LSM 模型去解决估值问题。

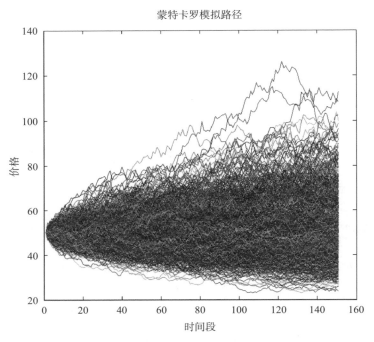

图 6-3   蒙特卡罗模拟定价估值的图例

第7章

债券估值的坑

　　估值技术是金融投资的核心。任何金融产品，不管是要并购的企业、基金、股票还是债券，其公允价格是多少，是金融学中永恒不变的核心话题。买得贵不贵？卖得对不对？都涉及对资产标的的估值技术。

　　对于债券的估值也是如此。有时候你买的资管产品或基金产品净值表现明明很漂亮，为什么赎回时却不及预期？我账户中的持仓，如果打算全部清仓，能够真实收回多少现金？一个投资组合在一个期间内的投资收益率究竟有多少？这些问题，都需要我们对债券估值体系有深入的了解，要不很容易掉进估值的坑里被别人套路了。

　　债券的主流估值方法主要有成本法、第三方估值法和内部模型法三种。三种估值方式各有优劣，必须在适合的条件下使用。图7-1是具体的估值方法体系。

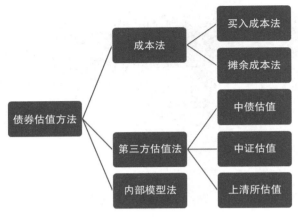

图 7-1　债券估值方法体系

估值山上三条路

成本法

成本法是债券估值的一种常用方法，最大的优点就是避免债券的市场价值波动，持仓债券就躺在那儿静静地享受持有收益，也就是俗称的"吃carry"。成本法估值是"两耳不闻市场事，一心只把 carry 赚"。不过成也萧何败也萧何，没有卖出压力的时候，从成本法上看持仓收益或净值增长，非常稳定。不过当你有卖出需求或卖出压力时，可就是按照市值进行变现了，这成本估值法与市值估值法的偏离，在熊市下，可就害惨了一批投资者。所以使用成本法，一定要事先考虑清楚你的资金来源或负债的稳定性，能否真的可以持有至到期。

例 7-1　成本法与市值法的比较

以公司债"16 海航 01"为例，假设你在 2016 年 10 月 20 日按照市价买入一只公司债"16 海航 01"。如果使用成本法，后续的净值表现一直很稳，没有波动。但市值法下就是冰火两重天了，2016 年年末的债券市场波动，以及发行人本身资质的变化，都使净值产生了剧烈的波动（见图 7-2）。

图 7-2　16 海航 01 的成本法与市值法比较 ■

具体到到底使用什么成本，成本法又分为买入成本法和摊余成本法两种估值方法，差别比较大。

买入成本法

顾名思义，买入成本法就是以债券的买入净价作为估值成本，在债券持有期间，这只债券的成本价一直保持不变，就是当初的买入净价。

例 7-2　买入成本法

假设在 2018 年 6 月 6 日，你买入一笔"14 宁交建 MTN001"（代码：101460017），成交收益率为 4.88%，成交净价为 101.229 5 元。"14 宁交建 MTN001"的票面利率为 6.3%，到期日为 2019 年 5 月 8 日，剩余期限 336 天。

债券代码	101460017.IB	...	14 宁交建 MTN001
交易日期	2018-06-06	▼	T+0
结算日期	2018-06-06	▼	交易所债推荐 T+0（交易明日利息计入卖方）

模拟分析		中债估值
剩余年限	0.9205	0.9233
净价	101.2295	101.2320
全价	101.7300	101.7153
应计利息	0.500548	0.4833
到期收益率	4.8800	4.8819
行权收益率　▼	—	—
市场利差　▼	—	—

（续）

久期	▼	0.0205	0.8835
凸性	▼	1.6074	1.5610
基点价值		0.0089	0.0090

从买入日 2018 年 6 月 6 日起（假设 T+0 交割），"14 宁交建 MTN001"的成本价就是 101.229 5 元，在持有期间保持不变。

若以买入成本法计，则持有期间收益一直按照票面利率 6.3% 计提利息收入，估值损益不考虑。因此，你可以简单认为买入成本法就是按照票面利率计算持有期间收益。■

买入成本法计算简单，但是有个严重的缺陷，比如上面这只债券，1.229 5 元的溢价怎么处理？按照买入成本法，如有持有至到期，发行人是按照票面 100 元兑付的，这个 1.229 5 的溢价就只能在兑付当日记作净价亏损了，到期兑付当天（2019 年 5 月 8 日）瞬间亏了 1.229 5 元 / 百元面值（见图 7-3）。

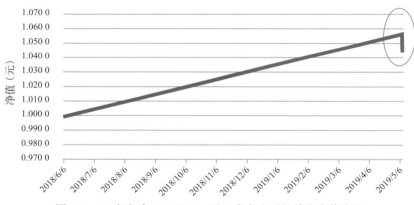

图 7-3　14 宁交建 MNT001：买入成本法下的单位净值表现

所以，买入成本法在折溢价不太大的时候还好说，如果折溢价金额大了，就不是个好的估值方法。当然，如果是折价买入债券，在兑付日会有意外惊喜。

摊余成本法

摊余成本法吸取了买入成本法的教训，按照到期收益率，而不是票面利率来进行每日收益的计算。一只债券的投资者，其本质是享有到期收益率，而不是票面利率。也就是说，这个到期收益率，已经把折溢价金额考虑进去了。

例 7-3　摊余成本法的计算

在例 7-2 中，"14 宁交建 MTN001"的票面利率虽是 6.3%，但成交收益率是 4.88%。投资者在持有期间享受的真正收益是 4.88% 而不是票面利率 6.3%。之所以到期收益率 4.88% 低于票面利率 6.3%，就是在于买入净价有 1.229 5 元的溢价。

摊余成本法就是考虑了折溢价的问题，将折溢价摊销到持有债券的整个期间。也就是说，"14 宁交建 MTN001"的成本不是一成不变的，而是每日都在变动。在交割日当日，这只债券的成本是买入净价 101.229 5 元，随后其成本逐步下降并收敛到面值 100 元。在兑付日当日，成本价恰好就是 100 元（见图 7-4）。由于债券成本每日都在下降，下降的部分记作每日的投资亏损，至兑付日当日，累计亏损正好等于溢价 1.229 5 元。

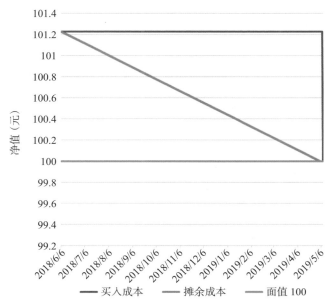

图 7-4　14 宁交建 MTN001：买入成本法与摊余成本法

注：摊余成本法的计算使用实际利率法，摊余成本应该是一条曲线。图 7-4 中曲率过小，导致不容易察觉。

从图 7-4 中可以看出，买入成本法下的债券成本是一成不变的，在到期日当日将折溢价一次性调整到损益中，波动较大，而摊余成本法则每日逐步调整债券的成本价，逐步向票面 100 元收敛。

从单位净值上看，摊余成本法更接近实际，更为平滑（见图 7-5）。■

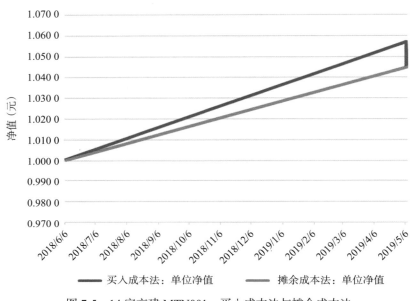

图 7-5　14 宁交建 MTN001：买入成本法与摊余成本法

摊余成本法的计算是使用实际利率法，以到期收益率为真实的投资收益。

使用实际利率法计算摊余成本

还是以上述"14 宁交建 MTN001"为例，假设 2018 年 6 月 6 日的成交净价为 101.229 5 元，溢价 1.229 5 元。我们分别按照票面利率（6.3%）计算得出名义利息收入，以及按照到期收益率（4.88%）计算得出实际利息收入，得出的差额部分（实际利息收入＜名义利息收入）为负数，然后使用差额部分定期调整持仓债券的摊余成本，将摊余成本逐步下修到面值 100 元（见表 7-1）。

表 7-1 摊余成本的计算

A	B	C	D	E	F	G	H
日期	期间天数	名义利息收入 100×6.30%	实际利息收入 101.730 0×4.88%	溢价摊销 D−C	溢价摊余金额	面值	账面价值 G+F
2018/6/6					1.229 5	100.00	101.229 5
2018/6/30	24.00	0.414 2	0.324 8	−0.089 4	1.140 1	100.00	101.140 1
2018/7/31	31.00	0.535 1	0.419 2	−0.115 9	1.024 2	100.00	101.024 2
2018/8/31	31.00	0.535 1	0.418 7	−0.116 4	0.907 8	100.00	100.907 8
2018/9/30	30.00	0.517 8	0.404 7	−0.113 1	0.794 8	100.00	100.794 8
2018/10/31	31.00	0.535 1	0.417 8	−0.117 3	0.677 5	100.00	100.677 5
2018/11/30	30.00	0.517 8	0.403 8	−0.114 0	0.563 5	100.00	100.563 5
2018/12/31	31.00	0.535 1	0.416 8	−0.118 3	0.445 2	100.00	100.445 2
2019/1/31	31.00	0.535 1	0.416 3	−0.118 8	0.326 4	100.00	100.326 4
2019/2/28	28.00	0.483 3	0.375 6	−0.107 7	0.218 7	100.00	100.218 7
2019/3/31	31.00	0.535 1	0.415 4	−0.119 7	0.099 0	100.00	100.099 0
2019/4/30	30.00	0.517 8	0.421 5	−0.096 3	0.002 7	100.00	100.002 7
2019/5/8	8.00	0.138 1	0.135 4	−0.002 7	0.000 0	100.00	100.000 0

两种方法的比较

我们可以看出，摊余成本法明显是比买入成本法更合理的估值方法，那为什么还有买入成本法呢？摊余成本法虽好，但是摊余成本的计算比较复杂，未必所有 IT 系统都支持，而买入成本法的计算则极其简单。如果可行，优先使用摊余成本法。

成本法在什么情况下使用呢？所有成本法都隐含着一个假设：买入的债券持有至到期。一个投资组合，如果大部分的持仓债券都可以持有至到期，或者能够持有相当长的一段时间，那么使用成本法是合理的。或者说，负债端如果是长期稳定资金，那么使用成本法是合理的，不用考虑债券市值的波动。如果负债来源不稳定，需要频繁操作投资组合，那么使用成本法，就会与实际的投资收益差距较大。

买入成本法与摊余成本法的比较如表 7-2 所示。

表 7-2　买入成本法与摊余成本法的比较

项　目	买入成本法	摊余成本法
适用条件	负债资金来源稳定（或是自有长期资金） 买入债券主要目的是持有至到期或持有相当长一段时间（相对于债券的剩余期限），买卖操作不频繁	
成本计算	按当初的买入成本计	初始成本为买入成本，在后续持有期间，将折溢价逐步摊销到成本中，得出摊余成本，因此，成本为每日变动；在持有期间，摊余成本逐步收敛到单位面值 100 元
优点	计算简单	反映了真实的买入成本
缺点	不能反映真实的成本；当债券到期或卖出时，买入时的折溢价会对投资损益造成一次性的较大影响	摊余成本的计算比较复杂，需要 IT 系统支持
是否推荐	不推荐使用	适用条件下，优先使用

第三方估值法

成本法估值背后的含义是：市场波动与我何干。如果你死扛到底持有债券至到期，那确实没事。但是如果因为仓位调整或负债到期等情况需要变现呢？这个时候，这只债券的卖出价格，可就不取决于你计算的买入成本或摊余成本了，而是市场可变现的价格。所以，第三方估值背后的含义就是：市场波动还真关我事。第三方估值是综合考虑市场上的成交价格和收益率曲线去进行市场化估值；对于有活跃成交的债券，主要采取市场成交价格；对于没有活跃成交的债券，主要通过收益率曲线进行内部模型定价。

目前国内的债券市场，最主要的第三方估值提供者是由中央结算公司（中债登）提供的中债估值，也是目前市场使用最为广泛的估值体系。为什么呢？做得好不如做的早啊！中债登的估值从 1999 年就开始做了。覆盖范围广泛，银行间与交易所债券均提供中债估值。

另外，中证登主要提供交易所托管的债券估值（银行间债券估值目前也同时提供）。债券投资者一般对银行间债券采用中债估值，对交易所债券采用中证估值。

那么，中债估值和中证估值区别在哪儿呢？主要是收益率曲线构建过程中使用的插值模型不同：中债估值采用Hermite插值模型，而中证估值采用三次样条插值。三次样条插值使得收益率曲线更为平滑，但是可能会强行过滤掉一些真实的利率数据，而Hermite插值模型则保留了更多的异常点信息。

另外，上清所为了争夺市场，也推出了上清所估值，但是发展较晚，市场使用较少。

如果你的持仓组合里面既有银行间的债又有交易所的债，该如何选取第三方估值呢？目前市场主流方法是"谁的孩子谁抱走"：银行间交易的债（中债登或者上清所托管），使用中债估值；交易所交易的债（中证登估值），使用中证估值。上述方法貌似很合理，但是有几个烦恼的问题：

（1）有些双托管的债，既是在银行间又在交易所交易的，该如何估值？当然你可以说同样一只债，在银行间的就使用中债估值，在交易所的就使用中证估值。有时候，一只双托管债券，中债估值和中证估值能差好几块钱！到底该用哪个呢？哪个才是公允的呢？

👆 例7-4 双托管债券之"16章丘债"

"16章丘债"是双托管债券（银行间代码：1680320，上交所代码：139194）。2018年6月6日中债估值净价为92.680 0元，而中证估值净价则为97.105 4元，两者相差4.425 4元。

假设一个管理人持有这只债券，并且托管在银行间。管理人为了提升估值，如果将"16章丘债"从银行间转托管到交易所，则估值瞬间提升4.425 4元。这个问题如何处理？■

（2）有些债券虽然不是双托管债券，但是中债估值与中证估值的价格差异也很大，到底哪个算是公允的呢？

表7-3是节选的部分估值差异较大的债。

表 7-3   中债估值与中证估值差异较大的案例

（估值日期：2018/05/29，单位：元）

代　码	债券简称	中债估值	中证估值	中债估值 – 中证估值
143008.SH	17 东旭 02	75.996 5	82.784 0	−6.787 5
136418.SH	16 信威 02	86.721 3	92.708 3	−5.987 0
112387.SZ	16 华南 02	90.263 0	96.207 1	−5.944 1
122332.SH	14 亿利 01	94.244 5	99.869 6	−5.625 1
136871.SH	16 玉皇 04	90.212 8	95.254 5	−5.041 7
143437.SH	17 新大 03	93.536 1	98.127 1	−4.591 0
122213.SH	12 松建化	93.282 5	97.627 0	−4.344 5
136520.SH	16 永泰 03	80.379 2	84.100 0	−3.720 8
136167.SH	16 华夏债	88.638 1	92.234 1	−3.596 0
122158.SH	12 西钢债	94.399 2	97.809 7	−3.410 5
112276.SZ	15 金鸿债	89.170 9	92.470 3	−3.299 4
136635.SH	16 津投 03	86.561 1	89.857 8	−3.296 7
136132.SH	15 邢钢债	96.946 4	100.219 2	−3.272 8
136720.SH	16 西王 04	82.047 5	84.754 1	−2.706 6

据我个人不负责任的观察，中债估值相对更公允一些，更贴近市场的真实成交。

既然第三方估值也有很多不靠谱的地方，我们该如何使用第三方估值呢？谨慎的办法是：选取中债估值与中证估值中较低的那个作为参考估值。

内部模型法

金融机构采用内建模型构建自己的收益率曲线，并使用自己的收益率曲线及市场成交数据给债券定价。或者说，把中债估值或中证估值所做的事，自己重新做一遍，只是模型和参数不同。这个属于高级方法，对机构的专业性要求很高，一般情况下可能为了满足监管要求（如《巴塞尔协议》）进行内部建模。对采用内部模型估值法的机构来说，它们认为第三方估值是个黑盒子，难以验证第三方估值模型的正确性。

具体估值模型及估值方法，比较繁复，这里不再展开。

几种有趣债券的估值

永续债

含权债由于包含投资者期限或发行人期权，而两者兼而有之，因此要特别注意第三方估值（如中债估值）提供了哪一种的估值。

如果是永续债这样的包含发行人期权的债券，投资者一定要根据永续债本身的条款做合理假设。

我们来看一只永续债中的"神券"：16 广州地铁可续期债 01（代码：1680052.IB），从 Wind 看基本条款，你会以为是 3+N 的永续债，如图 7-6 所示（同图 1-15）。

债券代码	1680052.IB	债券简称	16广州地铁可续期债01
债券全称	2016年第一期广州地铁集团有限公司可续期公司债券		
发行人	广州地铁集团有限公司		
担保人	—		
交易市场	1680052.IB（银行间），123032.SH（上海）		
债券类型	一般企业债	发行方式	公募
票面利率（发行时）	4.2800	期限（年）	3.00
利率类型	固定利率	息票品种	附息
每年付息次数	1	当前余额（亿元）	26.00
起息日期	2016-01-26	到期日期	2019-01-26
上市日期	2016-01-29	摘牌日期	2019-01-25
发行价格（元）	100.0000	最新面值（元）	100.0000
最新债项评级	AAA	评级机构	中诚信国际信用评级有限责任公司

图 7-6 16 广州地铁可续期债 01 基本要素

资料来源：Wind.

我们再看看募集说明书里面是怎么说的。

（六）发行人续期选择权：在本期债券每个重定价周期末，发行人有权选择将本期债券期限延长1个重定价周期，或全额兑付本期债券。发行人应至少于续期选择权行权年度付息日前30个工作日，在相关媒体上刊登续期选择权行使公告。

（七）债券利率确定方式：本期债券采用浮动利率形式，单利按年计息。在本期债券存续的前5个重定价周期（第1～15个计息年度）内，票面利率由基准利率加上基本利差确定。基准利率在每个重定价周期确定一次。首期基准利率为发行公告日前750个工作日的一周上海银行间同业拆放利率（Shibor（1W））的算术平均数（四舍五入保留两位小数），其后每个重定价周期的当期基准利率为在该重定价周期起息日前750个工作日的一周上海银行间同业拆放利率的算术平均数（四舍五入保留两位小数）。首次发行票面利率由发行人和主承销商在发行时根据簿记建档结果确定，并报国家有关主管部门备案。

如果发行人选择延长本期债券期限，则在第6个重定价周期（第16～18个计息年度）内的票面利率调整为当期基准利率加上基本利差再加上300个基点（1个基点为0.01%，下同）；从第7个重定价周期开始，每个重定价周期适用的票面利率为当期基准利率加上基本利差再加上600个基点，如下表所示。

重定价周期（计息年度）	票面利率计算公式
前5个重定价周期（第1～15个计息年度）	当期基准利率＋基本利差
第6个重定价周期（第16～18个计息年度）	当期基准利率＋基本利差＋300个基点
从第7个重定价周期开始的每个重定价周期（从第19个计息年度开始的每个计息周期）	当期基准利率＋基本利差＋600个基点

这只神券的实际期限应该是3+3+3+3+3+N。在中债估值上，2018年6月6日给出的估值收益率是5.474 6%，估值净价是99.208 0元，估值待偿年限是0.641 1年。因此中债估值的假设是在第1个计息周期结束后，发行

人大概率会赎回债券。

由于几乎所有永续债的票面利率都是由利率基准＋基本利差来确定的，基本利差是在第一次发行时招标所定的，因此投资人要仔细考虑，在第 1 个重定价周期（3 年）后，发行人会不会行权继续展期 3 年，这对于投资人的持有收益影响是巨大的。

"16 广州地铁可续期债 01"的利率基准为过去 750 个工作日的 Shibor_1W 价格，首次基准利率为 3.5%，利差为 0.78%，合计为 4.28%。从 2016 年 1 月 26 日起息日以来，Shibor_1W 的 750 工作日平均值的走势如图 7-7 所示。

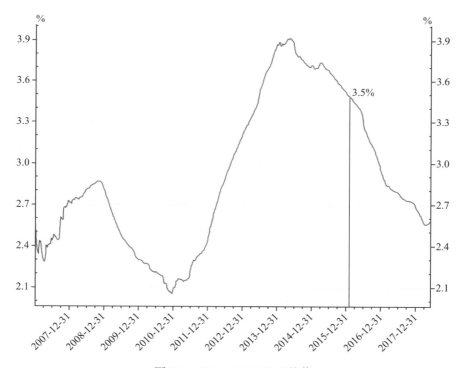

图 7-7 Shibor_1W 750 日均值

资料来源：Wind.

截 至 2018 年 6 月 6 日，Shibor_1W 的 750 工 作 日 平 均 值 是 2.59%，Shibor_1W 的最新利率是 2.78%。假设不出现剧烈波动，则到下一个起息日 2019 年 1 月 26 日前一日的基准利率是 2.59% 左右，再加上利差 0.78%，合计在 3.37% 左右。你说到时候发行人会不会续期呢？图 7-8 是"16 广州地铁可续期债 01"发行时，AAA+ 中票收益率曲线上对应的发行时点及后续的收益率走势。

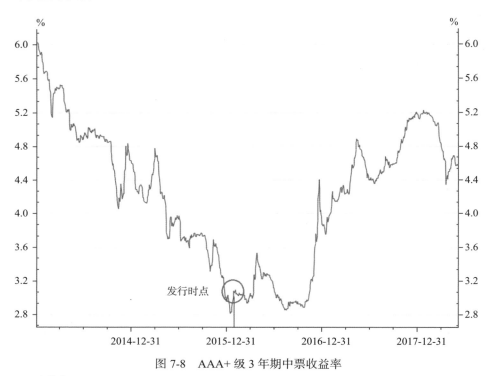

图 7-8 AAA+ 级 3 年期中票收益率

资料来源：Wind.

👆 例 7-5 永续债的投资收益

假设在 2018 年 6 月 7 日晚，"16 广州地铁可续期债 01"（代码：1680052）的估值收益率为 5.50%，估值待偿年限为 0.638 4 年。

假设在 2018 年 6 月 8 日，你按照前一日估值买入"16 广州地铁可续期债 01"（T+0 交割），成交收益率为 5.50%，成交净价为 99.198 1 元，全价为 100.757 7 元。

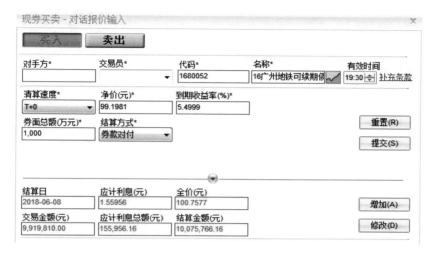

情景一：发行人赎回债券

第 1 个重定价周期结束后（2019/1/26），发行人选择赎回本期债券，则现金流如下表所示。

现金流日期	金额（负数为流出）
2018/6/7	−100.757 7
2019/1/26	+104.280 0

你的投资收益即为买入时的到期收益率 5.50%。

情景二：发行人对债券续期

截至 2018 年 6 月 7 日，Shibor_1W 的 750 工作日平均值是 2.59%，加上利差 0.78%，合计为 3.37%，而同期 AAA 级的 3 年期中期票据收益率为 4.62%，明显高于 3.37%。第 1 个重定价周期结束后（2019/1/26），选择债券续期明显对发行人有利。假设发行人选择续期下一个重定价周期（2019/1/26 ~ 2022/1/26），在 2022 年 1 月 26 日赎回债券。再假设 Shibor 利率基本保持稳定，续期的重定价利率为 3.37%，则现金流变成下表。

现金流日期	金额（负数为流出）
2018/6/7	−100.757 7

（续）

现金流日期	金额（负数为流出）
2019/1/26	+4.28
2020/1/26	+3.37
2021/1/26	+3.37
2022/1/26	+103.37

投资者的实际年化收益率变成了3.77%。■

含双向选择权的债券

另外一种最常见的含权债，就是含发行人调整票面利率选择权和投资人回售选择权的双向选择权的债券，如"15中海01"（品种一，期限3+3年，代码：136046.SH）（见图7-9）。

债券代码	136046.SH	债券简称	15中海01
债券全称	中海地产集团有限公司2015年公司债券（品种一）		
发行人	中海地产集团有限公司		
担保人	—		
交易市场	136046.SH（上海）		
债券类型	一般公司债	发行方式	公募
票面利率（发行时）	3.400 0	期限（年）	6.00
利率类型	累进利率	息票品种	附息
每年付息次数	1	当前余额（亿元）	70.00
起息日期	2015-11-19	到期日期	2021-11-19
上市日期	2016-01-15	摘牌日期	2021-11-18
发行价格（元）	100.000 0	最新面值（元）	100.000 0
最新债项评级	AAA	评级机构	联合信用评级有限公司

图 7-9   15 中海 01 基本要素

"15中海01"在募集说明书中披露的信息如下表所示。

债券票面年利率确定方式	本期债券票面年利率由发行人和主承销商按照发行时簿记建档结果共同协商确定；本期债券品种一的票面利率在存续期内前3年固定不变；在存续期的第3年年末，如发行人行使调整票面利率选择权，未被回售部分的债券票面利率为存续期内前3年票面利率加调整基点，在债券存续期后3年固定不变
发行人调整票面利率选择权	发行人有权决定在本期债券品种一存续期的第3年年末调整本期债券品种一后3年的票面利率；发行人将于第3个计息年度付息日前的第30个交易日，在中国证监会指定的上市公司信息披露媒体上发布关于是否调整本期债券品种一票面利率以及调整幅度的公告；若发行人未行使本期债券品种一票面利率调整选择权，则本期债券品种一后续期限票面利率仍维持原有票面利率不变
投资者回售选择权	发行人发出关于是否调整本期债券票面利率及调整幅度的公告后，投资者有权选择在本期债券的第3个或第5个计息年度付息日将持有的本期债券品种一或品种二按票面金额全部或部分回售给发行人

中债登公布的 2018 年 6 月 7 日的估值数据如下表所示。

时 间	可信度	待偿年限（年）	估值净价（元）	估值收益率（%）	估算的行权后票面利率（%）
2018/6/7	推荐	3.452 1	99.501 9	4.889 1	4.953 6
2018/6/7		0.452 1	99.479 9	4.490 2	4.953 6

　　对于含双向选择权（发行人调整票面利率选择权＋投资人回售选择权）的含权债，中债均会提供两个估值：一个是短期限的估值收益率及净价，另一个是长期限的估值收益率及净价。标有"推荐"的是中债比较倾向的估值。

　　对于长期限的估值方法，中债登给出的说明如下。

　　对于该类债券，发行人可在未来行权日对票面利率进行调整，行权日后现金流存在不确定性，因此，我中心采用远期利率对债券行权后票面利率进行估算，并根据"估算的行权后票面利率"确定估值现金流。其中，不含分期还本条款且计息周期规则的债券，估价收益率取自中债到期收益率曲线，估值通过估价收益率计算得出；含分期还本条款或计息周期不规则的债券，采用中债即期收益率曲线进行估值，估价收益率通过估值反算得出。

资料来源：中债登官网（www.chinabond.com.cn）。

　　也就是说，中债使用远期收益率去预测行权后的重置的票面利率。

那么具体到投资，我们该使用哪个估值作为谈判基准呢？最保险的方式是直接使用行权收益率，即短期限的收益率。由于发行人调整票面利率的行为不可预测，但是投资人拥有强行回售的权利，因此行权收益率更具有确定性。对于买入含权债的投资人而言，使用行权收益率，可以在行权日之前获得确定性的收益。如果发行人调整后的票面利率使投资人满意，投资人决定继续持有，那么可以将重置后的债券看成投资了一笔新的债券，票面利率为重置后的票面利率。因此，我们可以将买入一笔含权债看成：

$$买入含权债 = 买入一笔具有行权收益率的短期限债券 +$$
$$行权日重新购入一笔新的票面利率的债券的权利$$

📋 例 7-6   含权债的投资收益

假设在 2018 年 6 月 7 日，你按照中债估值给出的推荐的估值，买入"15 中海 01"，买入净价为 99.501 9 元，中债显示的估值到期收益率为 4.889 1%，看起来很不错。

这只债券的票面利率是 3.4%，第一个到期日为 2018 年 11 月 19 日。如果发行人决定不上调票面利率，则 3.4% 的重置利率远远低于同期市场利率，投资人大概率选择回售。如果回售，则现金流如下表所示。

现金流日期	金额（元，负数为流出）
2018/6/7	−101.374
2018/11/19	+103.4

投资收益率变成了 4.47%。■

各类产品的估值方法选择

在债券型产品中，有两大类占据绝对主流：一类是标准化、公开透明的公募基金，另一类就是私募产品户。公募基金又可以分成货币市场基金和纯债基金；私募产品又可以根据投资人的多少分为资管专户和集合户。不同的债券产品类型，其估值要求是不同的。总体而言，公募基金的估值要求最严格，而私募产品户则经过管理人和投资人协商一致即可。

货币市场基金

货币市场基金（简称"货币基金"）属于类现金产品，因此监管部门对其投资标的、投资期限、流动性指标等有一系列的严格规定。由于货币基金有着良好的流动性，且基本上可以认为不会产生投资亏损，因此近几年货币基金规模余额增长迅猛。截至 2018 年第一季度末，货币基金规模达 8 万亿元之巨。

根据《货币市场基金监督管理办法》（中国证券监督管理委员会令第 120号）以及《公开募集开放式证券投资基金流动性风险管理规定》（中国证券监督管理委员会公告 [2017]12 号），货币基金可采用摊余成本法进行估值。目前市面上基本上所有的货币基金都采用摊余成本法进行估值，这样可以规避市值波动对净值带来的影响。在摊余成本法下，债券的利息和折溢价是每日通过利息计提、折溢价摊销来实现，逐步释放到货币基金的收益中的。由于货币基金一般采用每日日终单位净值归一法，因此投资人的收益主要体现为份额的增加。

货币基金之所以允许使用摊余成本法，是由于其投资标的有严格的限制，基本以流动性工具为主。为了防止摊余成本法下的基金资产净值与市场公允价值差异过大，导致市值与净值的偏离，货币基金还要求采用影子定价，并对影子定价与基金资产净值之间的偏离做了严格的限定。

第十二条 对于采用摊余成本法进行核算的货币市场基金，应当采用影子定价的风险控制手段，对摊余成本法计算的基金资产净值的公允性进行评估。

当影子定价确定的基金资产净值与摊余成本法计算的基金资产净值的负偏离度绝对值达到 0.25% 时，基金管理人应当在 5 个交易日内将负偏离度绝对值调整到 0.25% 以内。当正偏离度绝对值达到 0.5% 时，基金管理人应当暂停接受申购并在 5 个交易日内将正偏离度绝对值调整到 0.5% 以内。当负偏离度绝对值达到 0.5% 时，基金管理人应当使用风险准备金或者固有资金弥补潜在资产损失，将负偏离度绝对值控制在 0.5% 以内。当负偏离度绝对值连续两个交易日超过 0.5% 时，基金管理人应当采用公允价值估值方法对持有投资组合的账面价值进行调整，或者采取暂停接受所有赎回申请并终止基金合同进行财产清算等措施。

资料来源：《货币市场基金监督管理办法》。

影子定价及偏离度管理能够在一定程度上纠正摊余成本法的幻觉。作为投资者的你，当赎回货币基金时，实际收益是实际给你变现的收益；在极端情况下（如市场难以变现或大幅折价变现），摊余成本法下的纸面收益是一种幻觉。

☞ 延伸阅读 7-1   货币基金的流动性风险

2016 年年末开始的债市走弱，导致债券市场收益率急速上行。10 年国家开发银行债的收益率从 2016 年 10 月中的 3.02% 急速抬升至 2017 年第一季度的 4.20% 左右，上升约 120 个基点。货币基金作为传统的流动性工具，在这轮债市走弱中也未能幸免。据传某第一梯队的大型基金公司旗下的货币基金遭遇机构投资者的大额赎回，导致货币基金的流动性出现枯竭，负偏离严重，持仓资产难以短期变现，或者是大幅折价变现，导致投资者赎回亏损。据传基金公司拿固有资金出资弥补了部分亏损，得以让投资者按照摊余成本法下的收益本息赎回。此次出现的货币基金流动性风险，也让监管部门进一步加强了对货币基金的管理，后续出台了流动性新规等一系列的监管办法。■

☞ 延伸阅读 7-2   美国货币基金新规：2a-7 改革法案

美国的货币基金按照投资范围的不同，可以分为政府基金（government fund）和优先基金（prime fund）；其中政府基金投资于国债、政府机构债和回购等低风险高流动性资产，优先基金除此之外还主要投资于大额存单（CD）、商业票据（CP，类似于中国的短期融资券）等信用类资产。按照销售对象划分，可以分为零售型货币基金和机构型货币基金。

过去几十年，美国的货币基金（尤其是机构型优先基金）一直按照固定净值（constant NAV，CNAV）承诺足额兑付，使用的就是摊余成本法计量。因此，对于投资者来说，投资于此类货币基金就相当于一笔银行存款，基本不会出现亏损的风险。但实际上，由于优先基金大量投资于大额存单和商业票据，是无法从理论上避免资产违约风险的，而且当基金遭遇大额赎回时，难以按照摊余成本法计量的净值赎回。更糟糕的是，在这种情况下，先赎回的投资者占优势，而亏损却带给了后赎回的投资者，这非常不公平。2008年的金融危机，导致 Reserve Primary Fund 因为踩雷雷曼兄弟发行的债券，跌破净值，先冻结再清盘。

痛定思痛后，美国的监管部门加强了对货币基金的流动性风险及信用风险的防控。最大的改革就是对于机构型的优先基金，不允许使用固定净值，而改为采用浮动净值（variable NAV，VNAV）。简单地讲，就是摊余成本法不能用了，改用市值法估值。而且，监管改革还规定，当周度流动性资产比例小于总资产的30%时，可以额外收取流动性费用，并且可以在特定情况下设定赎回限制。■

纯债基金

纯债型公募基金必须按照市值法进行估值。国内大部分的纯债基金都采用第三方估值：对于银行间的债券，使用中债登估值；对于交易所的债券，使用中证登估值。对于双托管的债券的估值，采用其所在的交易场所分别估值。每日日终的估值结果在单位净值中体现。

对于这类纯债基金，需要关注利息税对单位净值的影响。利息税需要公募基金代扣代缴，由于基金管理人事先并不知道投资人是否需要缴税（实际上，目前统一暂时不征收利息税），因此在计算单位净值时，会对持仓债券的应计利息进行利息税的应税计提，税率为20%，即每日的应计利息打8折，这当然会对单位净值产生显著影响。当债券卖出或者付息时，由于目前并不缴纳利息税，因此之前藏起来的应税部分被释放出来，单位净值会有一个突然的提升。当然，公募债券基金的持仓都比较分散，债券交易操作也较为频繁，因此从整体上看，这种单位净值的波动不会过大，除非基金经理有意为之。

例 7-7 利息税对债券基金的单位净值的影响

假设某只纯债基金只有一只持仓债券，票面利率为 5%。如果不考虑利息税，每日增加的单位净值为：

$$0.05 \times \frac{1}{365} = 0.000\,137$$

如果每日将 20% 的利息税计提，则每日增加的单位净值为：

$$0.05 \times 80\% \times \frac{1}{365} = 0.000\,11$$

假设该只基金持有这只债券 180 天，在第 180 天后债券付息。假设不考虑净价市值波动，则在不计提利息税和计提利息税两种情况下，单位净值走势如图 7-10 所示。

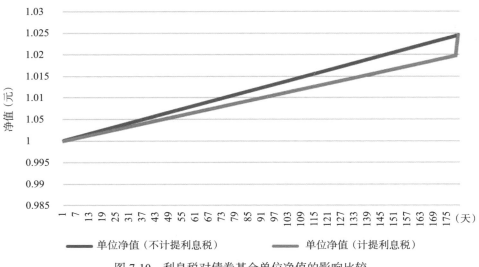

图 7-10 利息税对债券基金单位净值的影响比较

在最后一天，债券付息，之前计提的利息税实际上不用缴纳，因此单位净值直接收敛到"不计提利息税"的情形中。在这种情况下，对于在债券付息日前赎回的投资者来说是吃亏了（因为利息税那部分不计入单位净值），这部分额外收益被补贴给剩余的基金持有者了。■

债券基金按照第三方估值计算单位净值。因此，和货币基金一样，债券基金同样也面临着遭遇大额赎回时市值偏离的问题。在遭遇大额赎回时，若遇到债券市场环境不佳，基金管理人只能优先卖出流动性好的债券，这样的话，越晚赎回的投资者越吃亏，被迫当了"接盘侠"。当然，若遇到大额申购时，也会对投资造成压力，这对原有投资者也不公平。为了降低这种风险，监管部门鼓励基金管理人采用摆动定价机制，确保基金估值的公平性。

👆 延伸阅读 7-3　摆动定价的机制

当债券基金被大量申购时，申购的投资者按照日终单位净值计算持仓份额。这会对基金管理人造成较大压力：大量的申购资金涌入而无法及时建仓，但是存量持仓债券的收益却由所有投资人所有，相当于新申购的投资者搭便车，对原有的投资者不公平，摊薄了单位净值收益。当债券基金被大量赎回时，也面临类似的问题：基金管理人优先卖出流动性好的债券，对剩余投资者不公平。为了避免大量申购或大量赎回对剩余投资者的不公平，摆动定价机制将大量申购或赎回产生的交易及其他成本转嫁给当日参与申购或赎回的投资者，实现了相对公平。

摆动定价机制的原理是，当日的净申购或净赎回超过基金净资产的某个比例（摆动门槛）时，将调整基金的单位净值，对当日的申购或赎回投资者进行一定的惩罚，以体现投资者的相对公平。具体而言，若是大额净申购且超过摆动门槛，则上调单位净值，使得申购者的份额相对减少；若是大额净赎回且超过摆动门槛，则下调单位净值，使得赎回者的赎回金额相对减少。若是当日净申购或净赎回份额不超过摆动门槛，则不需要调整单位净值（见图 7-11）。■

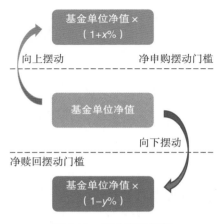

图 7-11   摆动定价机制

资管产品户

资管产品户的估值方法根据是集合户还是专户而有所不同。对于集合户而言，由于是多个投资者（不超过 200 个），估值体系要兼顾不同投资者之间的相对公平，因此相对偏市值法。专户只有一个投资者，管理人和投资人之间可以自由协商。一般而言，最常见的估值方法是：对于公募债，采用第三方估值（即银行间的采用中债估值，交易所的采用中证估值），私募债采用摊余成本法估值（包括银行间的 PPN、交易所的私募债，有时也包含 ABS）。

资管产品户的估值方法是否恰当，最重要的是探查其产品户的负债端是否稳定。假设你投资了一款资管产品，合同期限为 1 年，而持仓债券的加权剩余期限超过了 1 年，且持仓中相当一部分是私募债。那么当一年合同到期后，持仓债券需要按照市值变现，实际上投资者获得的收益就是采用市值法计算的。当然，如果负债端稳定，可以继续续接资金，那么对于私募债采用摊余成本法也无所谓。

债券自营账户的分类及估值

作为前台的债券投资经理，为什么还要了解债券账户的分类及对应的会计核算规则呢？这些让后台处理不就行了吗？当然不行！其一，债券具体放入什么分类户，是由前台投资条线决定的，后台只管后续的会计记账。其二，计入不同的分类账户，对于利润有不同的影响，而考核前台的投资业绩，是根据后台的会计利润表进行最终核算的，因此前台投资经理要关心投资业绩，就必须知晓会计核算规则，正所谓知己知彼百战不殆。

债券账户的分类

同一笔债券的投资，根据不同的投资目的，可以放入不同分类的账户，并采用不同的方式进行会计核算。由于会计核算方式的不同，因此同一笔债券放置于何种分类下，对于经营机构的利润会产生重大的影响。对于前台投资者而言，根据过去的国际会计准则 39 号（IAS 39），将金融资产按照投资目的的不同，分为以下四大类：

（1）持有至到期类（held to maturity，HTM）。如果投资机构计划将该笔金融资产持有至到期，不以交易买卖为目的，则归入持有至到期类。

（2）交易类（trading）。以交易（短期盈利）为目的而持有的金融资产，或者是机构指定为此类别的其他金融资产。衍生产品始终属于这一类别，除非其在有效的套期关系中被指定为套期工具。

（3）贷款和应收款项类。指具有固定或可确定付款额，没有活跃市场标价的非衍生金融资产，但不包括主体打算立即出售或于近期出售（此类资产应归类为交易类）的非衍生金融资产，也不包括主体在初始确认时指定为以公允价值计量且其变动计入损益或可供出售的非衍生金融资产。

（4）可供出售类（available for sale，AFS）。所有不属于上述三个类别的其他金融资产，包括所有并非以公允价值计量且其变动计入损益的权益工具投资。此外，主体可将任何贷款和应收款项指定为可供出售。

我国的会计准则逐步与国际会计准则趋同，因此在 2006 年，财政部发布了《企业会计准则第 22 号——金融工具确认和计量》《企业会计准则第 23 号——金融资产转移》和《企业会计准则第 24 号——套期保值》等金融工具相关会计准则，使金融资产的会计计量与国际会计准则 39 号（IAS 39）

保持一致。

具体到债券投资，由于大部分债券都有市场估值（中债估值、中证估值），因此大部分债券投资只分到持有至到期户、可供出售户和交易户三者之一。

对于有些特殊的债券，难以在市场获得公允估值的，可以放入应收款项类投资。比如财政部发行的特别国债、对一些银行定向发行的债券，或是一些私募发行债券（如 PPN、私募债、ABS），可以放入应收款项类投资。

市场习惯上将持有至到期户、可供出售户、应收款项类投资合并称作银行账户，或称为配置户。

这种账户分类在商业银行用得最多，且配置账户是规模占比最大的，交易账户规模占比较小。券商由于很多采用按年考核绩效，且负债来源并不稳定，因此债券投资归入交易户进行核算的比较多。基金需要按照各类基金的规定进行估值。

不同账户的会计核算

其实给前台投资人员讲会计核算是比较费劲的。会计核算中的"借"和"贷"，还有资产类、负债类、权益类、费用类、收入类等会计科目分类，都令投资经理感到头疼。

为了方便前台人员理解，我尽量从利润考核的角度去分析，避免陷入枯燥的单纯的会计核算。

持有至到期类

持有至到期类的会计核算方法比较简单：既然都准备死扛到底、持有至到期了，那么市场波动就与你无关了，直接使用成本法记账。不过成本法这个说法并不精确，精确的说法是摊余成本法。

👆 例 7-8 持有至到期类的收益核算

假设在 2018 年 4 月 17 日，你买入 3 000 万元面值的 17 国开 15（170215），买入的到期收益率为 4.63%，买入净价为 97.070 8 元，应计利息为 2.741 479 元。

170215 的票面利率为 4.24%，起息日为 2017 年 8 月 24 日，到期日为 2027 年 8 月 24 日，期限为 10 年。

债券代码	170215.IB	...	17 国开 15
交易日期	2018-04-17 ▼	T+0	
结算日期	2018-04-17 ▼	交易所债推荐 T+0（交易明日利息计入卖方）	

模拟分析		中债估值
剩余年限	9.3589	9.3562
净价	97.0708	97.0413
全价	99.8123	99.7712
应计利息	2.741479	2.7299
到期收益率	4.6300	4.6339
行权收益率 ▼	—	—
市场利差 ▼	—	—
久期 ▼	7.6823	7.3402
凸性 ▼	68.3798	68.3511
基点价值	0.0732	0.0732

当你买入这笔债券并打算持有至到期时，你能得到的收益可以分解成：

（1）票息收益，即 4.24 元 / 百元面值。

（2）净价折价部分收益（2.929 2 元）。当债券到期时，按面值 100 元兑付。

上述两部分综合的实际收益率（复利）即到期收益率 4.63%。

从会计上看，票息收益 4.24% 可以每日计提，即每日均有利息收入。折价的部分 2.929 2 元，则需要在 2018 年 4 月 17 日至到期日 2027 年 8 月 24 日，按照实际利率法进行摊销。由于这只债券是折价购入，因此每日的摊销金额计入投资收益（如果是溢价，则计入投资亏损）。做一个不精确的估计，票息年化收益为 4.24%，折价摊销年化收益为 0.39%，总计 4.63%。

不管是净价折价还是溢价，如果你持有至到期，到期偿还的本金都是 100 元，因此在此期间的摊销是将成本逐步收敛到面值 100 元。所采用的摊销方法是实际利率法，在图 7-12 中呈现曲线收敛的方式，与直线法有明显不同。

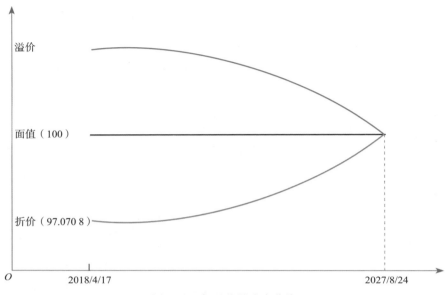

图 7-12   折溢价的成本曲线

注：以下内容适用于对会计熟悉的朋友。

（为简化说明，假设买入债券为分期付息、到期一次还本；在交割日当天记账。）

（情况一）：净价溢价买入，买入净价 102.58 元，应计利息 3.21 元。

买入当日：

借：持有至到期投资——成本   100

　　持有至到期投资——利息调整   2.58

　　应收利息——持有至到期投资   3.21

　　贷：资金账户   105.79

持有期间每日的计提：

借：应收利息——持有至到期投资   0.014

　　贷：利息收入——持有至到期投资   0.014

持有期间每日的溢价摊销：

借：投资收益——持有至到期投资	0.001
贷：持有至到期投资——利息调整	0.001

（情况二）：净价折价买入，买入净价 97.070 8 元，应计利息 2.741 5 元。

买入当日：

借：持有至到期投资——成本	100
应收利息——持有至到期投资	2.741 5
贷：持有至到期投资——利息调整	2.929 2
资金账户	99.812 3

持有期间每日的计提：

借：应收利息——持有至到期投资	0.011 62
贷：利息收入——持有至到期投资	0.011 62

持有期间每日的折价摊销：

借：持有至到期投资——利息调整	0.001
贷：投资收益——持有至到期投资	0.001

注：按照实际利率法，每日的摊销金额不尽相同。上述例子只作为示例。■

可供出售类

可供出售类资产的会计核算规则比较诡异，规则漏洞比较大。票息部分很简单，直接计提就可以了。对于净价折溢价的部分，也是采用摊余成本法。对于成本与市价之间的估值损益，成本以摊余成本为基准，估值损益的部分计入其他资本公积账户（OCI），而不是投资损益，因而不会影响当期利润表。但是，如果是卖出可供出售的债券，则其价差损益部分计入投资损益，在其他资本公积账户中累积的余额同时转出到当期损益科目，影响当期利润表。

👆 例 7-9　可供出售类的收益核算

假设在 2018 年 4 月 17 日，你买入 3 000 万元面值的 17 国开 15（170215），买入的到期收益率为 4.63%，买入净价为 97.070 8 元，应计利息为 2.741 479 元。

170215 的票面利率为 4.24%，起息日为 2017 年 8 月 24 日，到期日为 2027 年 8 月 24 日，期限为 10 年。

债券代码	170215.IB　　　……	17 国开 15
交易日期	2018-04-17　　▼	T+0
结算日期	2018-04-17　　▼	交易所债推荐 T+0（交易明日利息计入卖方）

模拟分析		中债估值	
剩余年限	9.3589	9.3562	
净价	97.0708	97.0413	
全价	99.8123	99.7712	
应计利息	2.741479	2.7299	
到期收益率	4.6300	4.6339	
行权收益率 ▼	—		
市场利差 ▼	—	—	
久期 ▼	7.6823	7.3402	
凸性 ▼	68.3798	68.3511	
基点价值	0.0732	0.0732	

该笔债券投资放入可供出售账户，则应计利息逐日计提，净价折价 2.929 2 元的部分，与持有至到期类的处理一样，按照实际利率法进行摊销（折价摊销计为收益）。

与持有至到期类不同的是，可供出售类账户需要每日进行市场估值，并将估值损益计入权益项——其他资本公积。

2018 年 4 月 17 日日终，170215 的净价估值为 97.195 2 元（估值收益率为 4.613 0%），与当日的买入净价 97.070 8 元相比增加了 0.124 4 元。那么，能否直接将这 0.124 4 元计入其他资本公积呢？

答案是不能！由于可供出售类要求采用摊余成本法，因此到日终，170215 的成本就不是买入成本 97.070 8 元了，而是摊余之后的成本。假设每日摊销金额为 0.001 元，则 4 月 17 日日终，170215 的摊余成本为 97.071 8 元（＝97.070 8 ＋ 0.001），真正能够计入其他资本公积的只有：

$$97.195\ 2 - 97.071\ 8 = 0.123\ 4\ （元）$$

0.123 4 元的部分增加了其他资本公积余额。

假设在 2017 年 4 月 18 日，你卖出了该只债券，卖出净价为 98.93 元，则与上一日摊余成本 97.071 8 元相比，估值增加了 1.858 2 元，这部分算作价差收益。那么，累计的摊销收益 0.123 4 元到哪里去了？这部分也会回转到价差收益中。因此，实际的价差收益总计 1.858 2 ＋ 0.123 4 ＝ 1.981 6（元）。这与卖出净价 98.93 元以及买入净价 97.070 8 元之间的价差正好一致。

注：以下内容适用于对会计熟悉的朋友。

（为简化说明，假设买入债券为分期付息、到期一次还本；在交割日当天记账。）

（情况一）：净价溢价买入，买入净价 102.58 元，应计利息 3.21 元。

买入当日：

借：可供出售投资——成本	100	
可供出售投资——利息调整	2.58	
应收利息——可供出售投资	3.21	
贷：资金账户		105.79

持有期间每日的计提：

借：应收利息——可供出售投资	0.014	
贷：利息收入——可供出售投资		0.014

持有期间每日的溢价摊销：

借：投资收益——可供出售投资	0.001	
贷：可供出售投资——利息调整		0.001

日终的估值账（假设估值盈利）：

借：可供出售投资——公允价值变动　　　　　　　　　0.13

　　贷：其他资本公积——可供出售投资　　　　　　　　　　　　0.13

若卖出债券（假设之前累计的估值是盈利的，比买入成本高卖出）：

借：资金账户

　　其他资本公积——可供出售投资

　　贷：应收利息——可供出售投资

　　　　可供出售投资——利息调整

　　　　可供出售投资——公允价值变动

　　　　投资收益——可供出售投资

（情况二）：净价折价买入，买入净价为 97.070 8 元，应计利息为 2.741 5 元。

买入当日：

借：可供出售投资——成本　　　　　　　　　　　　　100

　　应收利息——可供出售投资　　　　　　　　　　2.741 5

　　贷：可供出售投资——利息调整　　　　　　　　　　　　2.929 2

　　　　资金账户　　　　　　　　　　　　　　　　　　99.812 3

持有期间每日的计提：

借：应收利息——可供出售投资　　　　　　　　　　0.011 62

　　贷：利息收入——可供出售投资　　　　　　　　　　　　0.011 62

持有期间每日的折价摊销：

借：可供出售投资——利息调整　　　　　　　　　　0.001

　　贷：投资收益——可供出售投资　　　　　　　　　　　　0.001

2017 年 4 月 17 日日终的估值账（估值盈利）：

借：可供出售投资——公允价值变动　　　　　　　　0.123 4

　　　　贷：其他资本公积——可供出售投资　　　　　　　　　　　　0.123 4

若卖出债券（假设之前累计的估值是盈利的，比买入成本高卖出）：
借：资金账户
　　可供出售投资——利息调整
　　其他资本公积——可供出售投资
　　贷：应收利息——可供出售投资
　　　　可供出售投资——公允价值变动
　　　　投资收益——可供出售投资

注：按照实际利率法，每日的摊销金额不尽相同。上述例子只作为示例。■

交易类

交易类债券的会计核算比较简单：成本按照买入成本计（不用做折溢价摊销），每日的估值损益计入当期损益，影响当期利润表。卖出时实现投资损益，其价差收益计入当期利润。

📖 例7-10　交易类的收益核算

假设在 2018 年 4 月 17 日，你买入 3 000 万元面值的 17 国开 15（170215），买入的到期收益率为 4.63%，买入净价为 97.070 8 元，应计利息为 2.741 479 元。

170215 的票面利率为 4.24%，期限日为 2017 年 8 月 24 日，到期日为 2027 年 8 月 24 日，期限为 10 年。

债券代码	170215.IB	...	17 国开 15
交易日期	2018-04-17	▼	T+0
结算日期	2018-04-17	▼	交易所债推荐 T+0（交易明日利息计入卖方）

模拟分析		中债估值	
剩余年限	9.3589	9.3562	
净价	97.0708	97.0413	
全价	99.8123	99.7712	

（续）

应计利息	2.741479	2.7299
到期收益率	4.6300	4.6339
行权收益率 ▼	—	
市场利差 ▼	—	—
久期 ▼	7.6823	7.3402
凸性 ▼	68.3798	68.3511
基点价值	0.0732	0.0732

该笔债券投资放入交易户，应计利息依然逐日计提。

2018 年 4 月 17 日日终，170215 的净价估值为 97.195 2 元（估值收益率为 4.613 0%），与当日的买入净价 97.070 8 元相比增加了 0.124 4 元。那么，这 0.124 4 元的估值盈利就计入投资收益（盈利）。

假设在 2017 年 4 月 18 日，你卖出了该只债券，卖出净价为 98.93 元，则卖出净价 98.93 元与买入成本 97.070 8 元相比，价差收益为 1.859 2 元，全部计入买卖价差收入，当作投资收益（盈利）。

注：以下内容适用于对会计熟悉的朋友。

（为简化说明，假设买入债券为分期付息、到期一次还本；在交割日当天记账。）

（情况一）：净价折价买入，买入净价为 97.070 8 元，应计利息为 2.741 5 元。
买入当日：

借：交易性投资——成本	97.070 8	
应收利息——交易性投资	2.741 5	
贷：资金账户		99.812 3

持有期间每日的计提：

借：应收利息——交易性投资	0.011 62	
贷：利息收入——交易性投资		0.011 62

2017 年 4 月 17 日日终的估值账（估值盈利）：

借：交易性投资——公允价值变动　　　　　0.124 4

　　贷：投资收益——交易性投资　　　　　　　　　　0.124 4

若卖出债券（假设之前累计的估值是盈利的，比买入成本高卖出）：

借：资金账户

　贷：应收利息——交易性投资

　　　交易性投资——公允价值变动

　　　投资收益——交易性投资

注：交易性债券会计核算比较简单，溢价（情况二）和折价（情况一）非常类似，读者可自行推导。■

IFRS 9 号会计准则

过去传统的 IAS 39 号会计准则对金融资产的分类主观性很强，各分类的认定标准并不统一，利润操纵空间比较大。为了更好地修复 IAS 39 号会计准则的缺陷，IFRS 9 号会计准则在金融危机后提出。按照中国企业会计准则和国际准则"长期趋同"的路线图，财政部于 2017 年 4 月也发布了《企业会计准则第 22 号——金融工具确认与计量》（财会 [2017]7 号，简称"新准则"），在境内外同时上市或在境外上市并采用国际准则编制财报的企业，自 2018 年 1 月 1 日起施行。境内上市企业和非上市企业分别自 2019 年 1 月 1 日和 2021 年 1 月 1 日起施行。

总的来说，IFRS 9 号会计准则，主要的变动发生在以下三个方面：

（1）金融资产从四分类改为三分类，且分类方法发生了很大改变。

（2）金融资产减值准备的计提从"已发生损失模型"转向"预期损失模型"。

（3）套期会计的核算方法。

对于债券投资来说，最大的变化是"四分类"变成了"三分类"，且对三分类的认定有严格的要求。IAS 39 与 IFRS 9 的对比如表 7-4 所示。

表 7-4　IAS 39 与 IFRS 9 的对比

	IAS 39	IFRS 9
分类原则	每一种分类都有自己特有的分类标准，不统一，主观性强，因此会计报表的可比性不强	对所有金融资产的分类，都需要进行业务模式测试（business model test），以及合同现金流量特征测试（SPPI test）
分类结果	四分类： • 以公允价值计量且其变动计入当期损益的金融资产 • 持有至到期投资 • 可供出售金融资产 • 贷款和应收款项	三分类： • 以摊余成本计量的金融资产（AC） • 以公允价值计量且其变动计入其他综合收益的金融资产（FVTOCI） • 以公允价值计量且其变动计入当期损益的金融资产（FVTPL）

从四分类到三分类，表面上看只是减少了一类，并且前后分类的会计核算有很多相同的地方，但实际上，最大的差别在于对金融资产分类的认定：更加严格更为客观，更能反映资产本身属性及投资目的。

那么，具体如何实施业务模式测试以及合同现金流量特征测试（SPPI），来认定资产分类呢？ IFRS 9 给出了一整套的分类测试体系。

关于合同现金流量特征测试，在《企业会计准则第 22 号——金融工具确认与计量》中，有详细叙述：

金融资产的合同现金流量特征，是指金融工具合同约定的、反映相关金融资产经济特征的现金流量属性。企业分类为本准则第十七条和第十八条规范的金融资产，其合同现金流量特征，应当与基本借贷安排相一致。即**相关金融资产在特定日期产生的合同现金流量仅为对本金和以未偿付本金金额为基础的利息的支付**，其中，本金是指金融资产在初始确认时的公允价值，本金金额可能因提前偿付等原因在金融资产的存续期内发生变动；利息包括对货币时间价值、与特定时期未偿付本金金额相关的信用风险以及其他基本借贷风险、成本和利润的对价。其中，货币时间价值是利息要素中仅因为时间流逝而提供对价的部分，不包括为所持有金融资产的其他风险或成本提供的对价，但货币时间价值要素有时可能存在修正。

在货币时间价值要素存在修正的情况下，企业应当对相关修正进行评估，以确定其是否满足上述合同现金流量特征的要求。此外，金融资产包含可能导致其合同现金流量的时间分布或金额发生变更的合同条款（如包含提前偿付特征）的，企业应当对相关条款进行评估（如评估提前偿付特征的公允价值是否非常小），以确定其是否满足上述合同现金流量特征的要求。

关于业务模式的叙述，在新会计准则中也有详细描述：

企业管理金融资产的业务模式，是指企业如何管理其金融资产以产生现金流量。业务模式决定企业所管理金融资产现金流量的来源是**收取合同现金流量、出售金融资产还是两者兼有**。企业管理金融资产的业务模式，应当以企业关键管理人员决定的对金融资产进行管理的特定业务目标为基础确定。企业确定管理金融资产的业务模式，应当以客观事实为依据，不得以按照合理预期不会发生的情形为基础确定。

图 7-13 是 IFRS 9（我国的新会计准则也如此）的金融资产（负债）的分类流程图。

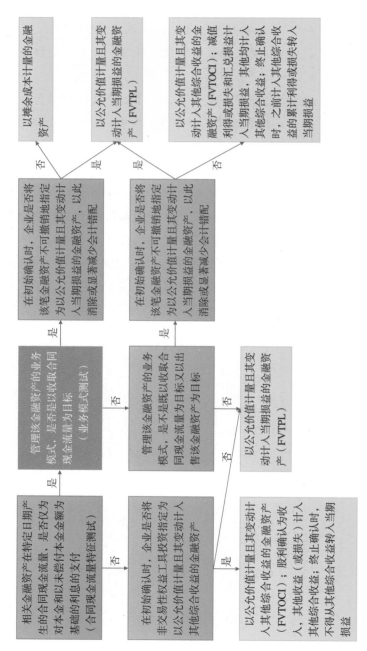

图 7-13　IFRS 9 的金融资产（负债）的分类流程图

第8章

投资组合管理

构建一个债券投资组合，所需要考虑的因素和管理方式比单只债券要复杂得多。不管是公募债券基金、资管户还是自营账户，都是一个债券投资组合。由于持仓债券的品种、期限、利率、条款各不相同，因此对于债券投资组合的管理，要更为复杂一些，所考虑的问题也更多。

组合的计量指标

杠杆率

只要是投资组合，就涉及杠杆率的概念。在投资组合中，首先需要界定的就是这个组合的原始本金。比如一个金融机构的自营交易户，其原始本金就是该机构提供的原始自有本金；一个资管户，其原始本金就是客户的委托资金余额；公募债券基金也是如此，客户申购的金额就是其本金来源。在其原始本金的基础上，投资组合管理人可以使用账户内债券进行质押融资，利用融资的资金进行债券再投资。因此：

$$投资组合杠杆率^\ominus = \frac{总资产余额}{净资产余额} \times 100\% = \frac{总资产余额}{总资产余额 - 负债余额} \times 100\%$$

我们之所以对杠杆率这么重视，主要原因在于：其一，资产的收益是不确定的，而负债的成本是刚性的。杠杆率越高，回报越大，风险也越大。其二，负债的不稳定性；负债越不稳定，高杠杆对投资组合的冲击越大。我提出一个指标，衡量投资组合的风险量级：

$$投资组合风险量级 = \frac{杠杆率}{负债稳定系数}$$

也就是说，负债端越稳定，投资组合的风险越小。最稳定的负债当然是自有的长期资金，或是类似于保险资金这样的长期稳定资金。负债端越稳定，资产就越不受短期市场波动的影响，大不了持有至到期。在负债同等稳定的情况下，杠杆越高，利率风险越高，当然也有可能获得更大收益。

对于不同的产品组合，监管部门对其杠杆率的限制是不同的。根据《中国人民银行、银监会、证监会、保监会关于规范债券市场参与者债券交易业务的通知》（银发[2017]302号），对各类产品的杠杆率限额如表8-1所示。

表8-1   各机构类型的回购限额

机构类型	正回购杠杆限制
商业银行自营	$\frac{正回购资金余额}{上季末净资产} \leqslant 80\%$
其他金融机构，包括但不限于信托公司、金融资产管理公司、证券公司、基金公司、期货公司	$\frac{正回购资金余额}{上季末净资产} \leqslant 120\%$
保险公司自营	$\frac{正回购资金余额}{上季末总资产} \leqslant 20\%$

$\ominus$ 有时候也用负债余额/净资产余额来计算杠杆率。

（续）

机构类型	正回购杠杆限制
公募性质的非法人产品	理财产品、公募基金等： $$\frac{正回购资金余额}{上一日净资产} \leqslant 40\%$$ 封闭运作基金、避险策略基金： $$\frac{正回购资金余额}{上一日净资产} \leqslant 100\%$$
私募性质的非法人产品	$$\frac{正回购资金余额}{上一日净资产} \leqslant 100\%$$

加权久期与持仓 DV01

单只债券的久期与 DV01 在第 2 章中已有详述。一个债券投资组合由于可以放杠杆，因此投资组合的久期与单只债券久期略有不同。按照我的分类，投资组合的加权久期，可以分为持仓久期和净资产久期。

持仓久期就是整个投资组合持仓的加权久期，计算公式为所有债券持仓的加权久期。

$$持仓加权久期 = \sum_i \frac{MV_i}{\sum_i MV_i} \times d_i$$

式中　MV_i——第 i 只债券的市值；

　　　d_i——第 i 只债券的久期。

例 8-1　持仓加权久期

假设在 2018 年 6 月 8 日，你构建的债券投资组合如下。■

债券代码	债券简称	持仓面值（万元）	估值全价（元）	久期
180205	18 国开 05	3 000	104.945 8	7.52
180204	18 国开 04	5 000	102.433 4	4.18

（续）

债券代码	债券简称	持仓面值（万元）	估值全价（元）	久期
180007	18 附息国债 07	10 000	100.646 1	2.66
122402	15 城建 01	3 000	102.527 7	1.89
101562021	15 宿迁城投 MTN001	5 000	106.133 1	1.79
143072	17 北汽集	5 000	99.990 2	1.73
011800829	18 赤湾港 SCP001	6 000	100.514 4	0.60
011800951	18 华能 SCP007	8 000	100.064 8	0.43
合计		45 000		
持仓加权久期				2.25

根据上述公式，计算的持仓加权久期为 2.25。

不过单看投资组合的持仓加权久期可能会对投资者或者委托人造成误导。比如两个投资组合 A 和 B，持仓债券市值均是 20 亿元，持仓加权久期都是 2.0，A 的杠杆率是 120%，B 的杠杆率是 150%，这两个实质市场风险谁大？如何比较？这就需要引进"净资产加权久期"这个概念。

持仓加权久期考虑的是：整个投资组合总资产（持仓资产）的市值百分比变动，相对于 1 个基点的收益率波动的敏感性。如上述的例子，收益率 1 个基点的波动，对投资组合 A 和 B 的市值波动都是 0.02%，那就是 40 万元。不过，投资组合 A 的净资产有 16.7 亿元（=20/120%），而投资组合 B 的净资产只有 13.3 亿元（=20/150%）。不同的净资产规模，而 1 个基点的波动都是 40 万元的市值，其风险比例是不一样的。

$$d = \frac{\dfrac{0.01\% \times D \times MV}{NAV}}{0.01\%} = D \times \frac{MV}{NAV} = D \times l$$

式中　d——投资组合的净资产加权久期；

　　　D——投资组合的持仓加权久期；

　　MV——投资组合的持仓市值；

NAV——投资组合的净资产余额；

l——投资组合的杠杆率。

根据这个公式：

投资组合 A 的净资产加权久期 = 2.0 × 120% = 2.4

投资组合 B 的净资产加权久期 = 2.0 × 150% = 3.0

👆 例 8-2　净资产加权久期

还是以上述持仓组合为例，两个投资者 A 和 B 构建了同样的组合，整个持仓面值为 4.5 亿元，持仓加权久期为 2.25。

投资者 A 的原始本金是 3 亿元，杠杆率是 150%（=4.5/3），而投资者 B 的原始本金是 4 亿元，杠杆率是 112.5%（=4.5/4）。则：

A 的净资产加权久期 = 2.25 × 150% = 3.375

B 的净资产加权久期 = 2.25 × 112.5% = 2.531

也就是说，收益率每 1 个基点的波动，A 的净资产市值波动比例是 0.033 75%，而 B 的净资产市值波动比例是 0.025 31%。■

持仓加权久期是衡量持仓组合市值变动比例相对于 1 个基点的收益率变动。持仓 DV01 是为了衡量 1 个基点的收益率变动，对持仓组合市值的绝对金额的变动。投资组合 DV01 的计算，就是每只债券持仓的 DV01 的求和。

$$持仓 DV01 = \sum_i DV01_i$$

其中，$DV01_i$ 是第 i 只债券持仓的 DV01；使用持仓加权久期估算 DV01 也是可以的：

$$持仓 DV01 = 0.01\% \times D \times MV$$

式中　D——投资组合的持仓加权久期；

　　　MV——投资组合的持仓市值。

👆 例 8-3　持仓 DV01 的计算

接着上述的例子，持仓 DV01 的计算过程如下。

债券代码	债券简称	持仓面值（万元）	估值全价（元）	久期	PVBP	DV01
180205	18 国开 05	3 000	104.945 8	7.52	0.078 9	23 670.00
180204	18 国开 04	5 000	102.433 4	4.18	0.042 8	21 400.00
180007	18 附息国债 07	10 000	100.646 1	2.66	0.026 7	26 700.00
122402	15 城建 01	3 000	102.527 7	1.89	0.019 4	5 820.00
101562021	15 宿迁城投 MTN001	5 000	106.133 1	1.79	0.019 0	9 500.00
143072	17 北汽集	5 000	99.990 2	1.73	0.017 3	8 650.00
011800829	18 赤湾港 SCP001	6 000	100.514 4	0.60	0.006 0	3 600.00
011800951	18 华能 SCP007	8 000	100.064 8	0.43	0.004 3	3 440.00
合计		45 000				
持仓加权久期				2.25		
持仓 DV01						102 780.00

整个债券持仓的 DV01 是 10.3 万元。也就是说，每 1 个基点收益率的波动，对整个投资组合的市值变动是 10.3 万元。

当然，我们也可以使用持仓加权久期进行估算，整个持仓市值约 4.575 3 亿元：

$$持仓 DV01 = 0.01\% \times 2.25 \times 457\ 526\ 980.00 = 102\ 943.57$$

这与上面计算的 DV01 基本是一致的。∎

关键利率久期

在债券投资组合中，关键利率久期和关键利率 DV01 也是很重要的一个计量指标。如前面所述，久期衡量的是收益率曲线 1 个基点的平移（parallel shift），对债券或整个投资组合市值的波动百分比。如果收益率曲线不是发生了平移，而是发生了扭曲（twist）呢？这时候，单纯使用久期去衡量收益率曲线扭曲对持仓市值波动的影响，就不准确了（见图 8-1）。

收益率曲线的扭曲，主要表现在关键期限（或者是关键利率）上的平移，但是不同关键期限的平移幅度不一样，而收益率曲线的平移则默认所有关键期限的平移幅度是一样的。收益率曲线平移和扭曲的样例对比如表 8-2 所示。

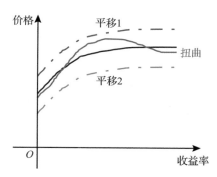

图 8-1 收益率曲线的移动

表 8-2 收益率曲线平移和扭曲的样例对比

收益率曲线改变形态	剩余期限（年）				
	1	3	5	7	10
平移（基点）	+5	+5	+5	+5	+5
扭曲（基点）	−10	+3	+5	+2	−4

那么，该如何衡量这种某个关键期限的 1 个基点利率变动，而其他期限上利率不变时，对整体持仓市值波动的影响？这就要用到关键利率久期了。根据债券的估值理论，债券的估值价格等于所有的现金流乘以按照其收益率曲线（即期）上对应的剩余期限上的利率折成的贴现因子，公式如下：

$$P = \sum_{i=1}^{n} \frac{\mathrm{CF}_i}{(1+y_i)^{t_i}}$$

式中　P——债券价格；

CF_i——第 i 笔现金流；

t_i——剩余期限（年）；

y_i——即期收益率曲线上剩余期限 t_i 对应的利率。

从公式中可以看出，如果某一个关键期限上的利率 y_i 出现 1 个基点变动，对债券价格进而整体持仓市值是有影响的。我们记 D_i 为关键期限 t_i 对应的关键利率久期，则：

$$D_i = \frac{\frac{MV_- - MV_+}{MV_0}}{2\Delta y_i}$$

式中　Δy_i——y_i 的收益率变动；

　　　MV_-——关键利率从 y_i 下跌 Δy_i 时的持仓市值；

　　　MV_+——关键利率从 y_i 上升 Δy_i 时的持仓市值；

　　　MV_0——关键利率是 y_i 时的原始持仓市值。

使用关键利率久期的思想，我们可以计算出整个债券投资组合在所有关键期限（如 1、3、5、7、10 年）上的关键利率久期，从而能够精确分析整体的持仓组合在每个关键期限上的利率敏感性。类似地，我们也可以引进关键利率 DV01 的概念，即关键期限上的利率 1 个基点的波动，对整体持仓组合市值的波动的绝对值金额。

关键利率久期和关键利率 DV01 最大的用处在于，如果你想精确对冲收益率曲线的风险，则可以使用对冲工具精确对冲某个单点或某几个点；或者是，如果你想利用某些关键期限利率的变化去盈利，则可以在关键期限点上加仓做多或做空。打个比喻，久期和 DV01 就相当于机枪扫射，一扫一整片；关键利率久期和关键利率 DV01 则相当于精确制导导弹，可以精准命中目标。

卖出的冲击成本

在一个投资组合中，债券持仓按照市值进行估值，从而将整个投资组合的估值尽量贴近市场的真实可出售价值。不管是自营还是资管户、基金户，均是按照这个模式操作的；一些资管或基金户的单位净值也是按照市值进行计算的。

看起来很美好，是不是？但是这里面少了一个重要的因素：如果需要对投资组合持仓债券进行卖出，这只债券能否按照估值（如中债估值）顺利卖出？是低于估值净价还是高于估值净价呢？这部分是投资经理在进行债券投资时必须要考虑的问题。

一般来说，牛市下债券较容易高于估值净价成交，因为牛市下卖方具有主动权；熊市下往往低于估值净价成交，因为熊市下买方主动权很大。如图 8-2 所示的 2017 年 12 月 20 日当天的信用债成交。

	全部	中诚	国利	国际	平安				
	剩余期限	代码	简称		成交	中债估值	成交-中债	主/债	经纪商	最后更新
TRD	132D 债1	011758074.IB	17人福SCP003		5.62	5.3362	0.2838	AA+/--	平安	14:29:21
TRD	114D	1280105.IB	12昆建债		6.00	5.7165	0.2835	AA+	中诚	13:36:53
TKN	4.98Y	127345.SH	15盐高新		5.80	5.5303	0.2697	AA/AAA	平安	14:49:28
TRD	235D 债1	011761088.IB	17常城建SCP006		5.75	5.4975	0.2525	AA+/--	平安	10:24:36
TRD	235D 债1	011761088.IB	17常城建SCP006		5.75	5.4975	0.2525	AA+/--	平安	10:22:51
TKN	235D 债1	011761088.IB	17常城建SCP006		5.75	5.4975	0.2525	AA+/--	平安	10:22:46
TRD	235D 债1	011761088.IB	17常城建SCP006		5.75	5.4975	0.2525	AA+/--	国利	10:18:06
TKN	1.80Y	122329.SH	14伊泰01		5.92	5.6822	0.2378	AA+	国利	14:23:58
TKN	132D 债1	011760110.IB	17陕有色SCP002		5.80	5.5862	0.2138	AAA/--	中诚	10:46:34
TKN	5.69Y	1680342.IB	16硕口国资债		5.98	5.7783	0.2017	AA/AAA	国际	14:25:36
TRD	62D 债2	041753005.IB	17腾越建筑CP001		6.40	6.2114	0.1886	AA/A-1	中诚	10:16:20
TRD	62D 债2	041753005.IB	17腾越建筑CP001		6.40	6.2114	0.1886	AA/A-1	中诚	10:16:17
TKN	116D 债1	011760098.IB	17兖矿SCP005		5.77	5.5921	0.1779	AAA/--	国利	13:24:52
TKN	212D	011752080.IB	17南方水泥SCP006		5.58	5.4049	0.1751	AAA/--	国利	11:17:54

图 8-2　信用债的中介成交

资料来源：Wind.

我们可以看到，很多债券都是低于估值净价卖出的，或者说，高于估值收益率成交。

因此，在对债券投资组合进行审慎估值时，尤其是在熊市下，需要考虑卖出的冲击成本。一个简单的方式是进行情景假设，如按照债券主体评级、剩余期限做一个情景假设的矩阵（见表 8-3）。

表 8-3　冲击成本的情景分析

	≤ 1Y	(1Y, 3Y]	> 3Y
利率债	+1 个基点	+3 个基点	+5 个基点
金融债	+2 个基点	+5 个基点	+8 个基点
AAA 信用债	+5 个基点	+10 个基点	+15 个基点

（续）

	≤ 1Y	(1Y, 3Y]	> 3Y
AA+ 信用债	+10 个基点	+15 个基点	+20 个基点
AA 信用债	+15 个基点	+20 个基点	+25 个基点

如果是牛市，那么情景假设中就可能是假设低于估值收益率卖出了。根据当前市场环境，做出合理的情景假设，这样就能得到关于该债券投资组合的更贴近真实的市值。

主流的组合策略

债券投资者在构建债券投资组合的时候，通常会根据当前收益率曲线的形态，以及对未来的走势预判，对债券的期限分布做自己的组合策略。市场上常见的债券投资组合策略有三种：杠铃型（barbell）、子弹型（bullet）和阶梯型（ladder）（见图 8-3）。

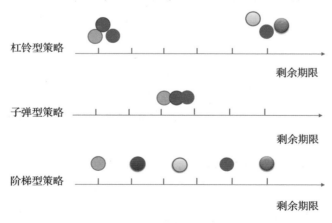

图 8-3　各类债券投资组合策略

- 杠铃型策略。又称为哑铃型。投资组合中的债券期限主要分布在短期与长期两个相对极端的期限上。长端债券主要获取更高的收益，同时博取资本利得（预判收益率下行）；短端债券主要提供极佳的流动性和再投资机会（到期比较快），便于随时调整投资组合。

- 子弹型策略。投资组合中的债券期限主要分布在某一个窄的时间区间内（如 3～5 年）。如果投资者有明确的负债期限，计划让资产与负债期限对应匹配，可以使用子弹形策略。另外，如果投资者看好某一时间期限上的债券（如有较好的骑乘效应，或该点绝对收益率水平相对凸起），也可以采用此策略。

- 阶梯型策略。投资组合中的债券期限相对均匀地分布在各个期限上，即"广撒网"。这种策略相对稳健，不做相对激进的预判，而且债券到期分布相对均匀，再投资转圜余地较大。

三种投资组合策略，如果久期相同，就凸性而言，一般情况下杠铃型＞阶梯型＞子弹型。

有一个简单的角度理解凸性。债券凸性与债券的期限平方 T^2 成正比关系。因此，如果久期相同，比如 2、3、4 年，杠铃型组合是 2+4，则 $2^2+4^2=20$；子弹形策略是 3+3，则 $3^2+3^2=18$，那么杠铃型组合凸性较大。

税收对收益的影响

债券投资经理的主要精力是考虑如何做好投资，在赚取更多收益的同时尽量避免投资损失。但是作为最终能够留存在机构或产品中的最终收益，都是扣完税之后的税后收益。对于一些税后考核的机构或部门来说，税收对债券投资的最终实际收益影响不小，不可不察。

财税〔2016〕36 号文以及财税〔2016〕140 号文，对金融行业的增值税征收做了具体规定。结合之前国家税务总局对于一些债券品种或产品的税收优惠，总的来说主要根据以下大的分类进行区别化收税（见图 8-4）。

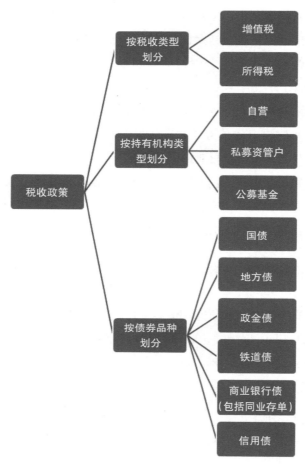

图 8-4　债券税收政策一览表

增值税与所得税

增值税是指对纳税人生产经营活动的增值额征收的一种间接税，是以商品（含应税劳务）在流转过程中产生的增值额作为计税依据而征收的一种流转税。从计税原理上说，增值税是对商品生产、流通、劳务服务中多个环节的新增价值或商品的附加值征收的一种流转税。增值税实行价外税，也就是由消费者负担，有增值才征税，没增值不征税。增值税的主要特征之一是可以有进项税额抵扣。

所得税是指以纳税人的所得额为课税对象的各种税收的统称。税法规定的所得额，是指纳税人在一定时期内，由于生产、经营等取得的可用货币计量的收入，扣除为取得这些收入所需各种耗费后的净额。所得税属于直接税。

就债券投资而言，债券投资收益主要源于三个方面：票息收入、折溢价摊销损益、价差损益。其中对折溢价摊销的计税规则比较模糊，没有形成统一计税规则。笼统来说，债券投资主要的收入来源就是利息收入和资本利得收入。

自营类业务的税收政策

自营类业务是指各金融机构自营账户开展的债券投资，包括银行自营、券商自营、保险自营、银行保本理财等金融机构自营账户。对于自营类账户，不同券种的税收政策不尽相同，主要税率如表8-4所示。

表8-4　自营类账户的税率

券种	增值税		所得税	
	利息收入	价差收入	利息收入	价差收入
国债	免	6%	免	25%
地方债	免	6%	免	25%
政金债	免	6%	25%	25%
铁道债	6%	6%	减半	25%
商业银行债、同业存单	免	6%	25%	25%
信用债	6%	6%	25%	25%

从表8-4中可以看出，买卖价差收入是不免税的。或者说，通过博取交易波段挣的钱，国家是不免税的。支持国家建设的债券（如国债、地方债、政金债），利息税基本全免（除了政金债的利息所得税）。

如果机构是税后考核，那么债券收益率的比较应当折算成税后收益率进行。

👆 **例8-4   国债与政金债的税后收益比较**

假设 10 年国债的到期收益率为 4%（这里假设不考虑资本利得，只考虑利息收入，或者说新发的 10 年国债的票面利率为 4%），则转化成税（所得税）前收益率为：

$$4\% / (1-25\%) = 5.33\%$$

也就是说，10 年国家开发银行债的到期收益率要达到 5.33%，才能与 4% 的 10 年国债的税后收益率相当。税收利差为 133 个基点。

图 8-5 是对 2010 ~ 2016 年年底的 10 年期国债收益率、国家开发银行债收益率以及国家开发银行债税后收益率之间的比较。从中我们可以看出，总体来说，就税后收益而言，持有国债更高。这高出来的收益可以理解成国债的流动性溢价（国家开发银行债相对于国债而言，流动性更佳）。

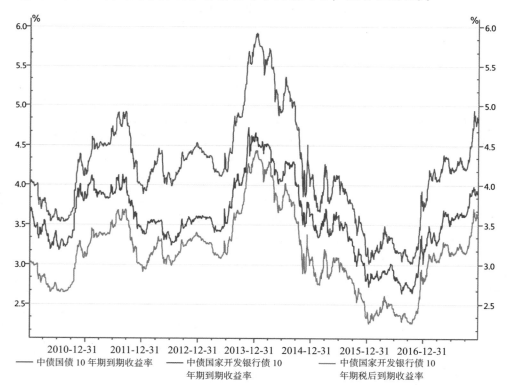

图 8-5   国债及国家开发银行债收益率比较

资料来源：中国债券信息网，Wind 资讯。■

👆 例8-5 信用债的税后收益

假设在2018年6月11日，你购入"16东航股MTN002"（代码：101662056），买入收益率为4.85%，净价为95.894 6元（折价）。该只债券票面利率为3.39%。

$$增值税后的税后收益率 = 3.39\% - \frac{3.39\%}{1+6\%} \times 6\% = 3.20\% \ ■$$

公募基金的税收政策

公募基金的税收优势明显。根据《关于企业所得税若干优惠政策的通知》，对证券投资基金从证券市场中取得的收入，包括买卖股票、债券的差价收入，股权的股息、红利收入，债券的利息收入及其他收入，暂不征收企业所得税；证券投资基金（封闭式证券投资基金、开放式证券投资基金）管理人运用基金买卖股票、债券的转让收入免收增值税（见表8-5）。

表8-5 公募基金的税率

券种	增值税		所得税	
	利息收入	价差收入	利息收入	价差收入
国债	免	免	免	免
地方债	免	免	免	免
政金债	免	免	免	免
铁道债	6%	免	免	免
商业银行债、同业存单	免	免	免	免
信用债	6%	免	免	免

除了铁道债和信用债的利息收入的增值税率为6%，其他税均全免，税收优势极为明显。

由于公募基金的税收优势，一些机构常常通过定制一个公募基金或投资一个发起式基金，间接投资债券，从而实现避税。

假设均投资信用债，自营投资账户的税前收益率为5%，所得税后基本上只有 5×0.75=3.75%。如果放入公募基金户，则所得税后收益有 5%，比自营账户高 125 个基点，相当可观。

资管产品的税收政策

资管类产品的税收比较复杂，而且目前一些税收的明细政策也不甚清楚。从大的层面来说，根据财税〔2017〕56 号文，资管产品的增值税税收政策如下。

一、资管产品管理人运营资管产品过程中发生的增值税应税行为，暂适用简易计税方法，按照 3% 的征收率缴纳增值税。

资管产品管理人，包括银行、信托公司、公募基金管理公司及其子公司、证券公司及其子公司、期货公司及其子公司、私募基金管理人、保险资产管理公司、专业保险资产管理机构、养老保险公司。

资管产品，包括银行理财产品、资金信托（包括集合资金信托、单一资金信托）、财产权信托、公开募集证券投资基金、特定客户资产管理计划、集合资产管理计划、定向资产管理计划、私募投资基金、债权投资计划、股权投资计划、股债结合型投资计划、资产支持计划、组合类保险资产管理产品、养老保障管理产品。

为了鼓励证券投资基金的发展，资管类产品不征收所得税，只征收增值税。资管产品不是独立纳税实体，且存在多层嵌套的可能，进项抵扣的认定比较复杂。为了便于纳税，税务局规定由管理人缴纳资管产品的增值税，且实行简易计税方法，按照 3% 税率缴纳。

表 8-6 是资管产品的税率一览表。

表 8-6　资管产品的税率

券种	增值税		所得税	
	利息收入	价差收入	利息收入	价差收入
国债	免	3%	免	免
地方债	免	3%	免	免

（续）

券种	增值税		所得税	
	利息收入	价差收入	利息收入	价差收入
政金债	免	3%	免	免
铁道债	3%	3%	免	免
商业银行债同业存单	免	3%	免	免
信用债	3%	3%	免	免

债券折溢价的税收政策

当我们折价或者溢价在二级市场买入债券时，折溢价的部分该如何缴税？关于对折溢价造成的损益部分，其缴税政策目前没有统一的明确规则，各机构的处理方式也不尽相同。

持有至到期

如果是折价或者溢价买入的债券，并且持有至到期，这部分算不算价差收益？要不要缴纳增值税？由于持有至到期不属于金融商品转让，因而大部分机构认为折溢价部分不算作价差收益（亏损），可以不缴增值税。这样的话，相同的到期收益率，买入票面利率低的债券，在税收上更有优惠。

例8-6 折溢价的税收影响：持有至到期

某一发行人新发行了一只中期票据MTN1，票面利率为5%，到期收益率等同于票面利率，净价等于面值。同时，在二级市场，相同发行人发行的相近剩余期限的中期票据MTN2，到期收益率也是5%，但票面利率是3%，则MTN2的市价是折价成交（到期收益率＞票面利率）。从税收角度看，MTN1和MTN2哪只更优？假设增值税税率为6%。

对于MTN1，是平价成交（面值100元），没有折溢价。如果持有至到期，每年需要缴纳利息收入的增值税是：

$$MTN1 \ 增值税 = \frac{5\%}{1+6\%} \times 6\% = 0.28\%$$

MTN1 的税后收益是 5%−0.28% = 4.72%。

对于 MTN2，是折价成交。由于是持有至到期，折价的部分或者是通过摊销逐步计入利润，或者是在到期当日一次性计入利润。

MTN2 每年需要缴纳利息收入的增值税是：

$$MTN2 \text{ 增值税} = \frac{3\%}{1+6\%} \times 6\% = 0.17\%$$

MTN2 的税后收益是 5%−0.17%=4.83%，比 MTN1 的税后收益高 11 个基点。

可以将 MTN2 的到期收益率 5% 理解成两部分：

MTN2 的 5% 到期收益率 =3% 票面利率 +2% 折价摊销收益

其中，3% 票面利率部分，收 6% 的增值税；2% 折价摊销收益部分，不缴纳增值税。■

到期前卖出

对于折溢价购入的债券，如果是在到期前卖出，又该如何缴税呢？首先，买卖价差的部分，肯定要缴纳资本利得的所得税（如果属于价差亏损，可以进行抵扣）。问题的关键在于，折溢价购入的债券，其持仓成本是按照买入成本计还是摊余成本计？如果是买入成本法（交易账户、公募债券基金户、资管户中市值法估值的债券等），债券成本是按照买入成本计算的。如果是摊余成本法（可供出售账户或货币基金户），则折溢价部分会每日摊销，摊余成本会逐步收敛到面值 100 元。

在交易性债券的情况下（买入成本计），如果是溢价买入，则即使后续到期收益率不变，市值估值也会逐步向面值 100 元收敛；在这种情况下，市价与成本价之间的差距越来越大；如果在到期前卖出，会形成买卖价差亏损，这部分能够做价差亏损的增值税抵扣。如果是折价买入，则在到期前卖出，反而会实现价差收益，增加了增值税的缴纳金额。综合下来，在买入成本法下，溢价买入的债券，在到期前卖出，有税收优惠。

如果是摊余成本法，则不管是折价还是溢价买入债券，其折溢价已经摊销完的部分都不会缴纳增值税。在债券到期前，按照市价卖出债券，其市价与摊余成本之间的差距已经通过摊销逐步缩小，价差损益不大。与持有至到期比，没有明显的税收差异。因此，在摊余成本法下，不管是持有至到期还是到期前卖出，税收差异不大。

例 8-7 折溢价的税收影响：到期前卖出

假设在 2016 年 6 月 12 日，你买入"15 杭实投 MTN001"（代码：101555012），T+0 交割。买入收益率为 3.531 6%，买入净价为 101.486 3 元。2018 年 6 月 11 日，你卖出"15 杭实投 MTN001"（剩余期限 28D），T+0 交割。卖出收益率仍为 3.531 6%，卖出净价为 100.047 3 元。

1. 买入成本法

$$买卖的价差亏损 = （100.047\ 3 - 101.486\ 3）\% = -1.439\ 0\%$$

$$可以获得增值税抵扣 = \frac{-1.439\ 0\%}{1+6\%} \times 6\% = -0.081\ 5\%$$

大约有 8 个基点的税收节省。

2. 摊余成本法

首先计算摊余成本。"15 杭实投 MTN001"是溢价买入，溢价为 1.486 3 元。为了简便计算，假设采用直线法摊销（实际中使用实际利率法），则到 2018 年 6 月 11 日，摊余成本是 100.055 0 元，则：

$$买卖的价差亏损 = （100.047\ 3 - 100.055\ 0）\% = -0.002\ 7\%$$

$$可以获得增值税抵扣 = \frac{-0.002\ 7\%}{1+6\%} \times 6\% = -0.000\ 15\% \approx 0$$

可以看出，在摊余成本法下，提前卖出的税收作用有限。

注：这里不考虑跨年导致的利润结转和成本重置。■

信用评级也是坑

在债券投资尤其是信用债投资中，最重要的风险就是信用风险：债券发行人的违约风险。因此，有必要引进一套定量和定性相结合的方法，对发行人的信用资质（或者说违约风险）进行等级划分。事实上，由于债券市场上的发行人数量太多，债券投资者很难逐一去做尽职调查，因此很多时候依赖信用评级及评级报告对信用风险做进一步评估。就如同一个食客不可能尝遍所有的餐馆，所以我们依靠大众点评的评分做个参考。

根据发行人的类型，信用主要分成主权类（国家）信用和企业类（包括金融类企业和非金融类企业）主体信用。当我们投资自己国家的以本币发行的国债时，主权信用风险极低。但是，当你投资于别国（如韩国）发行的以美元计价的主权债券时，是有信用风险的：主权政府可能因还款能力而违约。如1998年震惊世界的俄罗斯主权债务违约，间接导致LTCM对冲基金倒闭。与主权信用类似的还有地方政府的信用评级，这与每个国家的政体相关。如美国的州政府是可以独立破产的，因此其信用评级有实际意义；我国的省级政府是中央政府的派出机构，在法理上不能破产。企业类的主体信用评级主要考虑该企业的中长期还款能力。

在发行人的主体信用评级之外，发行的债券还有个债项评级，债项评级主要评估该只债券的违约风险。债项评级不必与主体评级相同，如对于某些债券，如果有外部增信（如第三方信用担保），债项评级会比主体信用评级等级高；如果是发行的次级债券，债项评级会比主体信用评级等级低。

国内外主要的评级机构

西方发达国家的信用评级工作起步较早，至今已有100余年的历史。经过多年大浪淘沙后的历史沉淀，目前国际上最主要的信用评级机构有三家：标准普尔（S&P）、穆迪公司（Moody's）和惠誉公司（Fitch）。如果国内企业（或中央政府）想要在境外发行美元债券，一般都会请三大国际信用评级机构中的其中一家给予信用评级。

国内的信用评级工作起步较晚，从1992年本土第一家信用评级公司中诚信国际成立算起，至今只有30年历史。过去30年，随着我国债券市场的迅速发展，债券余额规模在全世界排名升至第三，信用评级行业也迎来突飞猛进的发展。目前，本土市场的主流信用评级公司主要有中诚信国际、大公资信、联合资信、新世纪评级、中证鹏元、东方金诚六家评级公司。

中诚信国际

中诚信国际信用评级有限责任公司（简称"中诚信国际"，CCXI）是经中国人民银行总行、中华人民共和国商务部批准设立的中外合资信用评级机构，是国内最早成立的信用评级公司。穆迪公司持有30%的股份。

作为中国本土评级事业的开拓者，中国诚信（中诚信国际的前身）自1992年成立以来，一直引领着我国信用评级行业的发展，创新开发了数十项信用评级业务，包括企业债券评级、短期融资券评级、中期票据评级、可转换债券评级、信贷企业评级、保险公司评级、信托产品评级、货币市场基金评级、资产证券化评级、公司治理评级等。近年来中诚信国际在信用评级业务方面完成了数项开创性评级业务和技术，新的评级业务和技术创新极大地推动了中国评级市场的发展，提高了中国信用评级业的技术水平。

大公资信

大公国际资信评估有限公司（简称"大公资信"）成立于1994年，是我国唯一获得中国人民银行和原国家经贸委共同批准成立的全国信用评级机构，拥有政府监管部门认定的全部评级资质，能够对中国资本市场除国债外所有债务工具和参与主体进行信用评级。

作为新型国际信用评级标准的创建者，大公资信是第一家向全球提供国家信用风险信息的非西方国家评级机构，财政部推荐参加亚洲债券市场建设的评级机构，是参与国际信用评级体系改革，争取国际评级话语权的中国信用评级机构的代表。

作为中国行业、地区、国家信用评级标准的创建者，大公资信独立研究制定国家、地方政府和行业的信用评级标准，引领、推动国内债务工具的创新设计与推广应用，先后对30个省市自治区、70多个行业的万余家企业进行信用评级，债券融资总额度逾万亿元。

联合资信

联合资信评估有限公司（简称"联合资信"）是目前中国最专业、最具规模的信用评级机构之一，于 2000 年注册成立，总部设在北京，股东为联合信用管理有限公司和 Feline Investment Pte. Ltd.。

公司经营范围包括：信用评级和评估、信用数据征集、信用评估咨询、信息咨询；提供上述方面的人员培训。目前开展的业务包括对多边机构、国家主权、地方政府、金融企业、非金融企业等各类经济主体的评级，对上述各类经济主体发行的固定收益类证券以及资产支持证券等结构化融资工具的评级，以及债券投资咨询、信用风险咨询等其他业务。

联合资信资质齐全，是中国人民银行、国家发改委、保监会等监管部门认可的信用评级机构，是中国银行间市场交易商协会理事单位。

联合资信技术力量雄厚，高度重视评级方法与评级技术的研发，定期、不定期地进行评级方法的更新与完善，针对新的评级产品及时开发新的评级方法和技术，并在公司网站上予以披露。历经 10 多年的积累、研发，联合资信已经开发完成了涉及大部分行业的主体评级方法，开发完成了短期融资券、中期票据和企业债、抵质押债券、担保债券、集合债券、次级债券、永续债、优先股等我国各类债项产品的评级方法，建立了包括对公贷款资产证券化、个人住房抵押贷款资产证券化、汽车贷款资产证券化、租赁资产证券化、企业资产证券化等各类资产支持证券的评级模型，评级方法和技术处于同业前列。

新世纪评级

上海新世纪资信评估投资服务有限公司（简称"新世纪评级"）成立于 1992 年 7 月，是目前国内资质齐全的信用评级机构中成立最早的一家评级机构。新世纪评级自成立以来，致力于为投资者提供最佳服务，立足上海、服务全国、辐射全球，为中国实体经济、金融机构、地方政府的信贷、债券融资、资产证券化等结构化融资、境外企业在境内发行熊猫债的融资提供了优质、高效的信用评级服务，评级业务覆盖了境内全部省市和境外的部分国家及地区，涵盖了全部信用评级业务品种，在诸多业务品种的评级服务上取得了全国第一和多项荣誉。

新世纪评级将坚持"以本土信用评级机构为平台、以本土信用评级人员为主体、为本土及国际化信用评级市场服务"的发展战略，为中国信用评级市场和行业的发展、中国金融风险的防范和化解、中国金融的国际化贡献自己的力量。

中证鹏元

中证鹏元资信评估有限公司（简称"中证鹏元"）原名"深圳市资信评估公司"，成立于1993年，是中国最早成立的评级机构之一，先后经中国人民银行、中国证监会、国家发改委认可，在全国范围内从事信用评级业务，并具备保险业市场评级业务资格。

目前，中证鹏元的业务范围涉及企业信用评级、公司债券评级、企业债券评级、资产支持证券评级、集合资金信托计划评级、金融机构评级、公司治理评级等。

迄今为止，中证鹏元累计已完成27 000余家（次）主体信用评级，为全国逾4 000家企业开展债券信用评级和公司治理评级。经中证鹏元评级的债券和结构化金融产品融资总额逾万亿元。

东方金诚

东方金诚国际信用评估有限公司（简称"东方金诚"）是中国东方资产管理股份有限公司控股的国有信用服务机构，成立于2005年，注册资本为1.25亿元人民币，总部位于北京，并建立了以22个分公司为载体的全国性信用服务网络。

东方金诚是国内主要信用评级机构之一，拥有中国人民银行、国家发改委、证监会、保监会授予的债券市场全部评级资质，配备了专业的评级技术团队，可对在中国债券市场发行债券的境内外发行人、所有公开或非公开的债券品种、资产证券化产品和非标准化产品进行信用评级，同时为境内外投资人提供信用研究服务。

东方金诚是全产业链信用服务机构，子公司东方金诚信用管理有限公司是在中国人民银行备案的企业征信机构和国家发改委行业信用体系建设合作征信机构，面向全国提供征信、大数据信用分析、社会信用体系开发运营、信用管理和 PPP 项目咨询、绿色债券认证等综合信用服务。

信用评级的对象

按照评级对象，信用评级可以分成对发行主体的主体评级、债项评级、固定收益评级三大类（见图 8-6）。

主体评级

主体评级是针对信用主体（发债主体）全部债务偿付能力的评级，是判断各类债务偿还能力的基础。根据信用主体性质的不同，可以进一步将信用主体评级分为对主权及地方政府的主体评级、工商企业的主体评级、对金融机构的主体评级三大类。

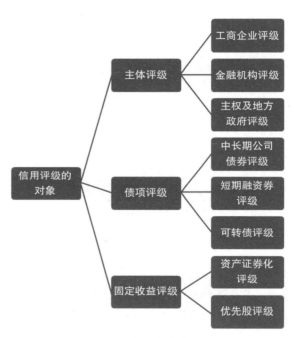

图 8-6　信用评级体系

主权信用评级主要是针对一个主权国家的信用实力（主要是经济实力）、政治体制及稳定性，以及政府信誉等方面做出的综合信用评估。如果投资者投资于别国主权政府发行的债券，尤其是发行以国际货币如美元为单位的债券，主权信用评级显得尤为重要。地方政府的信用评级是在主权政府之下，根据每个国家的政体不同而不同。如美国的州政府具有独立的立法权及税收权，因此州政府的财务相对独立；我国的省级政府是中央政府的派出机构，并不具备像美国州政府那样相对独立的立法权和税收权，因此其信用评级如何使用，与美国是不同的。

对工商企业的主体信用评级是信用评级公司最传统、最主要的业务。当企业进入资本市场以债券形式融资时，就需要评级机构对其主体信用评级。

对金融机构的主体信用评级与工商企业有所不同。按理说，金融机构也是企业（金融类企业）。但是在评级体系中将之独立区分，主要是因为金融机构在现代经济体系中的特殊性。首先，金融机构主要以经营金融资产及负债为主，这与一般工商企业有明显不同；其次，金融机构尤其是存款类金融机构的风险外溢性很强；最后，金融机构受到国家监管部门的严格监管。因此，在主体信用评级上，将它与一般性的工商企业相区分。

债项评级

债项评级是针对各类信用发行主体的特定债务融资进行评级。与主体信用评级不同，债项评级不但要考虑主体信用评级并作为评级基础，也要评估具体债项本身的各项条款，包括但不限于偿还保障条款、偿还顺序、第三方担保、交叉违约条款、其他附加条款等。

根据债务期限的不同，债项评级可以分成中长期债项评级、短期融资券评级，以及可转债评级。中长期债项评级是针对发行期限在 1 年以上的债务融资。短期融资券由于期限较短，在 1 年以内，而且此类债项的融资资金用途主要与短期经营活动或流动资金周转有关，因此与中长期债项相比，其信用资质相对稳定，信用风险较为明确。可转债涉及投资人的转股权利，因此可转债的债项评级主要考虑转股的可能性，以及如果投资人不转股时发行人偿还本息的能力。

固定收益评级

有些特殊类型的证券，不能简单地给予债项评级。这其中最主要的是两类：一类是资产支持证券（ABS），另一类是优先股。

资产支持证券没有特定的发行人，其还本付息依靠资产池本身（SPV）所产生的现金流进行利息及本金的支付。因此，对资产支持证券的评级主要关注资产池产生的现金流对本息的偿付保障，而与资产池的原始权益人本身的信用资质没有任何关系（除非原始权益人对其有其他的承诺条款）。

优先股不具有债项特征，没有本金偿付义务，也没有明确的到期期限，但有定期支付优先股股息的义务。因此，优先股的评级主要针对其股息支付的保障，以及公司破产清算时优先股的损失程度。

信用评级等级体系

国际三大评级机构：标准普尔、穆迪以及惠誉，其评级等级体系几乎一致，只不过评级符号略有区别。我国的评级公司均采用标普的评级符号体系。以中诚信公司的评级符号体系为例，如表 8-7 和表 8-8 所示。

表 8-7   主体信用评级的符号及含义

等级符号	含义
AAA	受评对象偿还债务的能力极强，基本不受不利经济环境的影响，违约风险极低
AA	受评对象偿还债务的能力很强，受不利经济环境的影响较小，违约风险很低
A	受评对象偿还债务的能力较强，较易受不利经济环境的影响，违约风险较低
BBB	受评对象偿还债务的能力一般，受不利经济环境的影响较大，违约风险一般
BB	受评对象偿还债务的能力较弱，受不利经济环境的影响很大，有较高违约风险
B	受评对象偿还债务的能力较大地依赖于良好的经济环境，违约风险很高
CCC	受评对象偿还债务的能力极度地依赖于良好的经济环境，违约风险极高
CC	受评对象在破产或重组时可获得保护较小，基本不能保证偿还债务
C	受评对象不能偿还债务

注：除 AAA 级、CCC 级及以下等级外，每一个信用等级可用"＋""－"符号进行微调，表示略高或略低于本等级。

表 8-8   中长期债项信用等级的符号及含义

等级符号	含义
AAA	债项安全性极强，基本不受不利经济环境的影响，违约风险极低
AA	债项安全性很强，受不利经济环境的影响较小，违约风险很低
A	债项安全性较强，较易受不利经济环境的影响，违约风险较低
BBB	债项安全性一般，受不利经济环境的影响较大，违约风险一般
BB	债项安全性较弱，受不利经济环境的影响很大，有较高违约风险
B	受评对象偿还债务的能力较大地依赖于良好的经济环境，违约风险很高
CCC	债项安全性极度地依赖于良好的经济环境，违约风险极高

（续）

等级符号	含义
CC	基本不能保证偿还债券
C	不能偿还债券

注：除 AAA 级、CCC 级及以下等级外，每一个信用等级可用"+""-"符号进行微调，表示略高或略低于本等级。

如果是短期融资券，其信用等级符号略有不同（见表8-9）。

表 8-9　短期融资券信用等级的符号及含义

等级	含义
A-1	为最高级短期融资券，还本付息风险很小，安全性很高
A-2	还本付息风险较小，安全性较高
A-3	还本付息风险一般，安全易受不利环境变化的影响
B	还本付息风险较高，有一定的违约风险
C	还本付息风险很高，违约风险较高
D	不能按期还本付息

注：每一个信用等级均不进行微调。

几个例子

有担保的债券的评级

对于没有特殊附加条款的普通无抵押的债券而言，其债项评级等级等同于主体信用评级等级。一些发行人由于自身的信用等级不够，但是又想提高债项评级时，可以引入第三方企业进行担保。债项评级等级提高后，一方面利于顺利发行，另一方面也可降低融资成本，当然也需要付出担保费用。第三方担保机构的信用等级一定要比发行人自身的信用等级高，才能提升债项评级。

✍️ 例 8-8　债项的担保评级

广州越秀融资租赁有限公司于 2015 年发行的一期中期票据，引入了担保人广州越秀集团有限公司给该只债券提供无条件的全额不可撤销连带责任保（见图 8-7）。

债券代码	101556060.IB	债券简称	15 越秀融资 MTN001
债券全称	广州越秀融资租赁有限公司 2015 年度第一期中期票据		
发行人	广州越秀融资租赁有限公司		
担保人	广州越秀集团有限公司		
交易市场	101556060.IB（银行间）		
债券类型	一般中期票据	发行方式	公募
票面利率（发行时）	3.600 0	期限（年）	3.00
利率类型	固定利率	息票品种	附息
每年付息次数	1	当前余额（亿元）	12.00
起息日期	2015-12-21	到期日期	2018-12-21
上市日期	2015-12-22	摘牌日期	2018-12-20
发行价格（元）	100.000 0	最新面值（元）	100.000 0
最新债项评级	AAA	评级机构	中诚信国际信用评级有限责任公司

图 8-7   15 越秀融资 MTN001 基本要素

发行人的主体信用评级为 AA（发行时），而担保人的主体信用评级为 AAA，因此这只债券的债项评级提升到 AAA。■

二级资本债 / 次级债的评级

金融机构发行的债券中，有一类比较特殊的债券，如商业银行发行的二级资本债或券商发行的次级债。这类债券在发行人的清偿顺序上，低于普通的优先偿付无抵押的债务。因此，与优先偿付无抵押的债务相比，一般情况下，其债项评级会低一个等级。

例 8-9   二级资本债的债项评级

2018 年 1 月 22 日，天津银行发行了一期二级资本债：18 天津银行二级（代码：1820001），期限为 5+5 年，发行量为 100 亿元。天津银行的主体评级为 AAA，该只二级资本债的债项评级为 AA+（见图 8-8）。

债券代码	1820001.IB	债券简称	18天津银行二级
债券全称	天津银行股份有限公司 2018年二级资本债券		
发行人	天津银行股份有限公司		
担保人	—		
交易市场	1820001.IB（银行间）		
债券类型	商业银行次级债券	发行方式	公募
票面利率（发行时）	4.800 0	期限（年）	10.00
利率类型	固定利率	息票品种	附息
每年付息次数	1	当前余额（亿元）	100.00
起息日期	2018-01-22	到期日期	2028-01-22
上市日期	2018-01-23	摘牌日期	2028-01-21
发行价格（元）	100.000 0	最新面值（元）	100.000 0
最新债项评级	AA+	评级机构	联合资信评估有限公司

图 8-8　16 天津银行二级债基本要素 ■

资产支持证券的评级

资产支持证券的还款来源与原始权益人无关，只与资产池本身的现金流有关。而且，资产支持证券本身会做证券的信用分层，处于优先级的证券受到相对低级档的信用保护。因此，资产支持证券的债项评级需要同时考虑到这两点。

🖐 **例 8-10　ABS 的评级**

蚂蚁金服旗下子公司"重庆市蚂蚁商诚小额贷款有限公司"作为原始权益人以其"借呗"资产作为基础资产，发行资产证券化产品。

债券基本信息											
债券代码	债券名称	联合评级（最新）	分层比例（%）	发行金额（万元）	最新余额（万元）	未偿本金比例（%）	每年付息次数	票息说明	当期票息（%）	期限（年）	信用支持（%）
149190.SH	借呗 48A1	AAA	85.00	85 000.00	85 000.00	100.00	—	预期收益率…	6.20	1.02	15.00
149192.SH	借呗 48A2	AA	7.50	7 500.00	7 500.00	100.00	—		0.00	1.02	7.50
149192.SH	借呗 48B	—	7.50	7 500.00	7 500.00	100.00	—		0.00	1.02	0.00

"借呗 48A1"受"借呗 48A2"与"借呗 48B"共计 15% 的信用支持，因此其债项评级最高，为 AAA。"借呗 48A2"仅受"借呗 48B"共计 7.5% 的信用支持，债项评级只有 AA。■

中债市场隐含评级

与信用评级公司基于外部经济环境及企业基本面分析不同，中债公司近几年在市场上推出的"中债市场隐含评级－债券债项评级"，是中债估值中心从市场价格信号和发行主体披露信息等因素中提炼出的动态反映市场投资者对债券的信用评级，是对评级公司评级的补充。也就是说，中债隐含评级主要是通过债券的实际成交，来倒推其债项评级，可以认为是传统信用评级公司的反向操作。

与评级公司评级相比，中债市场隐含评级的特点体现在三个方面。一是，对信用风险及时预警。随着市场有效性的提高，市场信息迅速在市场价格中反映，由此抽取的市场隐含评级可以逐日反映债券信用风险变化。相比之下，评级公司评级一般每半年跟踪评级一次，时效性较差。二是，对评级公司评级进行补充。中债市场隐含评级－债券债项评级是从市场价格信号中抽取而来的，可对评级公司评级结果给予补充。三是，实现对在岸人民币信用类债券债项评级的全覆盖，填补了部分非公开发行债券无评级公司评级的空白。

从评级体系上看，中债隐含评级从最高等级 AAA+、AAA、AAA- 逐次下降。其中 AA 级中，还引进了 AA（2）等级，AA（2）是居于 AA 和 AA- 之间的细分评级。

与评级公司的评级相比，中债隐含评级的评级中枢要比前者低，评级相对更为谨慎。对于那些评级虚高的发行人，其债券又以较高收益率成交的债项而言，中债隐含评级能很好地反映市场估值。

下面以 2018 年 6 月 20 日为例，截取了发行主体评级与中债债项隐含评级差异比较大的部分发行人，以供参考（见表 8-10 ～表 8-12）。

表 8-10　AAA 评级发行人的中债隐含评级

发行人	主体评级	中债隐含评级	评级差
渤海金控投资股份有限公司	AAA	A-	-7
海航集团有限公司	AAA	A	-6

（续）

发行人	主体评级	中债隐含评级	评级差
海南航空控股股份有限公司	AAA	A+	−5
融创房地产集团有限公司	AAA	A+	−5
中融新大集团有限公司	AAA	A+	−5
中兴通讯股份有限公司	AAA	A+	−5
大连万达商业管理集团股份有限公司	AAA	AA−	−4
大新华航空有限公司	AAA	AA−	−4
河南能源化工集团有限公司	AAA	AA−	−4
华夏幸福基业股份有限公司	AAA	AA−	−4
华夏幸福基业控股股份公司	AAA	AA−	−4
金光纸业（中国）投资有限公司	AAA	AA−	−4
金科地产集团股份有限公司	AAA	AA−	−4
天津渤海租赁有限公司	AAA	AA−	−4
雅居乐集团控股有限公司	AAA	AA−	−4
中国民生投资股份有限公司	AAA	AA−	−4
鞍钢股份有限公司	AAA	AA	−3
鞍钢集团有限公司	AAA	AA	−3
北京海国鑫泰投资控股中心	AAA	AA	−3
碧桂园控股有限公司	AAA	AA	−3
大同煤矿集团有限责任公司	AAA	AA	−3
大同煤业股份有限公司	AAA	AA	−3
东方资产管理（中国）有限公司	AAA	AA	−3
复地（集团）股份有限公司	AAA	AA	−3
广东省广新控股集团有限公司	AAA	AA	−3
广州产业投资基金管理有限公司	AAA	AA	−3
广州富力地产股份有限公司	AAA	AA	−3

（续）

发行人	主体评级	中债隐含评级	评级差
贵州高速公路集团有限公司	AAA	AA	−3
杭州市交通投资集团有限公司	AAA	AA	−3
合景泰富地产控股有限公司	AAA	AA	−3
合生创展集团有限公司	AAA	AA	−3
黑龙江北大荒农垦集团总公司	AAA	AA	−3
恒大地产集团有限公司（深圳）	AAA	AA	−3
红狮控股集团有限公司	AAA	AA	−3
红星美凯龙控股集团有限公司	AAA	AA	−3
湖北省科技投资集团有限公司	AAA	AA	−3
湖北省长江产业投资集团有限公司	AAA	AA	−3
华电煤业集团有限公司	AAA	AA	−3
华融置业有限责任公司	AAA	AA	−3
华新水泥股份有限公司	AAA	AA	−3
淮南矿业（集团）有限责任公司	AAA	AA	−3
吉林省高速公路集团有限公司	AAA	AA	−3
冀中能源集团有限责任公司	AAA	AA	−3
江苏沙钢集团有限公司	AAA	AA	−3
江西省省属国有企业资产经营（控股）有限公司	AAA	AA	−3
晋能集团有限公司	AAA	AA	−3
开滦能源化工股份有限公司	AAA	AA	−3
康美药业股份有限公司	AAA	AA	−3
龙湖地产有限公司	AAA	AA	−3
洛阳栾川钼业集团股份有限公司	AAA	AA	−3
绿城房地产集团有限公司	AAA	AA	−3

（续）

发行人	主体评级	中债隐含评级	评级差
马鞍山钢铁股份有限公司	AAA	AA	−3
马钢（集团）控股有限公司	AAA	AA	−3
南山集团有限公司	AAA	AA	−3
内蒙古伊泰煤炭股份有限公司	AAA	AA	−3
宁波交通投资控股有限公司	AAA	AA	−3
平顶山天安煤业股份有限公司	AAA	AA	−3
山东钢铁集团有限公司	AAA	AA	−3
山东南山铝业股份有限公司	AAA	AA	−3
山西晋城无烟煤矿业集团有限责任公司	AAA	AA	−3
山西潞安环保能源开发股份有限公司	AAA	AA	−3
山西潞安矿业（集团）有限责任公司	AAA	AA	−3
山西太钢不锈钢股份有限公司	AAA	AA	−3
山西西山煤电股份有限公司	AAA	AA	−3
陕西金融控股集团有限公司	AAA	AA	−3
陕西煤业股份有限公司	AAA	AA	−3
陕西投资集团有限公司	AAA	AA	−3
陕西有色金属控股集团有限责任公司	AAA	AA	−3
上海东兴投资控股发展有限公司	AAA	AA	−3
上海复星高科技（集团）有限公司	AAA	AA	−3
上海复星医药（集团）股份有限公司	AAA	AA	−3
上海世茂股份有限公司	AAA	AA	−3
上海豫园旅游商城股份有限公司	AAA	AA	−3
深圳市龙光控股有限公司	AAA	AA	−3
沈阳地铁集团有限公司	AAA	AA	−3

（续）

发行人	主体评级	中债隐含评级	评级差
苏宁易购集团股份有限公司	AAA	AA	−3
太原钢铁（集团）有限公司	AAA	AA	−3
新城控股集团股份有限公司	AAA	AA	−3
新希望集团有限公司	AAA	AA	−3
新希望六和股份有限公司	AAA	AA	−3
宿迁产业发展集团有限公司	AAA	AA	−3
徐工集团工程机械有限公司	AAA	AA	−3
旭辉集团股份有限公司	AAA	AA	−3
阳泉煤业（集团）股份有限公司	AAA	AA	−3
阳泉煤业（集团）有限责任公司	AAA	AA	−3
永城煤电控股集团有限公司	AAA	AA	−3
云南省城市建设投资集团有限公司	AAA	AA（2）	−3
云南省建设投资控股集团有限公司	AAA	AA（2）	−3
云南省交通投资建设集团有限公司	AAA	AA	−3
云南省能源投资集团有限公司	AAA	AA	−3
云南省投资控股集团有限公司	AAA	AA	−3
长春城投建设投资（集团）有限公司	AAA	AA	−3
长春市城市发展投资控股（集团）有限公司	AAA	AA	−3
中电投融和融资租赁有限公司	AAA	AA	−3
中国北方稀土（集团）高科技股份有限公司	AAA	AA	−3
中国环球租赁有限公司	AAA	AA	−3
中国建筑第八工程局有限公司	AAA	AA	−3
中国建筑第七工程局有限公司	AAA	AA	−3
中国建筑第三工程局有限公司	AAA	AA	−3

（续）

发行人	主体评级	中债隐含评级	评级差
中国建筑第五工程局有限公司	AAA	AA	−3
中国蓝星（集团）股份有限公司	AAA	AA	−3
中国普天信息产业股份有限公司	AAA	AA	−3
中联重科股份有限公司	AAA	AA	−3
中冶置业集团有限公司	AAA	AA	−3
中证信用增进股份有限公司	AAA	AA	−3
重庆龙湖企业拓展有限公司	AAA	AA	−3
重庆三峡融资担保集团股份有限公司	AAA	AA	−3
珠海华发集团有限公司	AAA	AA	−3
紫光集团有限公司	AAA	AA	−3

表 8-11　AA+ 评级发行人的中债隐含评级

发行人	主体评级	中债隐含评级	评级差
北京三聚环保新材料股份有限公司	AA+	BBB	−7
永泰集团有限公司	AA+	BBB	−7
永泰能源股份有限公司	AA+	BBB	−7
海航资本集团有限公司	AA+	BBB+	−6
东旭集团有限公司	AA+	A−	−5
泛海控股股份有限公司	AA+	A−	−5
天瑞水泥集团有限公司	AA+	A−	−5
中国泛海控股集团有限公司	AA+	A−	−5
华南国际工业原料城（深圳）有限公司	AA+	A	−4
营口港务集团有限公司	AA+	A	−4
北京万达文化产业集团有限公司	AA+	A+	−3
东旭光电科技股份有限公司	AA+	A+	−3

（续）

发行人	主体评级	中债隐含评级	评级差
广汇能源股份有限公司	AA+	A+	−3
吉林省交通投资集团有限公司	AA+	A+	−3
昆明钢铁控股有限公司	AA+	A+	−3
山西兰花煤炭实业集团有限公司	AA+	A+	−3
山西煤炭进出口集团有限公司	AA+	A+	−3
世纪金源投资集团有限公司	AA+	A+	−3
铁牛集团有限公司	AA+	A+	−3
新疆广汇实业投资（集团）有限责任公司	AA+	A+	−3
亿利资源集团有限公司	AA+	A+	−3
营口港务股份有限公司	AA+	A+	−3

表 8-12   AA 评级发行人的中债隐含评级

发行人	主体评级	中债隐含评级	评级差
西王集团有限公司	AA	BB	−9
现代牧业（集团）有限公司	AA	BB	−9
浙江盾安人工环境股份有限公司	AA	BB	−9
北京信威科技集团股份有限公司	AA	BBB	−6
北京信威通信技术股份有限公司	AA	BBB	−6
金鸿控股集团股份有限公司	AA	BBB	−6
乐视网信息技术（北京）股份有限公司	AA	BBB	−6
力帆实业（集团）股份有限公司	AA	BBB	−6
无锡五洲国际装饰城有限公司	AA	BBB	−6
云南省国有资本运营有限公司	AA	BBB	−6
洛娃科技实业集团有限公司	AA	BBB+	−5
美都能源股份有限公司	AA	BBB+	−5

（续）

发行人	主体评级	中债隐含评级	评级差
山东玉皇化工有限公司	AA	BBB+	−5
亿达发展有限公司	AA	BBB+	−5
北京蓝色光标数据科技股份有限公司	AA	A−	−4
巨轮智能装备股份有限公司	AA	A−	−4
深圳茂业商厦有限公司	AA	A−	−4
安徽省皖北煤电集团有限责任公司	AA	A	−3
包头市城乡发展投资有限责任公司	AA	A	−3
报喜鸟控股股份有限公司	AA	A	−3
都匀市城市建设投资发展有限公司	AA	A	−3
海航基础股份有限公司	AA	A	−3
花样年集团（中国）有限公司	AA	A	−3
三胞集团有限公司	AA	A	−3
月星集团有限公司	AA	A	−3

注：1. 本表是将发行人主体评级与中债隐含债项评级相比较，主要原因在于：①短融、超短融的债项评级一般是 A-1，和中债隐含评级体系不一样；②私募债没有债项评级；③对于非担保的信用债（非次级），主体评级和债项评级是一致的。

2. 上述入池债券包括了银行间及交易所的信用债，并且删除了有担保的信用债。原因在于，对于有担保的债，如果出现负面消息，市场定价特征分歧较大，有的直接跟着主体评级走，有的则还考虑担保情况。

中债隐含评级最大的优点就是贴近市场，能够及时根据市场成交情况更新评级。但其缺陷也在于此：对于出现负面消息的信用债而言，如果市场成交已经反映，那么投资者再出售，只能按照市场的重定价估值出售了，难以做到提前防范。

债券的清偿顺序

当一家公司申请破产清算时，各项资本工具的清偿顺序就显得非常重要了。总的来说，就清偿顺序而言：

有担保债券＞无担保债券＞优先股＞普通股

有担保债券

有担保债券是处于最优先清偿顺序的债务。按照担保模式的差异，可以分为抵押债券、质押债券和第三方担保债券。抵押债券主要是使用土地、房屋等不动产作为抵押物，质押债券主要是使用债券发行人所持有的债权、股权等资产作为质押物，而第三方担保债券是引入第三方独立的法人实体作为担保方。有担保债券在发行人破产清算时，不需要参与破产分配，可直接行使担保权利。

无担保债券

无担保债券按照债券等级分成优先无担保债券和次级债券。优先无担保债券是公司发行信用债的最常见方式。次级债券处于债务清偿顺序的最后，金融机构次级债、商业银行二级资本债，均属于此列。对于永续债来说，由于永续债发行人可以主动递延利息及本金的支付（有一定的限制条件），因此其实际的清偿等级比普通债务低，虽然其募集说明书上可能明确规定了与普通债务的清偿顺序相同。

优先股

优先股是享有优先权的股票。优先股股东对公司资产、利润分配享有优先权，但无表决权及公司经营参与权。

债券与监管指标

如果是商业银行的债券投资人员，在考虑债券投资的时候，还不能仅仅只考虑投资收益。有多少次，你被计财部或者风险部下达风险资本或者流动性指标？信用债的风险资本占用超标了，需要压缩；优质流动性资产不够，得增加利率债；期限也有要求，短债的比例要增加。

凡此种种，都表明债券与机构的风险资本占用及流动性指标密切相关。熟悉不同债券对风险资本及流动性的影响，对于精通债券投资是很有必要的。

债券的风险资本权重

根据商业银行《巴塞尔协议》中的规定，将商业银行的风险主要分为信用风险、市场风险及操作风险三大类风险。根据银保监会颁布的《商业银行资本管理办法（试行）》，商业银行的资本充足率计算公式如下：

$$资金充足率 = \frac{总资本 - 对应资本扣减项}{风险加权资产} \times 100\%$$

$$一级资本充足率 = \frac{一级资本 - 对应资本扣减项}{风险加权资产} \times 100\%$$

$$核心一级资本充足率 = \frac{核心一级资本 - 对应资本扣减项}{风险加权资产} \times 100\%$$

其中，商业银行风险加权资产（RWA）包括信用风险加权资产、市场风险加权资产和操作风险加权资产。

债券投资当然这三类风险都涉及，因此也会占用三类的风险加权资产。不过由于市场风险加权资产计算比较复杂，操作风险使用了另外的计量方法，我们主要讨论信用风险加权资产。根据《巴塞尔协议》，信用风险加权资产既可以按照权重法也可以按照内部评级法进行计量，这里主要介绍比较简单的权重法下的信用风险加权资产的计算。

根据银保监会的规定，在权重法下，债券资产的信用风险权重如表 8-13 所示。

表 8-13 表内资产风险权重表（节选）

项目	权重（%）
2. 对中央政府和中央银行的债权	
2.1 对我国中央政府的债权	0
2.2 对中国人民银行的债权	0
3. 对我国公共部门实体的债权	20
4. 对我国金融机构的债权	
4.1 对我国政策性银行的债权（不包括次级债权）	0

（续）

项目	权重（%）
4.2 对我国中央政府投资的金融资产管理公司的债权	
4.2.1 持有我国中央政府投资的金融资产管理公司为收购国有银行不良贷款而定向发行的债券	0
4.2.2 对我国中央政府投资的金融资产管理公司的其他债权	100
4.3 对我国其他商业银行的债权（不包括次级债权）	
4.3.1 原始期限 3 个月以内	20
4.3.2 原始期限 3 个月以上	25
4.4 对我国商业银行的次级债权（未扣除部分）	100
4.5 对我国其他金融机构的债权	100
6. 对一般企业的债权	100

根据上述规则，我们经常投资的一些债券品种的信用风险权重如表 8-14 所示。

表 8-14　债券品种的信用风险权重

债券品种		权重
国债、政金债、央票		0%
地方政府债 铁道债		20%
商业银行债 （包括同业存单）	原始期限 3 个月以内	20%
	原始期限 3 个月以上	25%
金融机构次级债	余额在本银行核心一级资本净额 10% 以内	100%
	余额超过本银行核心一级资本净额 10% 部分	100% 抵扣本行核心一级资本
信用债	所有期限	100%

值得一提的是金融机构次级债（券商次级债、商业银行二级资本债）的信用风险权重。如果持有次级债的余额不超过投资机构的核心一级资本的

10%，那么按照信用债的权重100%；超出10%的部分，则全额抵扣投资机构的核心一级资本（相当于1250%的权重）。

例8-11 信用风险资本占用对收益率的影响

假设在2018年6月13日，你买入"18京热力SCP001"（代码：011800598），剩余期限为198天，成交收益率为4.85%，面值为100元。

这只债券为工商企业信用债，信用风险资本占用100%。假设投资人是商业银行，资本充足率按照8%执行，净资本回报率（ROE）是15%，则所损失的收益为：

$$损失收益 = 100 \times 100\% \times 8\% \times 15\% = 1.2$$

经信用风险调整后的投资收益 = 4.85% − 1.2% = 3.65%

或者说，投资于"18京热力SCP001"的4.85%的收益率，相当于投资了剩余期限198天的3.65%的利率债（不考虑税收优惠）。

当然，这只是一个粗略的计算，不能算很准确。原因在于，资本就是用来消耗的，如果都是利率品种，资本无从消耗，也就无益了。正是消耗资本的过程，产生了投资收益，才有了ROE。

对于券商自营或保险资金，也可以使用类似的方法。对于资管产品户，由于没有风险资本占用，因此无须考虑。■

债券与流动性指标

所有商业银行都有流动性指标的达标要求。《巴塞尔协议》从《巴塞尔协议Ⅱ》进化到《巴塞尔协议Ⅲ》，最主要的一个变化就是加强了商业银行对流动性的监管。鉴于美国2008年的金融危机并造成的市场流动性危机，《巴塞尔协议Ⅲ》中引进了两个重要的流动性指标：流动性覆盖率（LCR）和净稳定融资比率（NSFR）。

我国的银保监会在原有的指标基础上，还额外加进了流动性匹配率（LMR）作为控制资产负债期限错配的有效指标。根据《商业银行流动性风险管理办法》（银保监会2018年第3号令），对一系列流动性指标做了严格规定。资产规模不小于 2 000 亿元人民币的商业银行应当持续达到流动性覆盖率、净稳定资金比例、流动性比例和流动性匹配率的最低监管标准。资产规模小于 2 000 亿元人民币的商业银行应当持续达到优质流动性资产充足率、流动性比例和流动性匹配率的最低监管标准。债券作为标准化的高流动性资产，对于 LCR、NSFR、LMR 指标的优化都贡献颇多。

流动性覆盖率

流动性覆盖率（liquidity coverage ratio，LCR）由银保监会在《商业银行流动性风险管理办法（试行）》（2014）中引入并要求 2018 年起持续达到 100%。流动性覆盖率的引入是鉴于 2008 年美国金融危机的直接导火索就是流动性枯竭，因此在金融危机后巴塞尔协会将其引入《巴塞尔协议 Ⅲ》中。该比率考查的是商业银行的可变现流动性资产能否偿还短期流动性负债（30 天内），从而降低流动性枯竭的可能性。该指标是衡量商业银行短期流动性的关键指标，其公式如下：

$$流动性覆盖率 = \frac{优质流动性资产（HQLA）}{未来\,30\,天的现金净流出（NCOF）} \times 100\%$$

公式中的分子"优质流动性资产"就与债券关系密切。

让我们来看看优质流动性资产由哪些构成（见表 8-15）。

表 8-15　优质流动性资产的构成

优质流动性资产种类	市值折算率
一级资产	100%
（1）现金	
（2）超额备付金	
（3）风险权重为 0 的债券（如央票、国债、政策性银行债、汇金公司债等）	
二级资产（不超过优质流动性资产的 40%）	
2A 资产	85%
（1）风险权重为 20% 的债券（如地方债、铁道债）	
（2）信用评级 AA- 及以上的债券	

（续）

优质流动性资产种类	市值折算率
2B 资产（不超过优质流动性资产的 15%）	50%
信用评级为 BBB- 至 A+ 的债券	

就债券来说，利率债是最优质的流动性资产，能够按照市值 100% 折算。其次就是有政府支持的债券（如地方债、铁道债），可以按照 85% 折算。由于国内信用债的信用评级普遍虚高，基本都在 AA- 以上，因此也能够算作 2A 资产。值得注意的是，金融债（包括同业存单）不计入优质流动性资产。

流动性匹配率

流动性匹配率是 2018 年银保监会在《商业银行流动性风险管理办法》（银保监会 2018 年第 3 号令）中引入的新的流动性指标。对于资产规模不小于 2000 亿元人民币的商业银行适用。流动性匹配率衡量商业银行主要资产与负债的期限配置结构，旨在引导商业银行合理配置长期稳定负债、高流动性或短期资产，避免过度依赖短期资金支持长期业务发展，提高流动性风险抵御能力。简而言之，就是为了防止商业银行过度的期限错配或者流动性错配，其计算公式为：

$$流动性匹配率（LMR）= \frac{加权资金来源}{加权资金运用} \times 100\%$$

根据银保监会要求，流动性匹配率应不低于 100%，其分子和分母的计算项和折算率如表 8-16 所示。

表 8-16 流动性匹配率项目表

项目	折算率（按剩余期限）		
	≤3 个月	3～12 个月	＞1 年
加权资金来源			
1. 来自中央银行的资金	70%	80%	100%
2. 各项存款	50%	70%	100%
3. 同业存款	0%	30%	100%

（续）

项目	折算率（按剩余期限）		
	≤3个月	3～12个月	＞1年
4. 同业拆入及卖出回购①	0%	40%	100%
5. 发行债券及发行同业存单	0%	50%	100%
加权资金运用			
1. 各项贷款	30%	50%	80%
2. 存放同业②及投资同业存单	40%	60%	100%
3. 拆放同业及买入返售	50%	70%	100%
4. 其他投资	100%		
5. 由银行业监督管理机构视情形确定的项目	由银行业监督管理机构视情形确定		

①卖出回购、买入返售均不含中央银行的交易。
②7天以内的存放同业、拆放同业及买入返售的折算率为0。

其中，其他投资指债券投资、股票投资外的表内投资，包括但不限于特定目的载体投资（如商业银行理财产品、信托投资计划、证券投资基金、证券公司资产管理计划、基金管理公司及子公司资产管理计划、保险业资产管理机构资产管理产品等）。债券投资作为标准化资产，不计入加权资金运用，可以极大地优化流动性匹配率（减小分母）。

债券与大额风险暴露

根据《商业银行大额风险暴露管理办法》（银保监会2018年第1号令），对商业银行对单一客户或一组关联客户的信用风险暴露做了具体的限额规定。信用债投资，必然也受到大额风险暴露限额的制约。

根据规定，商业银行对非同业单一客户的贷款余额不得超过资本净额的10%，对非同业单一客户的风险暴露不得超过一级资本净额的15%。也就是说，穿透底层后，对非同业单一客户的所有风险暴露（包括贷款、债券、非标等）总计余额不超过一级净资本的15%。

值得关注的是对于资产证券化产品（ABS）的风险暴露的计算。在管理办法中，规定如下：

1. 商业银行应使用穿透方法，将资产管理产品或资产证券化产品基础资产的最终债务人作为交易对手，并将基础资产风险暴露计入该交易对手的风险暴露。对于风险暴露小于一级资本净额 0.15% 的基础资产，如果商业银行能够证明不存在人为分割基础资产规避穿透要求等监管套利行为，可以不使用穿透方法，但应将资产管理产品或资产证券化产品本身作为交易对手，并视同非同业单一客户，将基础资产风险暴露计入该客户的风险暴露。

在 ABS 产品中，如果底层基础资产足够分散，能够证明每笔基础资产规模均小于一级资本净额的 0.15%，则可以将 ABS 产品本身作为交易对手计入风险暴露，而不必计入唯一的匿名客户。这对基础资产足够分散的 ABS 来说，是一个大大的利好。

例 8-12 ABS 的大额风险暴露

以"工元 2018 年第三期个人住房抵押贷款资产支持证券"为例，该只 ABS 分成了优先 A-1、优先 A-2，以及次级档。总计发行金额为 109.43 亿元。募集说明书披露了基础资产池的基本情况。

基本情况	数值
贷款总笔数（笔）	52 925
借款人数量（户）	52 900
合同总金额（万元）	1 569 676.63
入池总金额（万元）	1 569 676.63
单笔贷款最高本金余额（万元）	479.95
单笔贷款平均本金余额（万元）	20.68
单笔贷款最高合同金额（万元）	500.00
单笔贷款平均合同金额（万元）	29.66

我们可以看出，底层基础资产中单笔金额最大的风险暴露仅仅479.95万元，只要不超过商业银行一级资本净额的0.15%，就可以将这只产品的优先档当作一个交易对手来计入风险暴露，而不必当作唯一匿名客户。■

第9章

债券回购及债券借贷

"手中有债，心中不慌。"为什么呢？可以拿债抵押去借钱啊！这就是债券回购。在商业银行的自营账户中，经常有相当比例的债券资产，用于流动性安排。当有资金缺口时，可利用优质债券做质押进行融资。

债券回购是一种融资行为，是资金融入方将自身持有的合格债券做质押（或卖断给交易对方），以此为抵押品从资金融出方融入资金的交易过程。

回购借钱的几种姿势

债券的回购市场也如同债券市场，分成银行间市场与交易所市场，不同市场之间的回购规则差异很大。图 9-1 是简单的图谱。

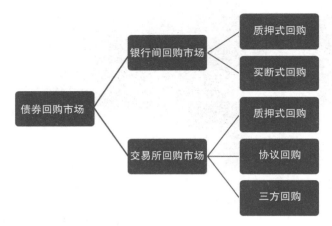

图 9-1 债券回购市场类型

质押式回购

在质押式回购交易中，正回购方（融资方）将自身持仓债券质押给逆回购方（出资方），以获得资金。在质押式回购到期日，正回购方按照事先约定的利率还本付息给逆回购方，同时质押券解冻。质押券本身所有权不发生转移，一直属于正回购方所有。

在交易起息日和到期日，均是由第三方债券托管机构进行质押券的冻结与解冻。以银行间市场为例，如果质押券是中债登托管的债券（利率债、企业债、商业银行债等），则由中债登进行冻结与解冻；如果质押券由上清所托管（同业存单、短融、中票等），则由上清所执行冻结与解冻。

下面是一笔典型的质押式回购交易（见图 9-2），我们可以看出：

（1）可以同时质押多只债券。

（2）每只债券需要根据逆回购方的要求进行一定比例的打折。

（3）不要在一笔交易中出现跨多个托管机构的质押券，如同时将利率债和中期票据放入质押库。

由于质押式回购中质押券只是被冻结，所有权不发生转移，因此对交易双方的会计处理及债券持仓管理都非常方便。所以，质押式回购是当前市场上最主流的回购品种。

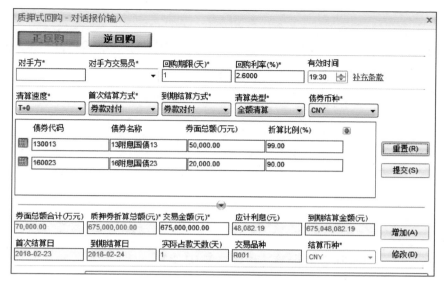

图 9-2　质押式回购样例

质押券打折比例的市场惯例

对于质押券的打折比例，市场惯例是按照该只债券前一工作日的估值净价向下取整打折。如 130013 在 2018 年 2 月 23 日，其前一日（2018 年 2 月 22 日）的估值净价为 99.941 8 元，则打折比例为 99%。当然，一些机构还会根据期限长短进一步打折，如 7 天以上的期限，可能会要求在原始打折比例上再进行二次打折。

回购的期限类型

回购的期限一般较短，最长不超过 1 年。市场上最主流的是 1 天、7 天、14 天等短期品种。在国内，根据回购期限来决定其交易品种，如隔夜回购记作 R001，2 天（含）到 7 天（含）期限的回购记作 R007。表 9-1 是常见的质押式回购的交易品种及所对应的期限。

表 9-1　常见的质押式回购的交易品种及期限

交易品种	对应期限：名义天数
R001	1 天（隔夜）

（续）

交易品种	对应期限：名义天数
R007	2 ～ 7 天
R014	8 ～ 14 天
R021	15 ～ 21 天
R1M	22 ～ 30 天（具体看跨月天数）

为什么要强调是名义天数呢？因为回购的交易品种只取决于名义天数，不考虑中间的节假日。但是，回购利息是根据实际占款天数来计算的，这一点尤其需要注意。

例 9-1 回购利息的计算（按照实际天数）

假设在 2018 年 3 月 2 日（周五），开展一笔隔夜的质押式正回购 R001。

起息日：2018/3/2（周五）

到期日：2018/3/5（周一）

交易品种：R001

名义天数：1 天

实际占款天数：3 天

回购利率：2.60%

首次结算金额：1 亿元

则到期的利息为：

$$回购利息 = 首次结算金额 \times 回购利率 \times \frac{实际占款天数}{365}$$

$$= 100\,000\,000 \times 2.60\% \times \frac{3}{365} = 21\,369.86（元）■$$

R 与 DR 的区别

在银行间的质押式回购市场，将回购的市场利率分为 R 与 DR 两个系列。如隔夜回购，有 DR001 及普通的 R001。DR×××指的是存款类金融机构（包括商业银行、政策性银行）之间发生的、以利率债作为质押券的质押式回购品种。在全市场的市场行情中，DR001 利率也即存款类金融机构之间发生的、以利率债作为质押券的隔夜回购交易的市场加权利率。普通的 R001 市场行情，即全市场的隔夜回购（包括银行、非银等所有金融机构之间的所有的回购交易）的市场加权利率。

DR 系列是最近几年才引进的回购利率基准指标。那么，为什么要引进 DR 系列呢？原因在于，我国的金融市场是以商业银行为主导的、间接融资为主的金融市场，央行通过对 DR 系列的回购利率基准的监测与控制，从而实现央行对利率走廊的有效性管控。DR 的利率波动率更小，而 R 的利率跟随市场，波动较大（见图 9-3）。

买断式回购

买断式回购与质押式回购的基本要素非常类似，只有一个重要区别：买断式回购中融资方用于抵押的债券，是需要卖断给出资方的，抵押券的所有权发生了转移，从融资方转移到了出资方。出资方在拿到抵押债券的所有权后，可以对该只债券自行处理，如卖出或借出等，只要出资方能够保证在回购到期日有充足的抵押券归还融资方即可。

由于抵押债券的所有权发生了转移，因此从理论上说，买断式回购的对手方信用风险应该比质押式回购更低。但从实务上看，买断式回购由于涉及抵押债券的所有权转移，因此会计处理更为复杂，而且存在出资方将抵押债券不小心无意中卖出的可能性，增加了操作风险，因此买断式回购反而不如质押式回购流行。买断式回购样例如图 9-4 所示。

买断式回购的需求主要来自以下两个方面：

（1）用作融券需要（融券卖空，或者借入被卖空或押空的债券）。

（2）大部分证券公司对自营账户开展质押式回购有余额规模限制，因此开展买断式回购，得以规避规模限制。

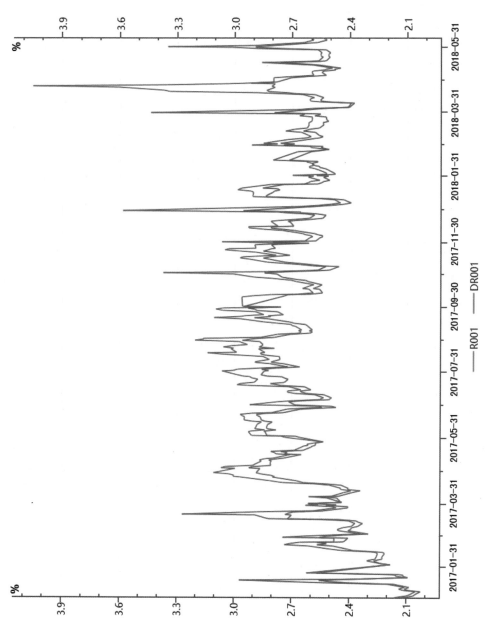

图 9-3 R001 与 DR001 利率走势图

资料来源：Wind.

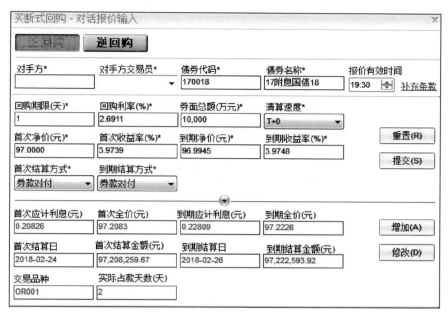

图 9-4 买断式回购样例

交易所质押式回购

　　交易所的债券回购规则与银行间回购市场（包括质押式回购和买断式回购）有明显不同。首先，在品种上，交易所的债券回购主要有三大类型：一是债券质押式回购，有中央交易对手的竞价撮合型回购；二是债券协议回购，类似于银行间的质押式回购，实行点对点交易；三是三方回购，也是点对点交易，但是由中证登提供第三方质押品担保及估值服务。在交易场所上，有上交所和深交所两大平台，后台结算都在中证登。我们首先介绍交易所里面最主流的债券质押式回购。

　　交易所债券质押式回购是中央交易对手型的、系统作竞价撮合自动匹配成交的回购。图 9-5 是它的交易示意图。

　　对于融资方来说，首先需要做的就是，将交易所认可的质押券提交到质押库入库，从而将可质押债券转换成标准券。由可质押债券转成标准券的折算率由中证登每日公布。

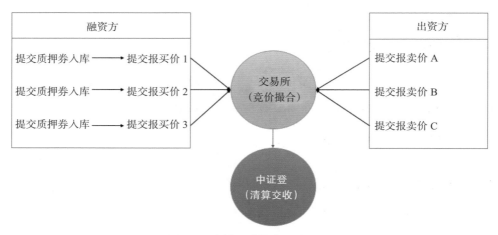

图 9-5　交易所质押式回购流程

在质押库中有标准券之后，融资方就可以融资了。通过提交报买价、报买量，交易所会通过电子系统自动撮合成交（同股票成交的原理一样），价格优先、时间优先。

期限品种

如同银行间的质押式回购，交易所回购也根据期限分成不同的交易品种。与银行间质押式回购不同的是，交易所质押式回购的期限是定死的，不能任意更改；同时，上交所与深交所的回购代码不同。上交所和深交所回购代码及期限如表 9-2 和表 9-3 所示。

表 9-2　上交所回购代码及期限

回购证券代码	回购证券简称	回购期限（年）
204001	GC001	1
204002	GC002	2
204003	GC003	3
204004	GC004	4
204007	GC007	7
204014	GC014	14

（续）

回购证券代码	回购证券简称	回购期限（年）
204028	GC028	28
204091	GC091	91
204182	GC182	182

表 9-3 深交所回购代码及期限

回购证券代码	回购证券简称	回购期限（年）
131810	R-001	1
131811	R-002	2
131800	R-003	3
131809	R-004	4
131801	R-007	7
131802	R-014	14
131803	R-028	28
131805	R-091	91
131806	R-182	182

质押券入库标准

如前所述，所有的可质押债券都需要事先提交入库，转换成标准券。通过回购融入资金，其实质押的是标准券。那么，哪些债券才符合入库标准呢？

根据中证登最新的文件规定，利率债和地方债可以入库质押，信用债只有债项评级为 AAA 级、主体评级为 AA 级（含）以上的公募债券才具备入库资格。最近几年，质押式回购的入库标准越来越严格，中证登也有不得已的苦衷：作为中央交易对手方，质押券尤其是信用债质押券，都押在自己名下；如果某些信用债发生违约，中证登难免受到牵连。

折算率

交易所质押式回购与银行间质押式回购最大的不同，就是交易所的质押式回购有一个中央交易对手（中证登）作为质押券的管理方。融资方满足质押标准的质押券，在入质押库后，转换成标准券，然后再使用标准券进行质押融资。

质押券（包括利率债和信用债）转换成标准券的比例，即为折算率。

例9-2　折算率的使用

根据中证登2018年2月23日公布的折算率数据，17中车G1（代码：143353）的折算率是0.89。如果你有面值1亿元的17中车G1，则在提交该只债券入库后，可融资的全额=持仓面值×折算率=1亿元×0.89=8 900万元。■

中证登每个工作日在其官网公布所有可入库债券的折算率。如果你的债券不在列表里面，那么就不能质押。

关于折算率的计算，根据中证登发布的《质押式回购资格准入标准及标准券折扣系数取值业务指引》，每只债券对应的折算率的计算公式如下：

债券类产品的标准券折算率 = 全价估值 × 折扣系数 ÷ 面值

折扣系数的规则中证登也有规定，按照债券资质分成几档，表9-4是最新的折扣系数档。

表9-4　债券类产品折扣系数取值标准

类别	国债、地方政府债、政策性金融债	信用债券			
		档次	公司债等其他债券	可转换公司债、可交换公司债等	债券资质
折扣系数取值	0.98	第一档	0.90	0.67	债项和主体评级均为AAA级
		第二档	0.80	0.60	主体评级为AA+，债项评级为AAA级
		第三档	0.75	0.53	主体评级为AA，债项评级为AAA级
		第四档	0.70	0.46	债项和主体评级均为AA+级

（续）

类别	国债、地方政府债、政策性金融债	信用债券			
		档次	公司债等其他债券	可转换公司债、可交换公司债等	债券资质
折扣系数取值	0.98	第五档	0.60	0.39	主体评级为 AA，债项评级为 AA+ 级
		第六档	0.50	0.32	债项和主体评级均为 AA 级

清算及交收安排

银行间回购一般都默认采用 T+0 交割，当天借入的资金当天到账。但是交易所质押式回购的资金却不能交易当日到账，尤其是在计算整个投资组合的流动性头寸时，这一点更要注意。

交易所质押式回购采用的是 T+0 成交清算、T+1 交收的机制。图 9-6 是一笔回购的日期序列。

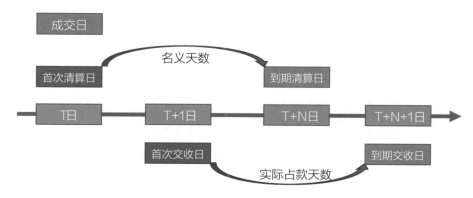

图 9-6 交易所质押式回购的交割规则

注：1. 回购的首次清算日与成交日为同一天。T 日；首次交收日为首次清算日的 T+1 日。
   2. 回购的到期日即为到期清算日，为首次清算日的 T+N 日；到期交收日为到期清算日的下一工作日（即 T+N+1 日）。
   3. 回购期限为名义天数（如 GC×××，××× 代表名义天数），为"到期清算日与首次清算日"之间的天数，算头不算尾。
   4. 回购实际的占款天数为"到期交收日与首次交收日"之间的天数，算头不算尾。回购利息的计算以实际占款天数为基准。
   5. 这里的日期均指工作日，如果该日恰好落在节假日，则顺延至下一工作日。

例9-3 交易所质押式回购的例子一

假设你在周四成交了一笔 GC001 隔夜交易所质押式正回购，利率为2.5%，金额为 1 亿元（见图 9-7）。

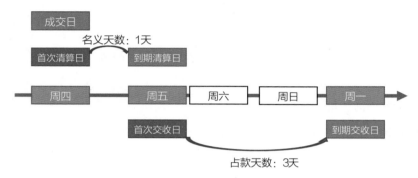

图 9-7 交易所质押式回购交割日规则

则成交日和首次清算日都是周四，但是首次交收日（真正的收到资金）是 T+1 日，即周五。到期清算日为首期清算日 + 期限（1 天），也即周五，到期交收日为到期清算日的 T+1 日，即周六，但由于周六为节假日，因此顺延到下一工作日即下周一。

由此可知，该笔 GC001 的回购，名义天数为 1 天，但资金占款天数为 3 天（从周五到下周一，算头不算尾）。

$$利息支出 = 期初金额 \times 利率 \times 占款天数/365$$
$$= 100\,000\,000 \times 2.5\% \times 3/365$$
$$= 20\,547.95（元）$$

注：交易所的成交金额的单位为"张"，即面值 100 元的标准券。因此，1 亿元为 100 万张。■

例9-4 交易所质押式回购的例子二

假设你在周五成交了一笔 GC003 的期限 3 天的交易所质押式回购，面值为 1 亿元（见图 9-8）。

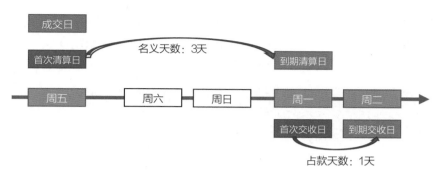

图 9-8 交易所质押式回购交割日规则

这种情况看起来更特殊一点，实际的占款天数比名义天数要少，这在银行间的质押式回购中是不可能发生的。■

交易所协议回购

交易所的质押式协议回购类似于银行间的质押式回购交易：由交易双方线下达成交易细节，并与线上点对点成交，灵活性强，对于质押券、质押率没有特定要求，只要交易双方认可即可。

交易所三方回购

三方回购是指资金融入方（正回购方）将债券出质给资金融出方（逆回购方）以融入资金，约定在未来返还资金和支付回购利息，同时解除债券质押，并由第三方机构（上交所和中证登）提供相关的担保品管理服务的交易（见图 9-9）。在三方回购交易中，回购双方在交易环节主要协商回购交易的金额、期限、利率、质押券篮子等基本要素，双方可不指定具体质押券及折扣率，质押券由中国结算（即中证登）根据相关规则及约定事后选取并进行存续期管理。

交易所质押式回购是标准化的

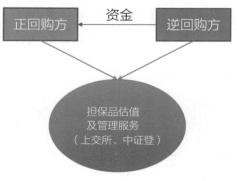

图 9-9 交易所三方回购示意图

回购，对回购期限、质押券的准入及折扣率有严格要求。协议回购具灵活性，回购期限、质押券的准入标准及折扣系数、利率等要素由回购双方自行约定。上交所推出的三方回购则介于两者之间，通过第三方机构对担保品集中、专业管理，在安全性和便利性之间寻找更好的平衡。同时，相对于质押式回购，质押券扩大至交易所各类型债券，包括非公开发行公司债、ABS 等；相对于协议回购，质押券的标准和折扣率统一制定，且第三方提供担保品管理服务，进行逐日盯市，提升交易效率和风险管控。此外，三方回购业务实行投资者适当性管理，对资金融入方设定了更严格的准入门槛，参与人也可自行设定交易对手白名单。

三方回购具有以下特点：一是由于实施质押券篮子管理，提高了标准化程度，缩短了交易流程，能够有效提高回购市场运行效率；二是第三方提供专业集中的质押券分配、逐日盯市等担保品管理服务，有助于降低对手方信用风险。

质押券篮子

为了支持三方回购质押券担保的标准化流程，上交所在投资者的证券账户中划分出独立的三方回购专用证券账户，用于三方回购一篮子质押券的入库及出库。投资者可以将用于三方回购的质押券从普通证券账户划转到三方回购专用证券账户，也可以将未质押的债券从三方回购专用证券账户划回普通证券账户，这两种操作均是 T+1 日生效。

为了满足质押券担保的标准化要求，上交所根据不同的债券类型，区分出不同的质押券篮子，并赋予不同的折扣率（见表 9-5）。

表 9-5　质押券篮子设定及折扣率

质押券篮子	简称	篮子标准	折扣率（%）
篮子 1	利率债	政府债券（含国债、地方政府债）、政策性金融机构债券、政府支持机构债券	0
篮子 2	AAA（公）	公开发行的、评级 AAA 信用债	3
篮子 3	AA+（公）	公开发行的、评级 AA+ 信用债	8

（续）

质押券篮子	简称	篮子标准	折扣率（%）
篮子 4	AA（公）	公开发行的、评级 AA 信用债	15
篮子 5	AAA（私）	非公开发行的、评级 AAA 的信用债	8
篮子 6	AA+（私）	非公开发行的、评级 AA+ 的信用债	15
篮子 7	AA（私）	非公开发行的、评级 AA 的信用债	25
篮子 8	其他	篮子 1-7 以外的上交所挂牌交易或转让信用债	40

注：1. 评级信息在主体评级（若有）和债项评级（若有）中取孰高者。
    2. 债券存在双评级的，按孰低原则办理。
    3. 表格中的信用债含资产支持证券（次级档例外）。

在进行担保品价值的计算时，中证登会根据以下公式计算担保品的担保价值：

$$担保价值 = \sum 质押券\ i\ 的全价估值 \times 质押券\ i\ 数量 \times$$
$$(1 - 质押券\ i\ 的折扣率\%) \times 10$$

注：数量的单位为手（1 000 元面值），估值采用的是 T-2 日收盘后中证指数有限公司发布的中证估值（全价估值），并根据质押券 T-1 日的债券评级确定其所属的质押券篮子，从而确定其适用的折扣率。

在正回购方提交质押券时，可以自行指定具体质押券。当进行质押券冻结时，会优先冻结自行指定的质押券，质押额度差额的部分才使用质押券篮子。正回购方可以指定多个质押券篮子，篮子选择可以是连续的（如选择篮子 1、2、3、4、5），也可以是非连续的（如选择篮子 1、2、5）。当中证登进行质押券篮子冻结时，会按照指定质押券篮子的编号从大到小的顺序依次选取，直到质押额足额。

在三方回购交易的存续期间，上交所和中证登会每日计算担保品的担保价值。在质押券担保价值与回购金额相比出现不足且达到一定比例（暂定为 5%）时，由交易系统对回购双方进行提示，正回购方可以进行补券。在三方回购交易的存续期间，经双方协商一致，正回购可以申请换券。

我国债券的回购市场

我国是以间接融资为主的国家，资金来源主要是政策性银行和商业银行，它们均是在银行间市场开展回购交易。因此，银行间回购市场是规模占比最大的回购市场。以 2017 年全年为例，日均回购交易分市场的交易量如图 9-10 所示。

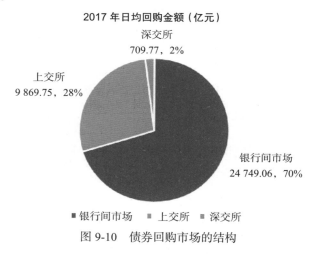

图 9-10   债券回购市场的结构

从图 9-10 中可以看出，银行间回购市场占据绝对主流，占比在 70% 左右，这与政策性银行和商业银行主要参与银行间市场是密不可分的；交易所回购市场占比 30%，而其中又以上交所（GC××× 系列）回购品种为主，深交所成交占比非常少。深交所占比较少的主要原因是，交易所大部分可质押债券（利率债、地方债、高等级信用公募债）都在上交所上市，可质押债券占比较大。

从交易品种上看，质押式回购占整个回购市场的 97% 以上，买断式回购成交占比极小，约占 3%。

从期限上看，以短期限品种（隔夜、7 天）为主，长期限的交易量占比很少。7 天以内（包括隔夜、7 天）的回购成交额占整个回购成交额的 94% 左右。

债券回购的几种玩法

根据定义我们知道，债券回购最重要的职能就是进行质押融资。但在实际金融市场中，债券回购却有着很多其他重要的功能。

（1）**临时性融资需要**。一般像商业银行、证券公司自营、保险公司等传统金融机构，固定收益（债券）资产占据了相当大的比例。当因头寸缺口需要临时性融入时，债券回购就成为最好的方式：风险低、期限灵活、可随时成交（无须提前备案或注册）。当然你可以选择卖出债券获取资金，不过有几个问题：①临时性融资，并不想真实卖出债券；②债券市场深度有限，难以在短时间内变现。因此，债券回购成为临时性融资的最佳方式。金融市场上大部分的回购成交量都基于临时性融资需要，这是其最主要的职能。

（2）**加杠杆获取超额收益的需要**。阿基米德说："给我一个支点，我可以撬起整个地球。"金融交易与杠杆如影随形。尤其是固定收益投资，由于债券本身的票息相对有限（相对于股票市场），因此利用债券持仓加杠杆成为获取超额收益的最重要的手段。

例9-5　通过回购加杠杆

假设你有10亿元面值的债券持仓，加权的到期收益率为5%。如果你想进一步提升投资收益，使用10亿元面值中的5亿元作为债券进行质押融资（假设质押率为100%），融资利率为3%，再用融入的5亿元买入5亿元面值的收益为5%的债券，那么：

你的资产端：15亿元面值的债券（收益5%）

你的负债端：5亿元的借入资金（成本3%）

你的净资产：10亿元

$$回购杠杆率 = 总资产 / 净资产 = 150\%$$

假设债券回购一直滚动续作，且成本不变，则：

$$预期收益 = \frac{(10+5) \times 5\% - 5 \times 3\%}{10} = 6\%$$

因此，当杠杆率提升到 150% 时，持仓收益也从 5% 提升到 6%，即提升了 100 个基点。∎

理论上，我们不考虑回购时对质押券的打折比例，通过债券回购可以把杠杆加到无限大（有点类似于货币的信用派生）。当然，现实中杠杆都是相对有限的，主要有以下几点原因：

1）流动性安全。杠杆越大，意味着借的钱越多，越容易出现流动性风险（借不到钱导致违约的风险）。为了防止流动性枯竭，杠杆会控制在合理水平。

2）利率风险。使用杠杆，固然可以提高收益（一方面是获取债券收益与融资成本之间的利差，另一方面是收益率下行导致的价差收益），但是当债券市场收益率上行幅度过大时，利差远远不能够覆盖估值损失，导致亏损扩大，加剧了持仓亏损。

3）杠杆率限制。不同的产品属性，监管对其杠杆率上限有明确规定。

（3）**融券需要。**债券回购的本意是融资行为，但是可以通过债券回购实现融券，这主要通过买断式回购进行。质押式回购由于债券是被质押冻结，交易双方均不可使用；但是买断式回购不同，券是从资金融入方交割给资金融出方，资金融出方可以随意使用。为什么要融券呢？一般有两点原因：①某只债券被押空或被卖空，可能造成交割违约，因此融入此只债券解决燃眉之急；②融券做空，利用收益率上行的机会，获取收益。

🖐 例9-6　通过回购融券

情景 1：当天进行质押式正回购时，质押 16 附息国债 07（160007）面值 3 亿元，但是在日间发现此券不在库存，回购交易不能交割。

情景 2：当天交割卖出 16 附息国债 07（160007）面值 3 亿元，但是在日间发现此券不在库存，现券交易不能交割。

在这两种情景下，你可以开展一笔买断式逆回购（你融出资金，对方将160007 卖断给你），从交易对方融入 160007 面值 3 亿元，当然，由于是你方融券，对方未必需要资金，因此回购利率可能明显低于市场平均利率，甚至

利率为负。■

例9-7 通过回购做空

假设你预判未来短期内债券收益率依然会上行。为了从熊市中获利，或是为了对冲现有的债券持仓，你计划通过买断式逆回购（你方融券，对方融资）进行获利。

当前17附息国债18（170018）的收益率在3.95%。你预计未来短期收益率还会继续上行，因此开展买断式逆回购（见图9-11）。

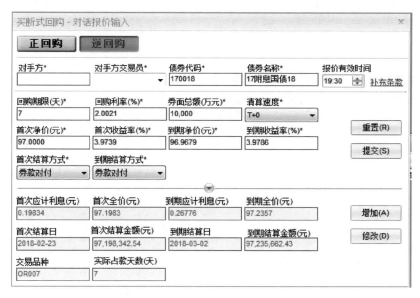

图 9-11 买断式逆回购样例

当时市场7天买断式回购利率为3.0%。

由于你方融券，因此回购利率2%明显低于市场3%的利率。

在当天日间，回购交割完毕后，你于当日将170018以3.95%的收益率卖出1亿元（见图9-12）。

7天后，回购到期当天，你在市场以4.00%买入1亿元的170018。

$$买空收益 \approx \frac{100\ 000\ 000}{100} \times 0.076\ 8 \times 5 = 384\ 000$$

$$融券成本 = 100\,000\,000 \times (3\% - 2\%) \times \frac{7}{365} = 19\,178$$

$$净收益 = 卖空收益 - 融券成本 = 384\,000 - 19\,178 = 364\,822\,(元)$$

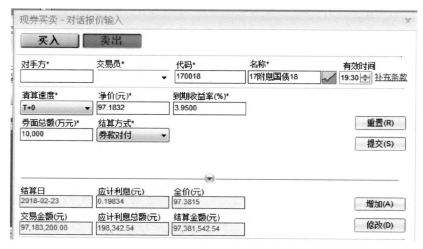

图 9-12   现券买卖交易样例

注：1. 这里使用 DV01 进行了速算。融资成本的计算也是如此，没考虑债券质押率（170018 的质押率为 97%）。在大部分时候，近似值足够精确了。

2. 如果想得到精确的净收益，可使用交割金额进行计算。■

回购与杠杆限制

债券回购的一个重要功能是融资加杠杆，这在提升投资收益的同时，也加剧了机构的流动性风险。为了降低流动性风险，监管部门对各机构的回购杠杆均做出了一定的比例限制。表 9-6 是几种重要机构的回购杠杆的限制比例。

表 9-6   几种重要机构的回购杠杆的限制比例

机构类型	正回购杠杆限制	相关监管法规文件
商业银行自营	$\dfrac{正回购资金余额}{上季末净资产} \leqslant 80\%$	银发〔2017〕302 号文

（续）

机构类型	正回购杠杆限制	相关监管法规文件
其他金融机构，包括但不限于信托公司、金融资产管理公司、证券公司、基金公司、期货公司	$\dfrac{正回购资金余额}{上月末净资产}\leqslant120\%$	
保险公司自营	$\dfrac{正回购资金余额}{上季末总资产}\leqslant20\%$	
公募性质的非法人产品	理财产品、公募基金等： $\dfrac{正回购资金余额}{上一日净资产}\leqslant40\%$ 封闭运作基金、避险策略基金： $\dfrac{正回购资金余额}{上一日净资产}\leqslant100\%$	银发〔2017〕302号文
私募性质的非法人产品	$\dfrac{正回购资金余额}{上一日净资产}\leqslant100\%$	

债券借贷的玩法

债券回购是"以券借钱"，而债券借贷是"以券借券"：以持仓的债券作为质押，借入想要的债券。图 9-13 是一个债券借贷的实际例子。

在图 9-13 的例子中，以 1.8 亿面值的"15 徽商银行 01"（代码：1520036）作为质押券，借入 1.9 亿元面值的"11 附息国债 17"（代码：110017），借贷期限为 6 天，借贷费率（年化）为 0.55%，则借贷费用为：

$$190\,000\,000\times0.55\%\times\frac{6}{365}=17\,178.08（元）$$

在一笔完整的债券借贷中，关键要素有：借入方向（融入或融出债券）、质押券及面值、借入（出）券及面值、借贷期限和借贷费率，其中质押券市值与借入券市值之比为质押率。在一般情况下，质押率可以小于 100%，即以较少的债券作为质押，借入较多的债券。在这种情况下，债券借出方有一定的信用敞口。当然，可以同时质押多只债券去借一只券。

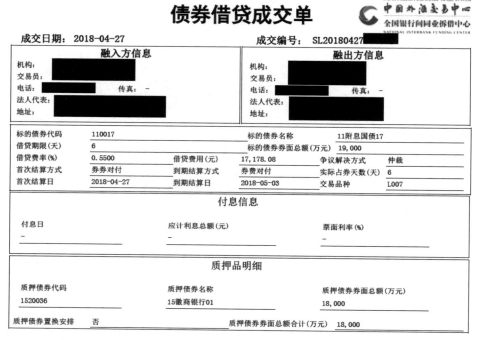

图 9-13　债券借贷成交单样例

对于债券借入方来说，使用债券借贷可以实现好几个功能。其一，可以借入债券用于其他债券相关业务的交割，防止交割失败，如现券卖出业务、质押式正回购业务、国债期货空头的实物交割等。

例 9-8　借券完成交割

假设在 2018 年 6 月 6 日，你开展质押式正回购，质押 18 附息国债 01（180001），面值 5 亿元。当日下午，你发现持仓 180001 不足，还缺 2 亿元，回购不能交割。

于是你紧急在市场寻找交易对手，开展一笔债券借贷，借入 2 亿元面值的 180001，以持仓 17 国开 11（170211）作为质押，质押券面值 2 亿元，借贷期限为 1 天，费率为 0.50%。■

其二，对于日常净融入资金的机构来说，使用信用债作为质押，通过债券借贷借入利率债，可以更容易地从市场上获得融资。一方面，使用利率债作为质押券去融资，更为容易；另一方面，如果利率合适，说不定还可以降低综合的融资成本。

👆 例9-9　通过债券借贷将信用债置换成利率债

假设你日常需要净融入资金，目前债券持仓中有50亿元信用债可供质押。通过债券借贷，你将其中的30亿元信用债质押，借入25亿元的利率债（质押率为120%），借贷费率为0.5%。

假设质押券为利率债的7天回购日均利率为3%，则你的综合融资成本为3%+0.5%=3.5%。在债券借贷到期后，可以再行续接一笔债券借贷，一直滚动下去。■

其三，债券借入方还可以使用债券借贷进行做空。这种方法类似于上面提到的使用买断式逆回购进行做空。投资者借入活跃券，然后当即在市场上卖出。待债券借贷到期前，再从市场上重新买入借入的券，用于债券借贷的到期交割，从而利用收益率上涨获取价差收益。

👆 例9-10　使用债券借贷做空

假设2018年5月4日，10年期国家开发银行债18国开05（180205）市场收益率为4.40%。你预判短期内收益率可能会反弹，因此决定使用债券借贷进行做空。

当日你通过债券借贷，质押1.2亿元面值的"18天津银行01"（1820014），借入1亿元面值的180205。交易要素如下。

交易方向	融入债券
标的券	18国开05
标的券面值（万元）	10 000
质押券	18天津银行01

（续）

交易方向	融入债券
质押券面值（万元）	12 000
质押率	120%
借贷费率	0.5%
借贷期限（天）	7
借贷费用（元）	9 589.04

当日债券借贷交割完毕后，你将借入的 180205 立即以 4.40% 收益率卖出 1 亿元面值，成交净价为 103.727 7 元（全价为 104.850 7 元）。交割金额为：

$$卖出金额 = 104.850\ 7 \times \frac{100\ 000\ 000}{100} = 104\ 850\ 744.21（元）$$

债券借贷到期当日（2018 年 5 月 11 日），以 4.50% 的收益率在市场上买入 1 亿元面值的 180205，成交净价为 102.926 8 元（全价为 104.143 5 元）。交割金额为：

$$买入金额 = 104.143\ 5 \times \frac{100\ 000\ 000}{100} = 104\ 143\ 462.71（元）$$

$$做空净收益 = 卖出金额 - 买入金额 - 借贷费用$$
$$= 104\ 850\ 744.21 - 104\ 143\ 462.71 - 9\ 589.04$$
$$= 697\ 692.46（元）$$

$$年化做空收益率 = \frac{697\ 692.46}{104\ 850\ 744.21} \times \frac{365}{7} = 34.7\%$$

注：1. 现券买卖的结算金额的计算，是先按照全价计算再四舍五入。上例中全价显示 4 位有效数字，实际为 8 位。

2. 如果考虑现券卖出后，所得的资金仍然可以获得再投资收益（如投资于回购市场），那么实际的做空收益更高。■

其四，也可以使用债券借贷，实现将一级半市场的债券提前卖出，锁定价格，避免利率风险。所谓一级半市场的债券，即已经在一级市场中标，但离上市尚有一个或几个工作日的债券。由于一级半市场的债券尚未上市，无法在二级市场卖出，因此可以借助于债券借贷，事先借入同样一只债券，再在二级市场卖出。待一级半市场的债券上市后，再通过债券借贷到期，将这只债券还回去。当然，使用这种方式的一个前提是，一级半市场的债券，必须是续发的债券，否则无法在二级市场借入同样的债券。

👆 例 9-11 使用债券借贷卖出一级半市场的债券

假设在 2018 年 8 月 23 日，18 国开 10（180210）当日续发招标，发行规模为 120 亿元，中标利率为 4.19%，上市日期 2018 年 8 月 29 日。为了在一级半市场锁定利率，防止在招标日至上市日之间的利率波动，你可以选择在当天通过债券借贷借入中标同等规模的 180210（假设中标 1 亿元面值），借贷期限为 6 天（2018 年 8 月 29 日到期），当天在二级市场卖出 1 亿元的 180210，成交收益率为 4.19%。在 2018 年 8 月 29 日当天，债券借贷到期，同时一级半市场的 180210 也同时上市，即可以将上市的 180210 用于归还债券借贷的借入券。如此操作，从而锁定了收益率，规避了利率风险。■

对于债券借出方来说，借出债券能够获取借贷费用的收益。尤其是商业银行的银行账户中的持仓债券，如果是持有至到期，则不能卖出，只能获得利息收入；如果是可供出售，在一般情况下持有时间较长，操作不频繁，也只能获得利息收入。如果能够将这些"沉睡"的债券借出去，获得借贷费用的收入，则可以明显增加投资收益。

假设一家商业银行的银行账户中持有 100 亿元的利率债，加权票面利率为 4%。如果日均能够借出 1/3 的持仓债券，年化借贷费率为 0.5%，则全年的综合收益有：

$$4\% + (1/3) \times 0.5\% = 4.17\%$$

即提升收益 17 个基点。

在进行债券借贷的实务操作时，有三个细节问题需要关注：

（1）对于债券借入方来说，如果借入的券，在借贷期间发生了付息或提前还本，这部分资金该如何处理？首先，由于借入的券已经发生交割，因此利息或本金都划转到债券借入方账户中；但是对于债券借出方来说，他只是暂时借出了债券，债券本身所带来的收益并没有转让。因此，这部分资金应在当天由债券借入方通过大额支付的方式，单独划转给债券借出方。

（2）如果质押券在借贷期间发生付息或提前还本，该如何处理？实际上，质押券只是被托管机构（中债登或上清所）冻结，并没有转让所有权。因此，付息或还本资金仍然划归到债券借入者名下，无须任何额外操作。但需要注意的是，如果是发生提前还本，可能导致原本商定的质押率不足。

（3）债券借入者能否在借贷期间，申请置换质押券？在交易开始前，双方可以协商是否允许置换质押券，并且在交易要素中体现。如果允许，则在此期间债券借入者是可以置换质押券的。

第10章

债券相关的衍生产品

　　债券的机构投资者是天然的债券多头：所得收益要么来自票息收入，要么来自价差收益。如果债券市场走熊，投资者最好的办法就是降低仓位，减少损失。但是降低仓位虽然可以减少损失，却并不意味着可以获取收益。另外，由于我国债券市场的流动性欠佳（尤其是信用债），卖出债券本身就有一定的变现成本（可能需要高于估值收益率卖出）。

　　这种靠天吃饭的行情对于债券投资者来说是不太有利的。市场有没有什么金融品种，能够对冲债券收益率上行造成的利率风险（估值亏损），从而能够方便债券投资者更好地管理债券头寸，进行一定的风险对冲？

　　幸好市场提供了最常见的利率对冲工具：利率互换以及国债期货。这些工具的流动性较好，可以在一定程度上对冲市场利率上行对债券头寸带来的亏损。当然，对冲也就意味着债券多头敞口暴露的减少，也就减少了利率下行获得资本利得的规模。同时，基差风险（债券本身的利率基准和对冲工具的利率基准之间的相关性）始终是存在的。

　　对于信用债中的违约风险，可以使用信用违约互换（CDS）去对冲。

本章提到的各类债券相关衍生工具，主要是现券与衍生产品的对冲组合。衍生产品本身的交易及投机策略，不在本章内容之列。

利率互换

利率互换（interest rate swap，IRS）本质上是一种对赌合约：交易一方赌未来利率上涨，而另一方则赌未来利率下跌，赌对的一方获取收益。当然，这么说其实并不是特别严格，并不是亏损的一方就输了，一切都依赖于交易方进入这笔利率互换的目的，只要是交易双方目的都达成，就算双赢。

一笔利率互换合约，交易双方事先约定一个名义本金，其中交易一方定期（如每年或者每季）收取固定利率的利息，同时支付浮动利率的利息，而交易另一方的收取和支付方向正好相反。

一个例子

举个例子，假设固定利率为 4.8%，浮动利率的基准为 Shibor 的 3 个月利率，名义本金为 1 亿元，期限为 1 年，交易方 A 收取固定利率，支付浮动利率。交易方 A 的收付现金流如图 10-1 所示。

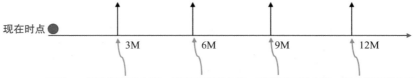

图 10-1   利率互换的现金流

对于交易方 A，其收取固定利率现金流的计算公式如下：

$$当期固定利率现金流 = 100\,000\,000 \times 4.8\% \times \frac{Act}{365}$$

其中 Act 指的是每季度的实际天数。

支付浮动利率现金流的计算公式如下：

$$当期浮动利率现金流 = 100\ 000\ 000 \times \text{Shibor\_3M} \times \frac{\text{Act}}{360}$$

其中 Shibor_3M 为每一期的当期 Shibor 的 3 个月利率，在每期的期初（一般会在期初的 T-1 或 T-2 日）来决定。

假设第 1 期的实际天数为 90 天，在第 1 期期初，3 个月 Shibor 利率为 4.7%，则交易方 A 在第 1 期期末的净收入为：

净收入 = 当期固定利率现金流 - 当期浮动利率现金流

$$= 100\ 000\ 000 \times 4.8\% \times \frac{90}{365} - 100\ 000\ 000 \times 4.7\% \times \frac{90}{360}$$

$$= 8\ 561.64（元）$$

也就是说，交易方 A 在当期可以获得 8 561.64 元的净收入，而另一方 B 则付出 8 561.64 元的净支出。

到了第 2 期（假定实际天数为 91 天），假设 3 个月 Shibor 涨到了 5.0%，则交易方 A 为净支出（收入为负）：

净收入 = 当期固定利率现金流 - 当期浮动利率现金流

$$= 100\ 000\ 000 \times 4.8\% \times \frac{90}{365} - 100\ 000\ 000 \times 5.0\% \times \frac{90}{360}$$

$$= -66\ 438.36（元）$$

表 10-1 是这笔利率互换的全部的现金流（从交易方 A 的角度）。

表 10-1　该利率互换的现金流

期数	名义本金	固定利率	实际天数	固定利率现金流	当期浮动利率	浮动利率现金流	轧差
1	100 000 000.00	4.80%	91	1 196 712.33	4.70%	-1 188 055.56	8 656.77
2	100 000 000.00	4.80%	90	1 183 561.64	5.00%	-1 250 000.00	-66 438.36
3	100 000 000.00	4.80%	92	1 209 863.01	4.90%	-1 252 222.22	-42 359.21
4	100 000 000.00	4.80%	92	1 209 863.01	4.72%	-1 206 222.22	3 640.79
总计			365	4 800 000.00		-4 896 500.00	-96 500.00

一般来说，一笔利率互换包含以下要素：

- 名义本金：用于计算利息的标的，不必进行实际交割。
- 固定利率：固定支付的利率。
- 浮动利率：每期均会变化的利率，参照一个利率基准，如 3 个月 Shibor 或者 7 天回购利率 R007。
- 起息日、到期日：利率互换的起始日与结束日。
- 重置频率：浮动利率多久重置一次。
- 利率确定日：浮动利率的利率基准什么时候确定。一般采用"先定后付"原则，在每个浮动利率重置周期的 T−1 日确定。
- 计息方式：单利还是复利。
- 计息基准：有 Act/Act、Act/365、Act/360 等。
- 交易方向：是支付还是收取固定利率。

从上例可以看出，当以 3 个月 Shibor 利率为代表的市场利率逐步走高时，交易方 A 是逐步亏钱的（净支出），而对手方赚钱。因此，交易方 A 是赌市场利率下行，赚取的是 3 个月 Shibor 与固定利率之间的利差。因此，就有了如下结论：

在利率互换中，收取固定利率的一方为利率的多头，当市场利率下行时获取收益；支付固定利率的一方为利率的空头，当市场利率上行时获取收益。我们称支付固定利率的一方为支付一笔利率互换（pay IRS）；收取固定利率的一方为收取一笔利率互换（receive IRS）。

由于债券头寸估值与利率走向是相反的，因此债券持仓正好与支付一笔 IRS 形成对冲。

DV01 的对冲

如何使用利率互换对现存的债券头寸进行对冲呢？之前讲到债券指标的时候，我们使用 DV01 来衡量 1 个基点的收益率变动对整个债券持仓组合的估值影响。使用利率互换对冲债券持仓头寸，最主要的手段就是降低整个投资组合的 DV01，从而降低利率风险。当然，对冲的结果是，降低了利率上行造成的估值亏损，同时也部分丧失了利率下行所带来的估值盈利。

之所以说控制 DV01 是最重要的手段，原因在于 DV01 是衡量收益率曲线平移（各期限的收益率平行升降）情况下对债券持仓市值的变动。DV01难以描述收益率曲线的扭曲（变平、变陡、关键期限的利率变化）下对债券持仓市值的变动。不过，债券的价格变化中有 80% 以上可以用收益率曲线的平移去解释，剩余不到 20% 是收益率曲线形态的变化。因此，使用 DV01可以管理绝大部分债券的利率风险。

假设现有债券持仓的 DV01 是 100 万元，如果你想对冲一部分的利率上行风险，想把组合的 DV01 降到 60 万元，则需要支付一笔 IRS，使得这笔IRS 的 DV01 为 −40 万元。

那么剩下的问题就是：如何计算一笔 IRS 的 DV01？

很多金融资讯终端（如彭博、路透）都提供了对 IRS 的定价及估值功能。图 10-2 是彭博终端对一笔 IRS 的定价。

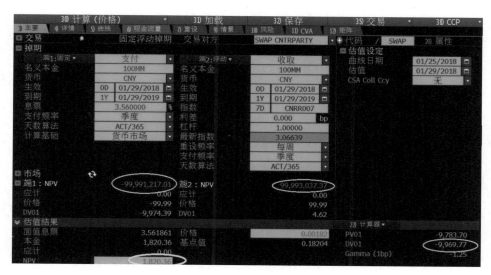

图 10-2　利率互换的定价

资料来源：彭博。

图 10-2 是一笔基于 FR007（7 天回购定盘利率）的 IRS，交易方向为支付 3.56% 的固定利率，期限为 1 年，名义本金为 1 亿元。彭博终端对这笔 IRS 的 DV01 的计算值为 -9 969.77：每 1 个基点的利率变动（如二级市场上固定利率端上升到 3.57%），这笔 IRS 的估值盈利为 9 969.77 元。如果需要建立 -40 万元的 DV01，则需要开设共计：

$$\frac{400\ 000}{9\ 969.77} = 40.12$$

所以，只需要建立 40 亿元名义本金的 IRS 即可。这样，整个债券持仓和 IRS 的投资组合的 DV01 就可以降到 60 万元左右。

一笔利率互换可以看成是"一笔债券多头 + 另一笔债券空头"的组合。如一笔 1 年期支付固定利率的基于 FR007 的利率互换，等同于"卖空一只 1 年期固定利率的债券 + 买入一只 1 年期基于 FR007 的浮动利率的债券"的债券组合。由于浮动利率债券的久期非常小，因此这笔利率互换的主要头寸都在"卖空一只 1 年期固定利率的债券"，从而能够与现有的债券多头头寸形成对冲。

在利率互换的定价估值以及 DV01 计算方面，我们也可以从上述的两笔多空方向的债券组合去分别估值，然后做轧差。

利率互换（支付固定利率）估值

= NPV（浮动端现金流入）- NPV（固定端现金流出）

= 浮动利率债券估值 - 固定利率债券估值

$DV01_{利率互换} = DV01_{浮动利率债券} - DV01_{固定利率债券}$

国内市场主流品种

利率互换一般有"固定 - 浮动""浮动 - 浮动"两种类型。"固定 - 浮动"型的利率互换指的是其中一端是收 / 付固定利率，另一端则是付 / 收基于某个利率基准的浮动利率。"浮动 - 浮动"型的利率互换则是利息收付的两端分别是基于两个利率基准的浮动利率。当然，不管是"固定 - 浮动"型还是"浮动 - 浮动"型的利率互换，在浮动利率端，都可以是"利率基准 + 点差"

的计算方式。

国内利率互换市场最活跃的品种就是浮动利率端基于 FR007 的"固定 – 浮动"型的利率互换，差不多占到整个利率互换成交量的 85% 左右，其次是基于 3 个月 Shibor 的利率互换，占到整个成交量的 10% 左右，其余类型的利率互换成交非常稀少。

FR007 指的是 Fixing-R007，是 7 天回购利率（R007）的定盘利率。FR007 是每日上午 9:00 ～ 11:30 所有 7 天回购的成交利率的中位数。或者说，FR007 代表的是每个交易日上午的 7 天回购成交利率的中位数水平。

一笔典型的基于 FR007 的利率互换，其要素如表 10-2 所示。

表 10-2　基于 FR007 的利率互换要素

要素	内容	
名义本金	1 亿元	
期限	1 年	
交易方向	支付固定利率	
交易日	2018-1-25	
起息日	2018-1-26	
到期日	2019-1-26	
	固定端	浮动端
利率基准	3.56%	FR007
计息基准	Act/365	Act/365
重置频率	—	7 天
利率确定日	—	T−1
计息方式	单利	复利
付息频率	按季	按季

基于 FR007 的利率互换虽然非常活跃，但是其利率基准是基于货币市场利率（R007），因此使用基于 FR007 的利率互换去对冲债券持仓，存在一定的基差风险：债券收益率走势与以 R007 为代表的货币市场利率是否具有高度相关性？这是读者需要思考的问题。

基于 Shibor 的利率互换与基于 FR007 的利率互换高度相似，只不过利率基准和其他要素不同而已（见表 10-3）。值得注意的是，Shibor 利率不是市场真实的成交利率，是参考性的报价利率，可能存在一定的失真，或者被人为操纵。

表 10-3   基于 Shibor 的利率互换要素

要素	内容	
名义本金	1 亿元	
期限	1 年	
交易方向	支付固定利率	
交易日	2018-1-25	
起息日	2018-1-26	
到期日	2019-1-26	
	固定端	浮动端
利率基准	4.76%	Shibor_3M
计息基准	Act/365	Act/360
重置频率	—	3 个月
利率确定日	—	T−1
计息方式	单利	单利
付息频率	按季	按季

对于不能够参与国内人民币利率互换市场的境外机构来说，可以参与境外的 NDIRS（Non-deliverable IRS）交易：浮动利率盯的是国内的人民币的利率基准（如 FR007 或 SHIBOR），但使用美元进行交割。

对冲的风险

我们上面提到的使用利率互换来对冲债券持仓的利率风险，用到的方法是对冲 DV01。但这种对冲方法也不是十全十美，至少面临三种风险：

（1）基差风险。债券收益率走势是否与利率互换利率走势高度趋同？是否具有高相关性？

（2）收益率曲线本身的形态变化风险（变陡、变平、扭曲等）。DV01 只描述收益率曲线平移下的利率风险，但并不描述收益率曲线形态变化风险。

（3）久期不匹配风险。债券持仓的久期可能是较大的，但是市场上最活跃的利率互换是1年期，与要对冲的债券持仓的久期不匹配。收益率水平在不同期限结构上的波动特征是不一样的。

对于基差风险，我们以2013年1月1日～2018年6月11日的6年历史数据为例，分析了3年期、10年期国债收益率与1年期基于FR007的利率互换的利率价格水平之间的相关性，得出的相关性分别是0.86和0.85，还是高度相关的（见图10-3和图10-4）。

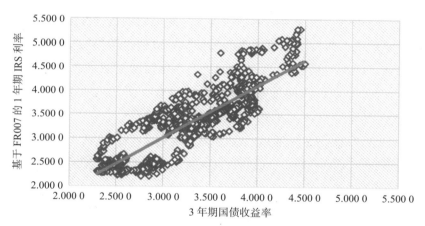

图10-3 3年期国债与利率互换价格的相关性

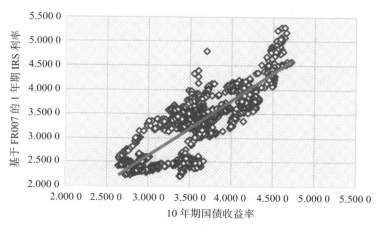

图10-4 10年期国债与利率互换价格的相关性

对于收益率曲线形态变化的利率风险，可以使用关键久期和关键期限 DV01 来描述。由于曲线形态变化只占利率风险很小的一部分（不到 20%），这里不做展开，感兴趣的读者可以自行研究。

国债期货

合约简介

国债期货（treasury futures）就是以国债为标的资产的期货合约。与商品期货不同，由于可交割的国债不止一只，因此国债期货的标的资产是一只标准化的名义国债，所有实际可交割的国债都可以通过转换因子转换成标准化的名义国债。中金所从 2013 年开始引进了 5 年期国债期货合约（TF），2015 年起引入了 10 年期国债期货合约（T），2018 年 7 月引入了 2 年期国债期货合约（TS），其合约要素如表 10-4 所示。

表 10-4 2 年期、5 年期和 10 年期国债期货合约

要素	2 年期国债期货合约表	5 年期国债期货合约表	10 年期国债期货合约表
合约标的	面值为 200 万元人民币、票面利率为 3% 的名义中短期国债	面值为 100 万元人民币、票面利率为 3% 的名义中期国债	面值为 100 万元人民币、票面利率为 3% 的名义长期国债
可交割国债	发行期限不高于 5 年、合约到期月份首日剩余期限为 1.5 ～ 2.25 年的记账式附息国债	发行期限不高于 7 年、合约到期月份首日剩余期限为 4 ～ 5.25 年的记账式附息国债	发行期限不高于 10 年、合约到期月份首日剩余期限不低于 6.5 年的记账式附息国债
报价方式	百元净价报价	百元净价报价	百元净价报价
最小变动价位	0.005 元	0.005 元	0.005 元
合约月份	最近的 3 个季月（3 月、6 月、9 月、12 月中的最近 3 个月循环）	最近的 3 个季月（3 月、6 月、9 月、12 月中的最近 3 个月循环）	最近的 3 个季月（3 月、6 月、9 月、12 月中的最近 3 个月循环）
交易时间	9:15 ～ 11:30、13:00 ～ 15:15	9:15 ～ 11:30、13:00 ～ 15:15	9:15 ～ 11:30、13:00 ～ 15:15

（续）

要素	2 年期国债期货合约表	5 年期国债期货合约表	10 年期国债期货合约表
最后交易日交易时间	9:15 ～ 11:30	9:15 ～ 11:30	9:15 ～ 11:30
每日价格最大波动限制	上一交易日结算价的 ± 0.5%	上一交易日结算价的 ± 1.2%	上一交易日结算价的 ± 2%
最低交易保证金	合约价值的 0.5%	合约价值的 1%	合约价值的 2%
最后交易日	合约到期月份的第二个星期五	合约到期月份的第二个星期五	合约到期月份的第二个星期五
最后交割日	最后交易日后的第三个交易日	最后交易日后的第三个交易日	最后交易日后的第三个交易日
交割方式	实物交割	实物交割	实物交割
交易代码	TS	TF	T
上市交易所	中国金融期货交易所	中国金融期货交易所	中国金融期货交易所

　　和所有的期货合约一样，当建立期货多头头寸时，如果国债价格上涨（收益率下行），则多头获利，反之亏损。当建立期货空头头寸时，如果国债价格下跌（收益率上行），则空头获利，反之亏损。因此，利用国债期货与债券现货形成套保组合，是常见的一种套利及风险对冲策略。

　　那么，国债期货合约中的名义国债该如何规定呢？中金所参考美国的国债期货发展经验，规定国债期货中参考标的的名义国债，以票面利率 3%、期限为 5 年或 10 年的国债为基准。具体到付息频率，中金所对名义国债没有明确规定（美国国债期货的参考名义国债是半年一付息，与实际国债付息频率相同）。

转换因子

　　国债期货虽然参考名义国债，但到期交割是需要使用实际国债去交割的。实际中可交割的国债，票面利率不同，剩余期限也不同（5 年国债期货可交割国债剩余期限为 4 ～ 5.25 年，10 年国债期货可交割国债剩余期限 > 6.5 年），该如何都转换成名义标准国债，才能使得到期交割在可交割国债之

间相对公平呢？将实际的国债转换成名义标准国债的系数，就叫作转换因子
（conversion factor，CF）。

🖐 例10-1　结算价格的计算

$$P_d = F \cdot CF + AI$$

式中　P_d——交割券的结算价格（全价），通常称作发票价格；

　　　F——国债期货的结算价格；

　　CF——交割券对应的转换因子；

　　AI——交割券在第二交割日当天的应计利息。■

由于每一个国债期货合约所对应的可交割券都不止一只，因此为了能够让不同的可交割券之间交割价格相对公平，对每只可交割券都有一个对应的转换因子，使得每只可交割券的对应交割价格对应的到期收益率大致相等。所以，我们可以把转换因子理解成面值1元的国债在交割月首日到期收益率等于国债期货名义票面利率（3%）对应的净价。

🖐 例10-2　转换因子的本质

假设当前国债期货的价格为F，对应的名义标准国债的到期收益率为r。可交割国债有A和B两只，对应的转换因子分别为CF_A和CF_B，则国债A和B的交割净价分别为$F \cdot CF_A$和$F \cdot CF_B$。根据转换因子定义，$100CF_A$和$100CF_B$分别是国债A和B在到期收益率均是3%时的净价。由于国债A和B均属可交割国债，剩余期限大致相同，假设其久期均为D。

则国债A的交割净价$F \cdot CF_A$对应的收益率为：

$$y_A = 3\% - \frac{\dfrac{F \cdot CF_A}{100CF_A} - 1}{D} = 3\% - \frac{\dfrac{F}{100} - 1}{D}$$

国债A的交割净价$F \cdot CF_A$对应的收益率为：

$$y_B = 3\% - \frac{\dfrac{F \cdot CF_B}{100CF_B} - 1}{D} = 3\% - \frac{\dfrac{F}{100} - 1}{D}$$

从而有 $y_A = y_B$。

也就是说，使用上转换因子之后，国债 A 和 B 的交割净价对应的到期收益率大致是相同的，体现了可交割债券之间的相对公平性。∎

延伸阅读 10-1　转换因子的推导过程

根据转换因子的定义，转换因子可以理解成面值 1 元的国债在交割月首日到期收益率等于国债期货名义票面利率（3%）对应的净价。

$$\text{CF} = \frac{1}{\left(1+\dfrac{r}{f}\right)^{\frac{xf}{12}}} \times \left[\frac{c}{f} + \frac{c}{r} + \left(1-\frac{c}{r}\right) \times \frac{1}{\left(1+\dfrac{r}{f}\right)^{n-1}}\right] - \frac{c}{f} \times \left(1 - \frac{xf}{12}\right)$$

式中　r——10 年期国债期货合约票面利率 3%；

x——交割月到下一付息月的月份数（交割月当月不算）；

n——剩余付息次数；

c——可交割国债的票面利率；

f——可交割国债每年的付息次数。

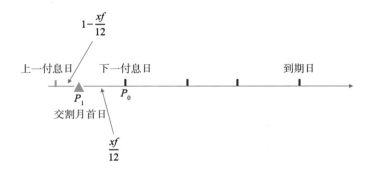

第一步：首先计算在交割月的下一付息日当天的债券全价 P_0：

$$P_0 = 当天付息金额 + 未来现金流贴现值$$

$$= \frac{c}{f} + \left[\frac{\frac{c}{f}}{\left(1+\frac{r}{f}\right)^1} + \cdots + \frac{\frac{c}{f}}{\left(1+\frac{r}{f}\right)^{n-1}} + \frac{1}{\left(1+\frac{r}{f}\right)^{n-1}} \right]$$

$$= \frac{c}{f} + \left\{ \frac{c}{r} \times \left[1 - \frac{1}{\left(1+\frac{r}{f}\right)^{n-1}} \right] + \frac{1}{\left(1+\frac{r}{f}\right)^{n-1}} \right\}$$

$$= \frac{c}{f} + \frac{c}{r} + \left(1 - \frac{c}{r}\right) \times \frac{1}{\left(1+\frac{r}{f}\right)^{n-1}}$$

第二步：将 P_0 贴现至交割月首日，得出在交割月的全价 P_1：

$$P_1 = P_0 \times 贴现因子 = \frac{1}{\left(1+\frac{r}{f}\right)^{\frac{xf}{12}}} \times \left[\frac{c}{f} + \frac{c}{r} + \left(1 - \frac{c}{r}\right) \times \frac{1}{\left(1+\frac{r}{f}\right)^{n-1}} \right]$$

第三步：从全价 P_1 中减去应计利息，得出在交割月的净价 P_2：

$$P_2 = P_1 - 应计利息 = \frac{1}{\left(1+\frac{r}{f}\right)^{\frac{xf}{12}}} \times \left[\frac{c}{f} + \frac{c}{r} + \left(1 - \frac{c}{r}\right) \times \frac{1}{\left(1+\frac{r}{f}\right)^{n-1}} \right] - \frac{c}{f} \times \left(1 - \frac{xf}{12}\right)$$

净价 P_2，即为面值为 1、票面利率为 c、到期收益率为 r（3%）的债券，在交割月的净价，也即该只债券的转换因子 CF。■

每日结算价和逐日盯市

我国的国债期货实行的是"每日无负债制度"。也就是说，你每日的持仓头寸，均会与当日的结算价进行比较和估值，从而得出每日的盈亏，并根据每日的持仓盈亏产生现金流（若估值亏损，则从保证金账户自动扣除对应金额；若估值盈利，则保证金账户有现金流入）。

假设在 2018 年 5 月 8 日，你买入 TF1806 多仓 1 手（100 万元面值），成交价格为 97.73 元。当日日终结算价 97.78 元，则当日产生的估值盈利为：

$$（97.78-97.73）\times \frac{1\ 000\ 000}{100} = 500（元）$$

当日日终，保证金账户流入现金 500 元。

我们可以将这种每日估值从而产生现金流的模式理解成：对每日的持仓合约进行估值盈亏的结算，产生正向或负向现金流，并将每日持仓合约的成本重置成当日的结算价（成本重置完成后，当日无负债）：

当日盈亏 = {Σ[（卖出成交价 - 当日结算价）× 卖出量] +
Σ[（当日结算价 - 买入成交价）× 买入量] +（上一交易日
结算价 - 当日结算价）×（上一交易日卖出持仓量 - 上一交
易日买入持仓量）}× $\frac{合约面值}{100}$

交割流程

我国的国债期货采用实物交割方式，即过了最后交易日进入交割流程后，卖方需提供可交割国债进行实物交割。

由于国债期货的最后交易日是合约到期月份的第 2 个星期五，因此，在进入交割月之后，一般还有 6 ～ 11 个工作日可进行交易。在交割月，其交割阶段可分为滚动交割与集中交割两个阶段。

滚动交割：从进入交割月的第一个交易日起至最后交易日前，此期间每个交易日卖方均可申报交割。在滚动交割阶段，采用"卖方举手"方式申报交割，即卖方主动申报交割的国债名称、数量以及国债托管账户等信息。买方没有义务申报交割，当然买方也可以主动发起交割申报，中金所在进行买卖双方匹配时会优先选择申报的买方进行匹配。

集中交割：在最后的交易日当天，当日收盘后所有未平仓合约自动进入交割。

交易所按照"申报意向优先，持仓日最久优先，相同持仓日按比例分配"的原则确定进入交割的买方持仓。所有进入交割的买方和卖方持仓从客户的交割月份合约持仓中扣除。

在具体的交割流程中，又分为"一般模式"和"券款对付模式"。"券款对付模式"主要是针对匹配的买卖双方都以中债登托管账户参与交割，可以实现DVP。在具体的交割时间点上，依次可以分成第一交割日、第二交割日、第三交割日（见表10-5）。

表 10-5　交割流程

交易日	一般模式	券款对付模式
第一交割日	卖方向中金所交付债券	
第二交割日	买卖双方完成交割货款收付	券款对付（DVP）
第三交割日	中金所向买方交付债券	

在一般模式下，交割分成3个工作日逐步进行，确保交割失败风险降到最低。因为可交割国债可能在中债登，也可能在上交所或深交所，涉及跨托管机构，因此需要充足的时间去完成交割。如果买卖双方都在中债登有国债托管账户，则直接在中债登进行DVP结算即可，方便快捷。

卖方所持有的期权

根据国债期货的规则设计，进入交割月后，实行"卖方举手"模式，卖方可以从可交割国债中任意挑选一只国债进行交割申报，相当于卖方拥有一个期权。如果对这个期权再进行细分，又可以分成转换期权（switch option，有时候又称作品质期权，quality option）和百搭牌期权（wild card option）。

所谓转换期权，就是指卖方从交割月的首个交易日，至最后交易日的前一工作日，可以选择在任意一天申报交割，同时也可以从可交割国债中挑选任意一只进行交割。卖方当然会选择其中一只最便宜的可从市场上获得的债券进行交割。转换期权相当于一个百慕大期权，即在事先规定的一个时间段内可以随时行权的期权。

百搭牌期权出现在国债期货最后交易日之后，还有两个工作日才进入真正交割（第二交割日当天才进行交割）。因此，理论上卖方有权在第一交割日或者交割日（对于第二交割日，需要当天执行 T+0 交易），择机逢低价买入申报交割的国债现货。不过，百搭牌期权实际上价值不高，原因在于卖方需要冒着可能收不到现货而导致交割失败的风险，而中金所对于交割违约的惩罚十分严厉。因而，卖方较少使用百搭牌期权进行波段操作，而会在国债期货最后交易日之前就提前准备好需要交割的国债。

最便宜可交割债券与 IRR

既然卖方拥有转换期权，可以在可交割国债列表里挑选任意一只进行交割，那么卖方一定会选相对最便宜的那只，这就是最便宜可交割债券（cheapest to deliver，CTD），简称 CTD 券。

如何从可交割国债列表中找到 CTD 券呢？以 T1809 为例，中金所公布的可交割债券如表 10-6 所示。到底哪一只才是 CTD 券呢？

表 10-6　T1809 可交割债券列表

银行间国债代码	上交所国债代码	深交所国债代码	到期日	票面利率（%）	转换因子
180005	019587	101805	20250308	3.77	1.044 7
050004	010504	100504	20250515	4.11	1.066 6
180013	019595	101813	20250607	3.61	1.036 7
150016	019516	101516	20250716	3.51	1.031 3
150023	019523	101523	20251015	2.99	0.999 4
160004	019532	101604	20260128	2.85	0.990 2
160010	019538	101610	20260505	2.9	0.993 2
060009	010609	100609	20260626	3.7	1.048 1
160017	019545	101617	20260804	2.74	0.981 8

（续）

银行间国债代码	上交所国债代码	深交所国债代码	到期日	票面利率（%）	转换因子
160023	019551	101623	20261103	2.7	0.978 4
170004	019558	101704	20270209	3.4	1.029 5
170010	019564	101710	20270504	3.52	1.039 4
170018	019572	101718	20270803	3.59	1.045 8
070013	010713	100713	20270816	4.52	1.118 1
170025	019580	101725	20271102	3.82	1.065 3
180004	019586	101804	20280201	3.85	1.069 3
180011	019593	101811	20280517	3.69	1.057 5
080013	019813	100813	20280811	4.94	1.165 3

要解决这个问题，需要从国债期货与现货之间的套利机制谈起。

投资者在市场买入国债现货，同时卖出相等面值的国债期货（国债期货的空头），两者的投资组合就构成了一个现货与期货的套利组合，即现在买入国债现货，并约定远期以一个固定价格卖出。这个套利组合的现金流等价于一个债券买断式逆回购，锁定了一个回购利率。这个回购利率被称作隐含回购利率（implied repo rate，IRR），也就是上述套利组合的投资收益率。之所以称作隐含回购利率，是因为它不是真的买断式逆回购，而是通过现货与期货的组合，模拟了一笔买断式逆回购。

IRR 的计算

IRR 如此重要，它决定了期现套利组合的收益率，那么 IRR 该如何计算呢？

假设我们在 t 日买入一笔国债现货（市场惯例是 $t+1$ 结算），结算价格为 P_s（全价），同时在当日卖出一笔相同面值的国债期货，交割日为 n 天之后，债券交割价格为 P_d（即发票价格）。假设期间国债现货没有任何现金流（没有付息），则现金流序列如图 10-5 所示。

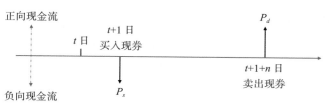

图 10-5　国债期货与现货组合的现金流（期间不付息）

IRR（年化）为：

$$\text{IRR} = \frac{P_d - P_s}{P_s} \times \frac{365}{n} = \left(\frac{P_d}{P_s} - 1\right) \times \frac{365}{n}$$

IRR 越高，意味着通过期现套利组合模拟的买断式逆回购的投资收益越高。

如果在组合期间，国债现货有付息呢？上面的公式就不正确了。假设期间有一次付息，付息金额为 I，如果要严格计算，还需要考虑期间收到的利息金额 I 的再投资利息收入，不过这部分在整个金额中占比很小，因此为了简化计算，可以假设再投资利率为 0（见图 10-6）。

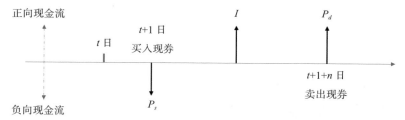

图 10-6　国债期货与现货组合的现金流（期间付息）

IRR 的计算公式变为：

$$\text{IRR} = \frac{I + P_d - P_s}{P_s} \times \frac{365}{n} = \left(\frac{I + P_d}{P_s} - 1\right) \times \frac{365}{n}$$

在一般情况下，国债期货从第一天上市到最后交割日，最长期限也就 9 个月，而我国国债最多 6 个月付息一次，因此上述期现套利组合，其间付息最多只有一次。

👆 例 10-3 IRR 的计算

假设在 2018 年 5 月 9 日，你买入 1 000 万元面值的 170018，T+1 日结算，买入净价为 98.686 3 元。你当日卖出 10 手（1 000 万元面值）的 10 年期国债期货 T1806，成交价为 94.08 元。170018 对应的转换因子为 1.046 9，则：

$$P_s = 净价 + 应计利息 = 98.686\ 3 + 0.952\ 044\ 2 = 99.638\ 344\ 2（元）$$

$$P_d = 期货成交价 \times 转换因子 + 应计利息$$

$$= 94.08 \times 1.046\ 9 + 1.279\ 309\ 4 = 99.771\ 661\ 4（元）$$

$n = 33$（从 2018 年 5 月 10 日至第二交割日 2018 年 6 月 12 日）

期间没有付息，则：

$$\text{IRR} = \frac{P_d - P_s}{P_s} \times \frac{365}{n} = \frac{99.771\ 661\ 4 - 99.638\ 344\ 2}{99.638\ 344\ 2} \times \frac{365}{33} = 1.479\ 9\% \blacksquare$$

远期收益率

在国债期货的交易日，每个国债期货的成交价，对于每只可交割券来说，都对应着在交割月的远期成交价格（发票价格）和对应的在交割月（由于还未到交割月，所以叫远期）对应的到期收益率。这个到期收益率，就是这只可交割券的远期收益率，或者说是"远期的到期收益率"。

👆 例 10-4 远期收益率的计算

假设在 2018 年 5 月 16 日，你买入 10 年期国债期货 T1806，成交价为 93.850 元。可交割券 170018 的转换因子 CF 为 1.046 9，则在交割月首个交易日 2018 年 6 月 1 日，170018 对应的成交净价为：

$$93.850 \times 1.046\ 9 = 98.251\ 565（元）$$

这个净价在 2018 年 6 月 1 日当日对应的到期收益率为 3.817 2%，3.817 2% 即 170018 对应的远期收益率（见图 10-7）。

债券代码	170018.IB　　……	17 附息国债 18
交易日期	2018-06-01　▼	T+0
结算日期	2018-06-01　▼	交易所债推荐 T+0（交易明日利息计入卖方）

模拟分析		中债估值
剩余年限	9.1781	9.221
净价	98.2516	98.5619
全价	99.4218	99.5635
应计利息	1.170221	1.0016
到期收益率	3.8172	3.7756
行权收益率　▼	—	
市场利差　▼	—	—
久期　▼	7.7979	7.6962
凸性　▼	70.1887	69.5988
基点价值	0.0748	0.0766

图 10-7　170018 的收益率计算■

CTD 券的挑选

每一只可交割国债都对应着一个期现套利组合，从而有个对应的隐含回购利率 IRR。那么，IRR 最高的那只国债，就会成为现在的 CTD 券。

表 10-7 是 T1806 在 2018 年 5 月 10 日的交割券的 IRR。从中我们可以看出，170018 的 IRR 最高，因此它是现阶段的 CTD 券。

表 10-7　T1806 交割券列表

代码	简称	原始期限（年）	剩余期限（年）	转换因子	IRR（%）
170018.IB	17 附息国债 18	10	9.23	1.046 9	1.479 3
160023.IB	16 附息国债 23	10	8.48	0.977 8	0.656 0
170010.IB	17 附息国债 10	10	8.98	1.040 4	0.024 5
160017.IB	16 附息国债 17	10	8.24	0.981 3	−0.253 1
170025.IB	17 附息国债 25	10	9.48	1.066 8	−0.967 7
180004.IB	18 附息国债 04	10	9.73	1.070 8	−2.177 9
160010.IB	16 附息国债 10	10	7.99	0.993 0	−3.307 6
170004.IB	17 附息国债 04	10	8.75	1.030 3	−4.479 1

（续）

代码	简称	原始期限（年）	剩余期限（年）	转换因子	IRR（%）
150023.IB	15 附息国债 23	10	7.43	0.999 3	−12.093 4
160004.IB	16 附息国债 04	10	7.72	0.989 9	−12.501 0
150016.IB	15 附息国债 16	10	7.19	1.032 3	−17.200 5
150005.IB	15 附息国债 05	10	6.92	1.039 2	−19.477 7
180005.IB	18 附息国债 05	7	6.83	1.046 3	−20.388 8
·170027.IB	17 附息国债 27	7	6.62	1.052 3	−22.503 2

使用 IRR 挑选 CTD 券，这种方法在理论上是没有问题的。不过在实际中，如果 CTD 券是一只老券，流动性太差，投资者难以在市场购入或者以公允价格购入，那么这只老券虽为理论 CTD 券，但是实际中难以成为可交易的 CTD 券。因此，实际 CTD 券一般要从一篮子可交易（流动性好）的可交割券中挑选。

通过计算所有可交割券的 IRR 来找寻 CTD 券，固然是最精确的方法，但是这种方法比较烦琐。而且，由于现券的价格以及期货的价格每日都会变动，因此 CTD 券随时可能会切换。有没有一些简便的方法，用于快速判断 CTD 券呢？

戎志平的《国债期货交易实务》结合了《国债基差交易》中的经验法则，提出了寻找 CTD 券的三大经验法则：

- 法则一（流动性法则）：CTD 券在一篮子可交割债券中的可交易债券（流动性较好）子集中产生。
- 法则二（久期法则）：在远期收益率水平相同的情况下，如果债券远期收益率低于国债期货名义票面利率（3%），则 CTD 券是短久期债券；如果债券远期收益率高于国债期货名义票面利率（3%），则 CTD 券是长久期债券。
- 法则三（收益率法则）：在债券久期相同的情况下，远期收益率高的券是 CTD 券。

（1）流动性法则。

使用 IRR 方法可以选出理论上的 CTD 券，但如果 CTD 券是流动性差的老券，在市场上不具备可交易性，则其期现套利组合不可实现，在实际中限制了其作为 CTD 券。因此，市场中实际的 CTD 券从一篮子可交割券中的流动性较好的、可交易的债券中产生。

（2）久期法则。

久期法则可以从 CTD 券的定义去理解。所谓 CTD 券，即对卖方来说相对最便宜的券（购入成本最低）。假设两只久期不同的券，长久期的券 A 和短久期的券 B，当远期收益率水平在名义国债的票面利率 3% 的时候，理论上券 A 和券 B 是等价的，不管使用券 A 还是使用券 B 交割，应该都是 CTD 券。但是，当前的远期收益率大于 3% 时，长久期的券 A 相比短久期的券 B，价格下跌得更多，因此券 A 比券 B 价格更便宜，也最后可能成为 CTD 券。反之，当远期收益率小于 3% 时，短久期的券 B 相比长久期的券 A，价格上升得更少，因此券 B 比券 A 价格更便宜，最后也可能成为 CTD 券（见图 10-8）。

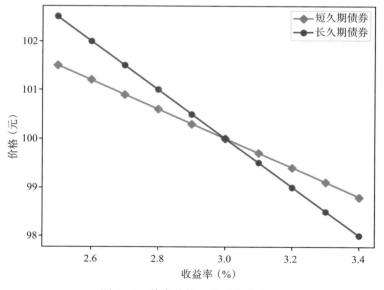

图 10-8 债券价格 – 收益率曲线图

（3）收益率法则。

在久期相同的情况下，远期收益率越高，对应的价格越低，越有可能成为 CTD 券。

当然，以上三大法则都是经验法则，能够大致判断 CTD 券。要精确地挑选 CTD 券，IRR 是最准确的计算方法。

基差

基差是进行国债期货交易最重要的一个概念。所谓基差，即现货与期货价格之间的差额，也就是现价与远期价格之间的差额。

对于一个国债期货品种的某一只可交割券，则基差定义为：

$$Basis = P - F \times CF$$

式中　　Basis——基差；

　　　　P——可交割国债的现价（净价）；

　　　　F——国债期货的成交价格；

　　　　CF——可交割国债的转换因子。

👆 例 10-5　基差的计算

假设在 2018 年 5 月 17 日，5 年国债期货 TF1806 的当前成交价为 97.450 元。可交割国债 180009 的转换因子为 1.007 5，市场上的可成交收益率为 3.45%（T+1 日交割），对应的净价为 98.748 6 元，则 180009 的基差：

$$Basis = 98.748\ 6 - 97.450 \times 1.007\ 5 = 0.567\ 725\ （元）∎$$

在基差公式中，$F \times CF$ 就是国债期货价格所隐含的可交割券的远期价格，又被称为期货隐含远期价格。在例 10-5 中，180009 的期货隐含远期价格为 $97.450 \times 1.007\ 5 = 98.180\ 88$（元）。

在建立国债现货与期货的套利组合时，我们常常听到基差多头、基差空头组合。

• 基差多头：买入国债现货，同时卖出等面值国债期货。

- 基差空头：卖出国债现货，同时买入等面值国债期货。

所谓基差多头，就是利用基差的扩大赚钱。根据基差公式，当基差扩大时，要么是现货相对期货上涨更多，要么是现货相对期货下跌更少，在这两种情况下，基差多头都能获利。基差空头正好相反，能够利用基差的下跌获利（见表10-8）。

表 10-8　基差多头与基差空头

组合	国债现货	国债期货	基差↑	基差↓
基差多头	多	空	盈利	亏损
基差空头	空	多	亏损	盈利

理论上，基差应该是多少呢？我们先从期货的理论价格谈起。

根据远期合约的无套利理论，远期价格应该等于现货价格减去持有收益（或加上持有成本）：

$$远期理论价格 = 现货价格 - 持有收益$$

或者：

$$远期理论价格 = 现货价格 + 持有成本$$

由于持有国债现货，在一般情况下所获得的应计利息收入大于资金成本，因此持有国债现货期间是正收益。

如何计算持有收益

对于国债期货空头而言，在国债现货持有期间，能够获得持有期的应计利息计提收入（或票息收入），而持有债券所占用的资金，需要付出一定的资金成本。因此：

$$持有收益 = 应计利息计提收入 - 占用资金成本$$

☞ 例10-6　国债期货的隐含远期价格

假设在 2018 年 5 月 17 日，你买入 180009（5 年国债期货 TF1806 的可交割券），T+1 交割，成交收益率为 3.45%，净价为 98.748 6 元，全价为

99.000 4 元。180009 的票面利率为 3.17%，期限为 5 年。假设使用 7 天回购利率 R007 滚动融资，利率为 3.0%。TF1806 的第二交割日为 2018 年 6 月 12 日，从现券交割日 2018 年 5 月 18 日到第二交割日 2018 年 6 月 12 日的期间天数为 25 天，则：

$$应计利息计提收入 = 3.17 \times \frac{25}{365} = 0.217\ 123（元）$$

$$占用资金成本 = 99.000\ 4 \times 3\% \times \frac{25}{365} = 0.203\ 425（元）$$

$$持有收益 = 0.217\ 123 - 0.203\ 425 = 0.013\ 698（元）$$

因此，在第二交割日 2018 年 6 月 12 日，180009 的理论远期价格应为：

$$理论远期价格 = 98.748\ 6 - 0.013\ 698 = 98.734\ 9（元）$$

在 2018 年 5 月 17 日当天，TF1806 的收盘价为 97.450 元，180009 的转换因子是 1.007 5，则 180009 的期货隐含远期价格为：

$$97.450 \times 1.007\ 5 = 98.180\ 88（元）$$

这与上面的理论远期价格 98.734 9 元相比低了 0.554 03 元。这是为什么呢？差的这部分金额是什么原因引起的呢？ ■

净基差与期权价值

按照无套利理论，国债期货的当前价格应该等于理论的远期价格。但实际上，国债期货价格往往要低于理论的远期价格。这差额的部分，其实就是国债期货卖方所拥有的转换期权的期权价值，即国债期货卖方为购买转换期权所付出的买入成本。因此有：

$$国债期货隐含远期价格 = 远期理论价格 - 转换期权价值$$

从而有：

$$转换期权价值 = 远期理论价格 - 国债期货隐含远期价格$$
$$= （现货价格 - 持有收益）- 国债期货隐含远期价格$$

为了衡量当前市场上现货及期货的实际成交价所隐含的转换期权价值，故而我们引进了净基差（basis net of carry，BNOC）的概念。

$$BNOC = (P-Y)-F \times CF = (P-F \times CF)-Y = Basis-Y$$

式中　　P——现券的当前价格；

　　　　Y——现券的持有收益；

　　　　F——国债期货的当前价格；

　　CF——转换因子；

Basis——基差。

也就是说，净基差等于基差减去持有收益。

例 10-7　国债期货的转换期权价值

假设在 2018 年 5 月 17 日，你买入 180009（5 年国债期货 TF1806 的可交割券），T+1 交割，成交收益率为 3.45%，净价为 98.748 6 元，全价为 99.000 4 元。180009 的票面利率为 3.17%，期限为 5 年。假设使用 7 天回购利率 R007 滚动融资，利率为 3.0%。TF1806 的第二交割日为 2018 年 6 月 12 日，则从现券交割日 2018 年 5 月 18 日到第二交割日 2018 年 6 月 12 日的期间天数为 25 天，则：

$$应计利息计提收入 = 3.17 \times \frac{25}{365} = 0.217\ 123（元）$$

$$占用资金成本 = 99.000\ 4 \times 3\% \times \frac{25}{365} = 0.203\ 425（元）$$

$$持有收益 = 0.217\ 123-0.203\ 425 = 0.013\ 698（元）$$

因此，在第二交割日 2018 年 6 月 12 日，180009 的理论远期价格应为：

理论远期价格 = 98.748 6-0.013 698 = 98.734 9（元）

在 2018 年 5 月 17 日当天，TF1806 的收盘价为 97.450 元，180009 的转换因子是 1.007 5，则 180009 的期货隐含远期价格为：

97.450 × 1.007 5 = 98.180 88（元）

则 180009 的净基差为：

$$BNOC_{180009} = 98.734\ 9 - 98.180\ 88 = 0.554\ 02（元）$$

这部分金额就是转换期权多头的期权价值。■

对于 CTD 券来说，现券价格、理论远期价格、期货隐含的远期价格三者之间的关系如图 10-9 所示。

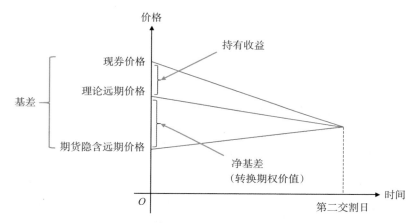

图 10-9　现券价格、理论远期价格与期货隐含远期价格之间的关系

在时间逐渐靠近第二交割日的过程中，CTD 券的现券价格、理论远期价格、期货隐含的远期价格三者都会逐步收敛到市场上 CTD 现券的可成交价格。对于转换期权来说，剩余到期时间越长，期权的价值越高（因为时间价值较高），随着时间逐步靠近第二交割日，期权价值迅速减小。在极端情况下，如果只有一只可交割券，或者某只债券确定会成为 CTD 券，那么转换期权的价值就为 0。

期现套利策略

使用国债期货与现券头寸形成期现套利组合，是现券投资者最常用的一种投资策略。在实现期现套利组合时，我们首先需要解决的问题是：国债期货的久期和 PVBP 该如何确定？

严格意义上的国债期货的久期与 PVBP 的计算比较复杂，原因在于：国债期货合约中包含了转换期权，CTD 券可能在可交割券之间切换。为了简化计算，有两个经验法则可供参考：

- 经验法则一：国债期货的久期等于 CTD 券的久期。
- 经验法则二：国债期货的 PVBP 等于 CTD 券的 PVBP 除以转换因子。

上述经验法则简单易用，不过也包含了一个重要假设：CTD 券不会发生切换。如果 CTD 券发生切换，则国债期货的久期与 PVBP 都会发生跳跃。因此，上述两个经验法则忽略了其中的转换期权的价值。

IRR 套利组合

在讲述 IRR 的章节中，通过构建买入国债现货的同时卖出同等面值的国债期货的组合，能够模拟一笔买断式逆回购，获取的年化投资收益为 IRR。根据 CTD 券的定义，使用 CTD 券构建多空组合，能够获得最高的 IRR。但在实际交易过程中，如果 CTD 券的流动性不佳，难以在市场买入或者以公允价格买入，那么这种策略就难以执行。因此在实务中，首先是需要从一篮子可交割券中筛选出流动性较好的、可交易性强的一批债券，再从中挑选出 IRR 最高的可交割券，作为 IRR 套利组合。如果 IRR 收益能够达到投资者的意向投资收益率，则构建这种套利组合，并持有至到期交割，不失为一个比较好的投资策略。

例 10-8　IRR 套利组合

假设在 2015 年 5 月 4 日，你买入国债现货 150005（T+1 日交割），收益率为 3.40%，净价为 102.006 2 元，全价为 102.264 8 元，同时卖出等面值的国债期货 T1512，成交价为 97.930 元。根据前述 IRR 的计算方法，可以得出 IRR 为 5.21%。这个组合的持有时间大约 6 个月，投资收益不错。■

使用 IRR 套利组合进行低风险套利，需满足一定的条件：

（1）流动性较好的可交割券的 IRR 能够满足投资者对收益的要求。

（2）能够承受组合在持有期间的估值波动和净值回撤。由于是使用等面值的国债期货和现货，而忽略了转换因子的存在，因此整个套利组合并不能保证 DV01 中性，存在一定的利率风险。

正向套利与反向套利

国债期货的净基差代表的是转换期权的价值。如果净基差低于转换期权的理论价值，可以做多净基差，等待期权价值的回归。由于净基差等于基差减去持有收益，因此做多净基差与做多基差是一个意思。当然，转换期权的理论价值依赖于理论估值模型，难以有个市场公认且公允的估值方法。不过，期权价值肯定不小于 0。如果净基差小于 0，可以肯定的是，转换期权价值被低估了，这时候可以考虑做多净基差（或者说，做多基差）。如果净基差小于 0，意味着国债期货相对于现货而言太贵了，就可以买入现货的同时卖出国债期货，即正向套利。因此，做多净基差、做多基差、买入基差、正向套利，这些术语都是一个意思。

在进行正向套利时，可以根据情况择机提前终止头寸实现止盈或止损，而不必等到实际的交割。当然，你也可以将头寸持有至到期交割，那么所获得收益就是 IRR。在进行正向套利时，需要考虑三个关键问题：

- 问题一：选择哪只可交割券去构建组合？
- 问题二：现券和国债期货的面值该如何配比？
- 问题三：如何提前终止头寸？

对于问题一，其答案与之前所述一致：一定要选择流动性好的现券，能够在市场容易地以公允价格随时买入或卖出现券。

对于问题二，由于正向套利组合的主要目的是做多基差，并利用基差的扩大获利，并且随时可能会提前终止头寸，那么最好是将整个投资组合的 DV01 置于 0 附近，完全对冲利率风险。对于国债期货的 PVBP，我们可以使用经验法则，使用 CTD 券的 PVBP 除以 CTD 券的转换因子。那么，为了 DV01 接近于 0，使用的国债期货的面值，应该等于现券的面值乘以 CTD 券的转换因子（见表 10-9）。

表 10-9 CTD 现券和国债期货

指标	CTD 现券	国债期货
PVBP	α	$\dfrac{\alpha}{CF}$
面值	N	$N \times CF$
DV01	$\alpha \times \dfrac{N}{100}$	$\dfrac{\alpha}{CF} \times \dfrac{N \times CF}{100} = \alpha \times \dfrac{N}{100}$
总计 DV01	≈ 0	

对于问题三，如果你需要提前终止头寸，直接在二级市场卖出现券，同时对国债期货空头头寸进行平仓即可。如果你打算一直持有至到期进行交割，需要注意的是，在临近交割时，需要调整国债期货或者现货的面值，使得面值相等，这样进入实际交割时，能够百分之百实现交割。

例 10-9 正向套利

假设在 2016 年 10 月 10 日，你通过买入 1 亿元面值的 160020（T+1 交割）同时卖出 990 0 万元面值的 T1703，构建了一个正向套利组合。之所以使用 160020，是因为它是当前最活跃的国债。当时的理论 CTD 券应为 150023（IRR 最高），但实际 160020 的流动性更好，更容易成为实际中的 CTD 券。因此对于国债期货的头寸面值，我们采用了 160020 的转换因子（四舍五入到百万元）。

	国债现货	国债期货
品种	160020	T1703
交易方向	买入	开空仓（卖出）
交易日	2016/10/10	2016/10/10
交割日	2016/10/11	2016/10/10
成交净价（全价）(元)	100.400 4（100.694 3）	101.155
成交收益率	2.685%	—
面值（万元）	10 000	9 900

（续）

	国债现货	国债期货
基差（元）	0.732 4	
组合 DV01	≈ 0	
占用资金（元）	100 694 300.00	0（不考虑保证金）
总占用资金（元）	100 694 300.00	

2016 年 12 月 12 日，160020 的基差从 0.732 4 扩大到 2.496 5。你对正向套利头寸进行平仓，卖出 160020，同时对 T1703 的空仓进行平仓。

	国债现货	国债期货
品种	160020	T1703
交易方向	卖出	平空仓
交易日	2016/12/12	2016/12/12
交割日	2016/12/13	2016/12/12
成交净价（全价）(元)	97.927 7（98.696 2）	96.855
成交收益率	3.095%	—
面值（万元）	10 000	9 900
基差（元）	2.496 5	
盈亏（元）	−1 998 100.00	4 257 000.00
总盈亏（元）	2 258 900.00	
年化收益率	12.997 0%	

∎

如果净基差高于转换期权的理论价值，说明期权价格被高估，可以做空净基差（或者说做空基差），卖空国债现货的同时买入国债期货，利用基差的收敛获利，这就是所谓的反向套利。与正向套利不同的是，反向套利需要对国债现货进行卖空，而这点只能通过债券借贷借入现券再卖出来实现，实现难度较大，依赖于能否借到合适的现券。另外，持有反向套利组合至到期是有风险的：因为国债期货买方决定不了能够接收到哪只可交割券，有可能收到的交割券和当初卖空的现券不同，这样使得债券借贷存在无法交割的风险。再者，我们还需要将债券借贷的借贷成本考虑进去。因此，虽然市场上经常出现反向套利机会，但具体实现起来可操作性没有正向套利强。

对冲现券组合的 DV01

当投资经理构建了一个现券的投资组合时，若预判未来收益率上行风险较大，为了对冲利率风险，投资经理可以使用两种方法：一种方法是通过卖出现券，降低整个投资组合的 DV01；另一种方法就是通过衍生工具对冲 DV01，从而降低整个投资组合的 DV01。

第一种方法的弊端在于债券市场深度可能不足，卖出的交易成本较大，而且如果过了一段时间想将 DV01 调回至原有水平，必须再购入现券，操作成本较高。

第二种方法的交易成本较小，容易操作。具体的衍生产品品种既可以使用利率互换，也可以使用国债期货。国债期货的流动性较好，平盘方便，因此是对冲现货利率风险的很好的工具。

假设在 2018 年 5 月 18 日，一个现有债券投资组合的 DV01 为 100 万元。投资经理觉得现在的利率水平可能继续上升，想通过国债期货将整个组合的 DV01 降至 60 万元，为此通过卖出 T1809 来实现。当前 T1809 中流动性好的 CTD 券为 170018，转换因子为 1.045 8。因此，T1809 的 PVBP 为 170018 的 PVBP 除以转换因子：

$$\text{PVBP}_{\text{T1809}} = \frac{\text{PVBP}_{170018}}{\text{CF}} = \frac{0.076\ 7}{1.045\ 8} = 0.073\ 341$$

所需 T1809 的空头头寸面值为：

$$\frac{\Delta \text{DV01}}{\text{PVBP}_{\text{T1809}}/100} = \frac{400\ 000}{0.073\ 341} \times 100 \approx 54\ 540（万元）$$

理想照进现实

上述很多套利方法在一定程度上都基于无套利原则：市场出现的无风险

套利机会必然会被套利者利用，随后价格回到均衡水平。不过实际上，或是国债期货的投机盘较多，或是期现套利的操作成本较高，因此一些技术指标往往偏离理论，是再正常不过的事情。在国债期货发展初期，国债期货主要参与者是非银行类金融机构，投机性氛围比较严重，期现套利的力量不足。比如说，在理想情况下基差应为正（贴水），但历史上基差为负的情况也非常多，且持续时间较长。这是由于很多国债期货投资者都是单纯利用国债期货来进行利率走势的投机，所以涨跌的幅度往往都比现货要大，波动率较高。当然，近一两年期现套利机制逐渐完善，套期保值力量逐渐增强。未来，如果商业银行能够大规模参与国债期货，期现套利的力量会更为充足，能进一步促进国债期货市场的健康发展。

信用违约互换

合约简介

作为信用债的持有者，如何对冲信用债的违约风险，即所谓的信用风险？这是所有的债券投资者尤其是以信用债投资为主的投资者十分关心的问题。

信用违约互换（credit default swap，CDS）就是为了解决此问题而创设的信用衍生产品。本质上，CDS 是对信用债券（或债务）的一个违约保险，当出现违约时，CDS 买方可以获得一定比例的保险赔偿。

CDS 最早起源于 20 世纪 80 年代末的美国，后来逐步发展，到 2007 年金融危机前，其 CDS 规模余额达到了顶峰，最高时存量名义本金额达 60 万亿美元。受金融危机影响，随后 CDS 的规模余额明显回落（见图 10-10）。

一个 CDS 典型的结构如图 10-11 所示。

CDS 买方

CDS 买方是购买债券违约保险的一方。比如说你持有一只信用债，为了对冲其违约风险，可以在市场买入以这只信用债或以这个发行人为参考资产的 CDS。买方需要定期（有的时候是一次性）向卖方支付一定比例的保费。当你持有的这只债券最终发生违约事件时，可以从 CDS 卖方获得一定的损失补偿。一个问题，如果你没有对应的基础资产，可不可以直接买入 CDS，以对赌该发行人的违约风险升高甚至违约？在 2007 年美国金融危机前，很多投机机构就是这么做的。但是这样很容易造成系统性的风险，加剧了市场的投机气氛。因此中国版的 CDS，借鉴了美国的前车之鉴，CDS 买方一定要有对应的基础资产，以证明自己确实是为了风险对冲需要，而不是纯粹的市场投机。

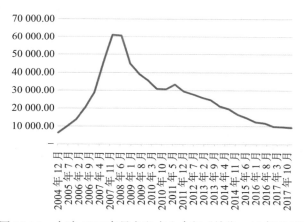

图 10-10　全球 CDS 存量名义本金余额（单位：10 亿美元）

资料来源：BIS.

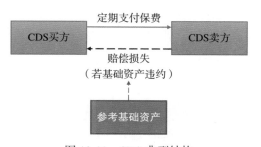

图 10-11　CDS 典型结构

CDS 卖方

CDS 卖方是卖出保险的机构，可以从 CDS 买方获得定期支付（或一次性支付）的保费。当然，如果参考的基础资产发生了违约事件，则 CDS 卖方会付出相当大的赔偿比例。因此，CDS 卖方主要是对赌参考基础资产不会违约，从而可以空手套白狼，获得保费。2007 年美国金融危机时，大量机构卖出基础资产基于 ABS 或 CDO 的 CDS，低估了基础资产的违约风险，导致当大面积出现基础资产违约时，CDS 卖方无力赔偿，从而诱发 CDS 买方的巨大损失。

参考基础资产

参考基础资产是 CDS 合约中规定的以哪个或哪种资产作为参考资产。参考基础资产既可以是制定的某一只债券，也可以是某一发行人旗下的所有同权债务，甚至是一篮子不同发行人的参考资产（index CDS）。在美国，标准化的 CDS 合约往往是参考同一发行人的同权债务，这样更方便债券持有人对冲信用风险。我国在 CDS 发展初期，初期的中国版 CDS 都是参考具体的一只债券标的。

CDS 合约的标准化

在实际的 CDS 交易中，还有很多的交易要素。图 10-12 是一个典型的 CDS 交易的交易要素。

回收率

当参考基础资产出现违约时，不可能一文不值，还是存在一定的回收率。因此，在 CDS 交易中，也会预先设定一个默认的回收率。美国标准化 CDS 最常见的回收率是 40%。也就是说，当参考基础资产违约时，CDS 并不会支付全额的损失，而是会扣除回收率的部分；毕竟，CDS 买方对违约资产的处置，还可以回收一部分现金。

违约事件的定义

违约事件的严格的表述应该叫"信用事件"（credit event）。在美国等成熟的 CDS 市场中，对标准化 CDS 的信用事件有其严格定义，ISDA 协会也对 CDS 信用事件的定义做了规范。信用事件主要分成：破产、无力偿付、债务重组、拒绝偿付 / 延期偿付、债务加速（见表 10-10）。

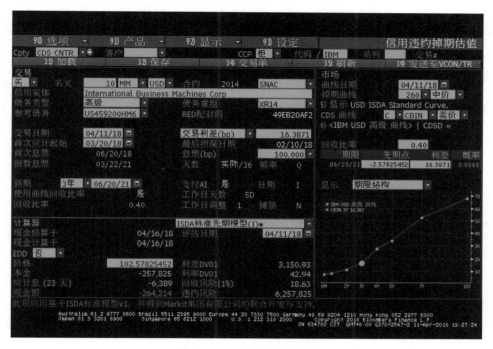

图 10-12　CDS 交易的要素

资料来源：彭博。

表 10-10　信用事件的分类

标准合约类型	破产	无力偿付	债务重组	拒绝偿付 / 延期偿付	债务加速
北美公司债	√	√	√		
欧洲公司债	√	√	√		
欧洲保险公司次级债	√	√	√		
欧洲新兴国家的公司债	√	√	√		√
拉丁美洲公司债	√	√	√	√	√
澳大利亚公司债	√	√	√		
新西兰公司债	√	√	√		
日本公司债	√	√	√		
亚洲公司债	√	√	√		

（续）

标准合约类型	破产	无力偿付	债务重组	拒绝偿付 / 延期偿付	债务加速
西欧国家主权债		√	√	√	
拉丁美洲主权债		√	√	√	√
欧洲新兴国家 & 中东国家主权债		√	√	√	√
澳大利亚主权债		√	√	√	
新西兰主权债		√	√	√	
日本主权债		√	√	√	
亚洲主权债		√	√	√	

CDS 的标准化

为了便于 CDS 的交易，美国等发达市场对 CDS 条款做了大量的标准化。尤其在 2008 年之后，CDS 变得越来越标准，越来越像一只债券。比如，CDS 买方给卖方定期支付的保费，被标准化成了 100 个基点和 500 个基点两档，按季支付。这样的现金流看起来仿佛是 CDS 卖方购入了一只债券，票息为 1% 或者 5%。但是由于 CDS 的保费价格是实时变动的，如何体现出真实的 CDS 保费价格呢？通过市场价格与名义价格（100 个基点和 500 个基点）之间的利差现金流，并贴现到今天，由一方支付给另外一方。

👆 例 10-10 CDS 条款的标准化

假设公司 XYZ 的市场 CDS（3 年期）保费价格是 70 个基点，标准化 CDS 的名义票息为 100 个基点，则 CDS 卖方需要在期初一次性给 CDS 买方补偿一笔金额，该笔金额等于将每个季度的 30 个基点的利差现金流贴现到期初的贴现值。

类似地，如果保费价格是 120 个基点，则需要 CDS 买方在期初，一次性给卖方补偿一笔金额，该笔金额等于将每个季度的 20 个基点的利差现金流贴现到期初的贴现值。■

中国版 CDS

受美国金融危机影响，中国版 CDS 推出较晚，也比较谨慎。2010 年 10 月，银行间交易商协会（NAFMII）正式公布了《银行间市场信用风险缓释工具试点业务指引》，并以此创设了风险缓释工具（credit risk mitigation，CRM），即中国版 CDS。

交易商协会将 CRM 分成两种合约：信用风险缓释合约（credit risk mitigation agreement，CRMA）和信用风险缓释凭证（credit risk mitigation warrant，CRMW）。CRMA 是交易双方之间拟定的一对一的合约，不能够在二级市场进行交易，参考基础资产既可以是债券，也可以是一笔其他的债务。CRMW 是类似于债券的标准化产品，在创设机构创设后，可以在二级市场自由交易，流动性大大增加；CRMW 的参考基础资产为具体的债券标的。

CRMW 的创设是中国借鉴美国 CDS 发展的前车之鉴后的产物。美国在 2007 年金融危机前，CDS 交易规模及余额规模迅速增加，其参考基础资产很多是 ABS、MBS 和 CDO，向下穿透识别风险极为困难，CDS 定价的模型风险也逐渐增加。更重要的是，之前 CDS 属于场外的一对一交易；如果一个 CDS 买方或卖方要平盘，只能通过和另外一个交易对手做背靠背平盘，这样带来了系统性的风险：如果 CDS 交易对手网络中一家或几家发生破产或违约，会导致一连串的连锁反应，直至系统性金融危机的出现。另外，CDS 的买方并不要求一定有参考基础资产持仓，导致 CDS 的投机氛围强烈。CRMW 的创设一是将它进行了标准化，变成了可交易的产品，实行单一场所的前台交易与后台清算交割，CRMW 买方只需卖出 CRMW 即可平仓，无须再新开一笔反向交易。另外，CRMW 买方也是原则上要求有其参考基础资产，禁止裸买，抑制投机。

2010 年年末和 2011 年年初，市场集中成交了几十笔 CRMW，但主要以象征性的支持新业务为主，后续的交易并不活跃，基本没有二级成交。

近几年，信用债违约事件频发。按理，投资者对 CRM 的需求应该是进一步加大，CRM 市场应该能够稳步发展。但实际上，中国 CRM 市场的发展却相对缓慢，这里面原因很多。首先是缺乏一个完善的信用市场，由于地方政府、国有企业等隐性担保、隐性刚兑的存在，导致信用市场扭曲，历史违约数据相对较少；而且对于纯粹的民营信用债，一般创设机构没有定价能力，又不敢创设。其次，CRM 作为风险缓释工具，在国内的资本充足率计算中，能否作为风险缓释工具，从而节约风险资产占用的问题，还未明确。还有就是监管对 CDS 的态度、法律制度、会计核算等问题，也制约了 CRM 的发展。

CDS 的定价及估值

CDS 或者 CRM 作为一种信用衍生产品，较利率衍生产品而言，其定价或估值更为复杂，主要是因为信用数据可得性和丰富性更低，信用模型也更为复杂。在所有 CDS 定价模型中，主要有两大主流：概率模型和无套利模型。不管哪种定价模型，最核心的要点都是计算 CDS 的预期赔偿金额。由于保费是明确而固定的，因此计算保费的贴现值非常简单。

$$CDS 价值 = NPV（预期赔偿金额）- NPV（支付的保费）$$

概率模型

概率模型，简而言之，就是先假设一个 CDS 的信用风险事件的发生时点及发生概率，然后再计算其预期的赔偿金额。

为了简化说明，假设一只 CDS 的面值为 N，期限为 1 年，年化保费为 c，按季支付保费，其未来四个支付保费的时间点分别是 t_1、t_2、t_3、t_4。假设每个季度支付的保费均为 $Nc/4$，该 CDS 假设的回收率为 R。

为了简化说明，假设这只 CDS 只会在每个支付保费的节点 t_1、t_2、t_3、t_4 可能发生违约。假设其在 t_1、t_2、t_3、t_4 的生存概率（即不发生信用事件的概率）为 p_1、p_2、p_3、p_4，则在四个时间节点的违约概率分别为 $1-p_1$、$1-p_2$、$1-p_3$、$1-p_4$，那么我们可以画出如图 10-13 所示的概率二叉树模型。

图 10-13 中实心方块表明 CDS 违约事件发生（CDS 合约自动终止，触发赔偿），而空心方块表明 CDS 合约继续存活。假设在时间点 t_1、t_2、t_3、t_4 的贴现因子为 δ_1、δ_2、δ_3、δ_4，则我们可以做出如表 10-11 所示的概率及违约赔偿。

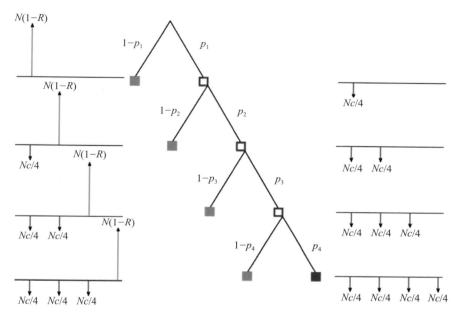

图 10-13 CDS 定价的概率二叉树模型

表 10-11 概率及违约赔偿

描述	保费的贴现值	违约赔偿的贴现值	发生概率
t_1 时发生违约	0	$N(1-R)\delta_1$	$1-p_1$
t_2 时发生违约	$-\dfrac{Nc}{4}\delta_1$	$N(1-R)\delta_2$	$p_1(1-p_2)$
t_3 时发生违约	$-\dfrac{Nc}{4}(\delta_1+\delta_2)$	$N(1-R)\delta_3$	$p_1p_2(1-p_3)$
t_4 时发生违约	$-\dfrac{Nc}{4}(\delta_1+\delta_2+\delta_3)$	$N(1-R)\delta_4$	$p_1p_2p_3(1-p_4)$
不发生违约	$-\dfrac{Nc}{4}(\delta_1+\delta_2+\delta_3+\delta_4)$	0	$p_1p_2p_3p_4$

注：当在时间点 t_i 发生违约时，CDS 合约自动终止，不必支付当期的保费。

则 CDS 合约的价值，应该等于上述所有不同情况的概率加权值：

$$\text{PV(CDS)} = (1-p_1)N(1-R)\delta_1 + p_1(1-p_2)[N(1-R)\delta_2 - \frac{Nc}{4}\delta_1]+$$

$$p_1p_2(1-p_3)[N(1-R)\delta_3 - \frac{Nc}{4}(\delta_1+\delta_2)] + p_1p_2p_3(1-p_4)[N(1-R)\delta_4 -$$

$$\frac{Nc}{4}(\delta_1+\delta_2+\delta_3)] - p_1p_2p_3p_4\frac{Nc}{4}(\delta_1+\delta_2+\delta_3+\delta_4)$$

无套利模型

在无套利模型中，最常使用的模型的是 Hull & White 模型。Hull & White 模型通过违约概率密度的积分，求解 CDS 的理论定价。为了简便，我们假设 CDS 的面值为 1。

假设一只 CDS 的期限是 T，$q(t)$ 是 t 时刻（$t<T$）的违约概率密度函数，则这只 CDS 在整个期限都不会违约的概率 π 为：

$$\pi = 1 - \int_0^T q(t)\mathrm{d}t$$

如果这只 CDS 在整个期限 T 内都不会违约，则其买方支付保费的贴现值（PV）等于 $\omega\mu(T)$，其中 ω 是 CDS 每年支付的保费金额，$\mu(T)$ 是从时间 0 到 T 之间所有保费支付日的贴现值之和。如果 CDS 在时间 t 发生违约，则 CDS 买方需要支付的保费的贴现值为：$\omega[\mu(t) + e(t)]$，其中 $e(t)$ 是时间 t 所在的当期保护期的保费值计提的贴现值。CDS 买方支付的保费的贴现值等于：

$$\omega\int_0^T q(t)\big[\mu(t)+e(t)\big]\mathrm{d}t + \omega\pi\mu(T) \tag{10-1}$$

我们再来计算 CDS 买方预期所获得的赔偿金额的贴现值。若 CDS 违约，则 CDS 买方可以获得的偿付金额应该等于参考基础资产的面值减去其参考基础资产的市值。参考基础资产的市值，等于回收率乘以参考基础资产面值加应计利息：

$$1-1\cdot R\cdot[1+A(t)] = 1-R-R\cdot A(t)$$

其中 R 为 CDS 的回收率，$A(t)$ 为参考资产（债券）的应计利息（以面值的百分比计）。

CDS 预期赔偿金额的贴现值等于：

$$\int_0^T \big[1 - R - R \cdot A(T) \big] q(t) v(t) \mathrm{d}t \qquad (10\text{-}2)$$

其中，$v(t)$ 为时点 t 的贴现因子。

在 CDS 的开始，CDS 的保费贴现值应该等于预期赔偿金额，即交易对 CDS 买卖双方都公平，因此有式（10-1）= 式（10-2）：

$$\omega \int_0^T q(t) \big[\mu(t) + e(t) \big] \mathrm{d}t + \omega \pi \mu(T) = \int_0^T \big[1 - R - R \cdot A(t) \big] q(t) v(t) \mathrm{d}t$$

$$\omega = \frac{\int_0^T \big[1 - R - R \cdot A(t) \big] q(t) v(t) \mathrm{d}t}{\int_0^T q(t) \big[\mu(t) + e(t) \big] \mathrm{d}t + \pi \mu(T)} \qquad (10\text{-}3)$$

通过式（10-3），就可以计算 CDS 的保费 ω。不过上述公式中，最核心的一点就是要估计参考基础资产的违约概率密度函数 $q(t)$。对于离散情况，就是要估计违约概率。Hull 和 White 在其论文[⊖]中，通过对参考基础资产与无风险债券的市场价格的差异（及信用溢价），倒推出对应期限的违约概率。由于其计算细节比较烦琐，这里只举一个最简单的例子，用以说明这种思想。

为了简化模型，我们假设回收率为 0。假设参考基础资产为一只 10 年期公司债券 XYZ（发行人为 XYZ），到期收益率为 3.9%。相同期限（10 年期）的无风险利率债（在中国，考虑到税收等价，需要用国家开发银行债替代）为 3.3%。我们使用连续复合收益率进行贴现，则：

$$10 \text{ 年期利率债市值} = 100 \mathrm{e}^{-0.033 \times 10} = 71.892$$
$$10 \text{ 年期 XYZ 债市值} = 100 \mathrm{e}^{-0.039 \times 10} = 67.706$$

两者之间的市值差异 4.186 即为对 XYZ 债的违约风险的补偿。假设违约概率为 p，则预期损失的贴现值为：

$$p \cdot 100 \mathrm{e}^{-0.033 \times 10} = 4.186$$

从而得出 $p = 0.058\,226$。

如果将基础资产发行人 XYZ 的所有存量债券及对应期限的无风险利率债的到期收益率汇总，采用上述类似的方法，从短期限逐步计算到长期限，就能建立起发行人 XYZ 对应债券的违约概率矩阵。

⊖ John C. Hull, Alan White. *Valuing Credit Default Swaps* I: *No Counterparty Default Risk.*

第11章

终结篇：债券投研框架

　　"每个债券投资者都应该建立自己的债券投资研究框架。"这是很多债券投资经理经常听到的一句话。确实如此，市面上流行的债券投资研究框架有好几种，随便选取一种作为自己的投资指南，是很不靠谱的一件事。原因有二：其一，投资研究框架其实是投资者经过不断的市场实践，得出的一个经验性理论总结，并根据理论总结不断去市场验证，从而不断修正自己的投研框架的过程；直接拿来别人的投研框架生搬硬套，效果并不好。其二，即使是同样的投研框架，每个人对同一条数据或消息的解读却不同；如同非洲人不穿鞋，有的销售很沮丧（发现没有市场）而有的销售却很兴奋（市场前景广阔），从而可能得出完全相反的结论。因此，债券的投研框架本身并不重要，重要的是学习其中有价值的思考方式，并结合市场实践，不断锤炼出自己独特的投研框架体系。

　　个人觉得，投研框架体系部分程度上是一种玄学。一是因为每个投资大咖所形成的投研框架体系其实是大咖自身多年不断的市场实践总结，那么这种投研框架体系必然受大咖自身经验主义的影响。如同盲人摸象，有的人摸到了大象腿，以为世界就是大象腿的模样；有人摸到了大象鼻子，以为世界长得就像是大象鼻子。他们各自在其擅长的领域依靠自身的局部经验取得了惊人的成功（如索罗斯、西蒙斯、巴菲特等）。但是整个金融市场也许是整头大象的模样，没有一个投研框架能够完整描述其全景（也许，也没有必要）。二是因为，每一种投研框架体系的形成，都与大咖自身的实践经验密切结合，而这些是学习他的人无法复制和继承的。因此，我认为债券投研框架体系的主要价值在于参考，在于给投资者予以启发，而不是简单的复制、粘贴。京剧名家梅兰芳说过一句话："学我者生，像我者亡！"债券投研的框架体系也大抵如此。

因此，本章的主要目的是介绍所有债券投研框架体系所必需的原材料，以及主要的思路。至于与自身结合更紧密的投研体系，需要依靠投资者自身去不断发掘与改善。

吃下"四碗面"

虽然每种债券投研框架体系都有所不同，但相同的是，对影响债券市场的几个关键要素的分析是必不可少的。所不同的是，不同的市场阶段，这些关键要素中哪些是主要因素，哪些是次要因素，各不相同。

分析债券市场的利率走势，最重要的就是吃好"四碗面"，即基本面、政策面、资金面以及技术面。

基本面就是指经济运行的基本情况，最主要的是包括经济的增长情况及通货膨胀指标。一般认为，经济增长越乏力，对于债券市场就越利好；而通货膨胀越严重，就越不利于债券市场。

政策面主要是指货币政策及财政政策。由于货币的发行及回收主动权掌握在央行手中，因此央行的货币政策以及政府的财政政策对债券市场影响很大。近些年，监管政策尤其是行为监管，对金融市场的影响深远，有时候超出了传统货币政策及财政政策的影响。因此，监管政策近些年也是政策面的一个核心要素。

资金面主要指的是流动性的松紧程度。这里的流动性包括短期、中期以及长期的流动性松紧情况。债券市场的利率走势，本质上也是一个资金供需的问题，因此资金的松紧程度对债券市场，尤其是短期市场形成的影响较大。

技术面主要指的是债券市场投资者的市场情绪、投资者行为等情绪或行为因素对债券市场形成的扰动。

基本面、政策面、资金面和技术面共同作用于债券市场，对债券市场的利率走势形成各自不同的影响（见图 11-1）。

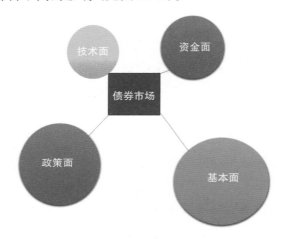

图 11-1　影响债券市场的几个关键因素

为什么图 11-1 中"四碗面"的大小不一，与债市的距离也不一样呢？这主要反映的是"四碗面"对债券市场影响的时间持续性及影响大小不同。

就如同房地产行业的名言："长期看人口，中期看土地，短期看政策"，债券市场也可以简单总结为："长期看基本面，中期看政策面，中短期看资金面，短期看技术面。"越长期的影响因素，影响越深远，但反映效果也越慢；反之，越短期的影响因素，影响越小，但反映效果也越迅速。

基本面分析

在经济的基本面分析中，最重要的两个要素是经济增速与通货膨胀。经济的增长情况是决定利率最核心的因素之一。在绝大部分国家的中央银行的货币政策目标中，一般有四个选项：物价稳定、充分就业、促进经济增长以及平衡国际收支；大部分国家的中央银行的货币政策目标通常只有一个：物价稳定，也即通货膨胀稳定，这是因为中央银行的货币政策很难同时兼顾。当然，我国中央银行货币政策的职能是四者兼而有之。

美联储常用的决定短期利率水平的泰勒法则，其公式如下：

$$i_t = \pi_t + r_t^* + \frac{1}{2}\left(\pi_t - \pi_t^*\right) + \frac{1}{2}\left(y_t - y_t^*\right)$$

式中　i_t——名义短期利率；

r_t^*——均衡实际短期利率；

π_t——通货膨胀率；

π_t^*——目标通货膨胀率；

y_t——实际产出（以 GDP 为衡量指标）的对数；

y_t^*——潜在产出的对数；

$\pi_t - \pi_t^*$——通货膨胀率缺口；

$y_t - y_t^*$——产出缺口。

注：对实际产出和潜在产出取对数，是为了得到比率；$\log A - \log B = \log(A/B)$。

也就是说，中央银行对名义短期利率的决定，主要参考通货膨胀、通货膨胀缺口、产出缺口（经济增长的预期差）三个关键要素。因此，对经济基本面的分析，主要精力都集中在研究经济增长和通货膨胀双因子上。

GDP

在基本面分析中，对债券市场影响最重要的两个要素是经济增长和通货膨胀。经济增长往往以 GDP 同比增长作为衡量标准，通货膨胀以 CPI 指数作为衡量标准。两者对债券市场的影响方式不尽相同。

GDP 是指经济社会（即一个国家或地区）在一定时期内运用生产要素所生产的全部最终产品（产品和服务）的市场价值，即国内生产总值。它是对一国（地区）经济在核算期内所有常住单位生产的最终产品总量的度量，常常被看成显示一个国家（地区）经济状况的一个重要指标。生产过程中的新增加值，包括劳动者新创造的价值和固定资产的磨损价值，但不包含生产过程中作为中间投入的价值；在实物构成上，是当期生产的最终产品，包含用于消费、积累及净出口的产品，但不包含各种被其他部门消耗的中间产品。

GDP 主流的测算方法主要有三种：生产法、收入法以及支出法。

生产法

生产法是从生产的角度衡量常住单位在一定时期内新创造价值的方法，即从生产的全部货物和服务总产品价值中，扣除生产过程中投入的中间货物和服务价值得到增加价值。计算公式如下：

$$GDP = \sum 各产业部门的总产出 - \sum 各产业部门的中间消耗$$

收入法

收入法是从生产过程创造收入的角度，根据生产要素在生产过程中应得的收入份额反映最终成果的一种核算方法。计算公式如下：

$$GDP = \sum 各产业部门劳动者报酬 + \sum 各产业部门固定资产折旧 + \\ \sum 各产业部门生产税净额 + \sum 各产业部门营业利润$$

支出法

支出法是从最终使用的角度衡量所有常住单位在一定时期内生产活动最终成果的方法，最终使用包括最终消费支出、资本形成总额及净出口三部分。计算公式如下：

$$GDP = 总消费 + 总投资 + 政府购买 + 净出口$$

由于我国生产法下所需的数据基础较好，核算也较为简便，因此我国国家统计局发布的 GDP 以生产法为核算基础。

我们看经济增长的情况，都是看 GDP 的同比增速。党的十九大报告中提出的"我国经济已由高速增长阶段转向高质量发展阶段"，指的也是以 GDP 同比增速为衡量指标，逐步由高速增长转为中高速增长。我国近年 GDP 及增速如图 11-2 所示。

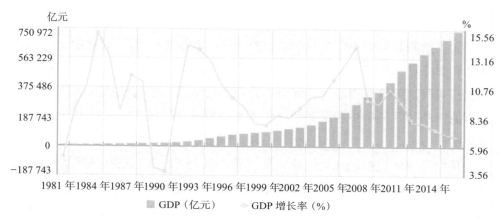

图 11-2 我国近年 GDP 及增速

资料来源：国家统计局。

由于 GDP 是计量一段时期内所有产品与服务的产出总量，那么 GDP 的计算，必然涉及产品与服务的价格。产品与服务的价格同通货膨胀相关。比如说，假设当年与上一年创造了同样规模的产品与服务，但是社会整体价格因通货膨胀抬升了 10%，那么如果以现价计量，则当年 GDP 产出比上一年增加了 10%，不能反映真实的经济增长。

因此，GDP 的规模可以分为名义 GDP 和实际 GDP，其 GDP 同比增长也可以分为名义 GDP 增长与实际 GDP 增长。

名义 GDP 是用当前价格（现价）计算一个时间段内的 GDP 规模总量，而实际 GDP，是用认为规定的某一个基年的价格（不变价）计算一个时间段内的 GDP 规模总量。这样，使用实际 GDP 进行不同时期的纵向比较，才具备意义。反映当期名义 GDP 与实际 GDP 之间的关系的系数，即 GDP 平减指数（GDP deflator）。

GDP 平减指数 ＝ 名义 GDP / 实际 GDP × 100%

我们日常所提到的 GDP 增长，默认指的均是实际 GDP 的增长。

CPI 与 PPI

居民消费价格指数（CPI）是反映一定时期内城乡居民所购买的生活消费品和服务项目价格变动趋势与程度的相对数，是对城市居民消费价格指数和农村居民消费价格指数进行综合汇总计算的结果。通过该指数可以观察和分析消费品的零售价格和服务项目价格变动对城乡居民实际生活费支出的影响程度。

我们日常所提到的通货膨胀指数，指的就是 CPI。它是反映到居民消费终端的产品和服务的一篮子价格指数。当然，一般我们说 CPI，默认指的是 CPI 的同比或者环比增长，它是以去年同期或上一期作为 100 的价格基准，当期的增长比例。CPI 指数的计算，首先需要构建一篮子居民消费产品（服务）的组合，并赋予每项产品（服务）一个合理权重。CPI 一篮子消费品及服务的统计范围，涵盖全国城乡居民生活消费的食品烟酒、衣着、居住、生活用品及服务、交通和通信、教育文化和娱乐、医疗保健、其他用品和服务等 8 大类、262 个基本分类的商品与服务价格。所采取的调查方法，是抽选确定调查网点，按照"定人、定点、定时"的原则，直接派人到调查网点采集原始价格。数据来源于全国 31 个省（区、市）500 个市县、8.8 万余家价格调查点，包括商场（店）、超市、农贸市场、服务网点和互联网电商等。

表 11-1 是国家统计局网站公布的 2018 年 2 月的 CPI 主要分项数据。

表 11-1　2018 年 2 月居民消费价格主要数据

	2 月		1～2 月
	环比涨跌幅（%）	同比涨跌幅（%）	同比涨跌幅（%）
居民消费价格	1.2	2.9	2.2
其中：城市	1.3	3.0	2.2
农村	1.1	2.7	2.1
其中：食品	4.4	4.4	1.9
非食品	0.5	2.5	2.2

（续）

	2月		1～2月
	环比涨跌幅（%）	同比涨跌幅（%）	同比涨跌幅（%）
其中：消费品	1.4	2.5	1.7
服务	1.0	3.6	2.9
其中：不包括食品和能源	0.5	2.5	2.2
其中：不包括鲜菜和鲜果	0.7	2.4	2.0
按类别分			
一、食品烟酒	3.1	3.6	1.9
粮食	0.1	1.1	1.2
食用油	−0.1	−1.2	−1.2
鲜菜	18.1	17.7	5.6
畜肉类	2.0	−3.1	−4.5
其中：猪肉	2.0	−7.3	−9.0
牛肉	2.5	4.3	2.9
羊肉	2.4	14.3	13.2
水产品	8.0	8.7	5.6
蛋类	0.6	22.5	18.2
奶类	−0.3	0.4	0.7
鲜果	6.4	8.7	7.6
烟草	0.0	0.1	0.1
酒类	−0.1	2.9	3.2
二、衣着	−0.6	1.1	1.2
服装	−0.7	1.2	1.4
衣着加工服务费	1.1	4.4	3.8
鞋类	−0.3	0.3	0.5

（续）

	2 月		1～2 月
	环比涨跌幅（%）	同比涨跌幅（%）	同比涨跌幅（%）
三、居住	0.0	2.2	2.5
租赁房房租	0.0	2.3	2.6
水电燃料	0.0	1.6	1.8
四、生活用品及服务	0.3	1.8	1.7
家用器具	−0.1	0.8	1.0
家庭服务	3.5	7.9	5.3
五、交通和通信	0.9	1.5	0.8
交通工具	−0.1	−1.5	−1.5
交通工具用燃料	0.1	6.5	6.5
交通工具使用和维修	3.8	5.0	2.8
通信工具	−0.7	−2.8	−2.6
通信服务	0.0	−0.6	−0.7
邮递服务	0.7	3.8	3.3
六、教育文化和娱乐	1.8	3.7	2.3
教育服务	0.1	2.5	2.6
旅游	10.6	13.5	4.3
七、医疗保健	0.1	6.0	6.1
中药	0.2	4.9	5.0
西药	0.2	5.2	5.3
医疗服务	0.1	7.2	7.2
八、其他用品和服务	0.4	1.7	1.4

这一篮子消费品中，食品和能源占到了不小的权重（在我国，食品占CPI的比重在 25% ~ 30%），而这两项受季节因素、供给因素影响较大，因此波动也较大。食品价格受气候、天气条件以及季节因素影响较大，波动也较大。能源（如汽油）受供给、地缘政治因素影响也较大，不确定性较多。因此，这两项对 CPI 造成较大干扰。为了观察 CPI 的长期走势，1975 年美国的 Gordon 提出了"核心 CPI"的概念，将食品和能源这两项从 CPI 计算中剔除，以反映价格上涨的长期趋势。我国官方并未明确界定核心 CPI，但研究者可以在国家统计局公布的数据上再行加工，计算核心 CPI。

从图 11-3 和图 11-4 中可以看出，核心 CPI 的走势比较稳定，而 CPI 的波动则较大。

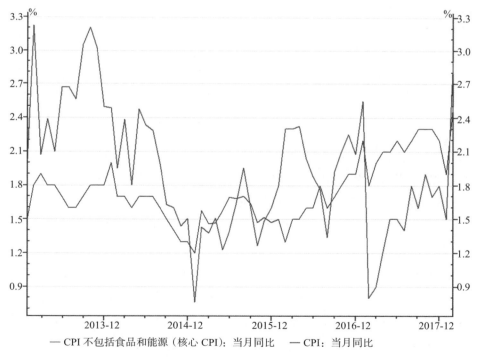

—— CPI 不包括食品和能源（核心 CPI）：当月同比 —— CPI：当月同比

图 11-3 CPI 和核心 CPI 走势

资料来源：Wind.

图 11-4　CPI 走势

资料来源：Wind.

生产者物价指数（PPI）是反映一定时期内全部工业产品出厂价格总水平的变动趋势和程度的相对数，包括工业企业售给本企业以外所有单位的各种产品和直接售给居民用于生活消费的产品。该指数可以观察出厂价格变动对工业总产值及增加值的影响。

与 CPI 反映的是消费端（下游）的价格变动相对应，PPI 反映的是生产端（上游）的产品及原材料价格变动。在理论情况下，上游 PPI 的增长会逐步传导到下游 CPI。但实际经济运行中，其传导路径、机制及效果比较复杂，这里不做展开。1996～2016 年的 PPI 走势如图 11-5 所示。

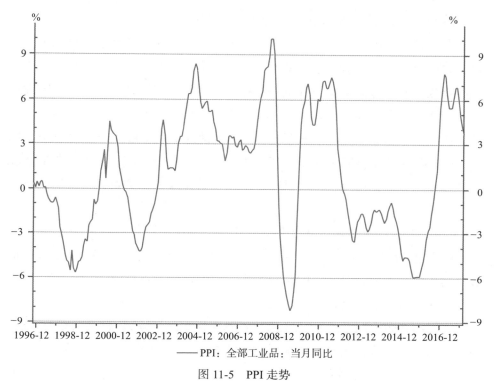

图 11-5 PPI 走势

资料来源：Wind.

PMI

另一个流行的反映经济状况的先行指标是 PMI（采购经理人指数），PMI 是衡量制造业的"体检表"。PMI 是通过对企业采购经理的月度调查结果统计汇总、编制而成的指数，它涵盖了企业采购、生产、流通等各个环节，包括制造业和非制造业领域，是国际上通用的监测宏观经济走势的先行性指数之一，具有较强的预测、预警作用。综合 PMI 产出指数是 PMI 指标体系中反映当期全行业（制造业和非制造业）产出变化情况的综合指数。PMI 通常以 50% 作为经济强弱的分界点，PMI 高于 50% 时，反映经济总体扩张；低于 50%，则反映经济总体收缩。50% 被称为"荣枯线"。

目前，PMI 又分为制造业 PMI 与非制造业 PMI 两大项，及每大项中的细分小项。制造业采购经理调查指标体系包括生产、新订单、新出口订单、在手订单、产成品库存、采购量、进口、主要原材料购进价格、出厂价格、原材料库存、从业人员、供应商配送时间、生产经营活动预期等 13 个分类指数。非制造业采购经理调查指标体系包括商务活动、新订单、新出口订单、在手订单、存货、投入品价格、销售价格、从业人员、供应商配送时间、业务活动预期等 10 个分类指数。分类指数采用扩散指数计算方法，即正向回答的企业个数百分比加上回答不变的百分比的一半。由于非制造业没有合成指数，因此国际上通常用商务活动指数反映非制造业经济发展的总体变化情况。

$$扩散指数 = 上升百分比 - 下降百分比 + 不变百分比$$

制造业 PMI 是由 5 个扩散指数（分类指数）加权计算而成。5 个分类指数及其权数是依据其对经济的先行影响程度确定的。具体包括：新订单指数，权数为 30%；生产指数，权数为 25%；从业人员指数，权数为 20%；供应商配送时间指数，权数为 15%；原材料库存指数，权数为 10%。其中，供应商配送时间指数为逆指数，在合成制造业 PMI 指数时进行反向运算。

PMI 是很好的监测宏观经济走势的先行指标之一，对于预测未来经济走势具有很强的信号意义。我国目前公布的 PMI 有官方 PMI（中采 PMI）和财新 PMI 两种，官方 PMI 主要针对全国大中型企业的 PMI 统计调查，而财新 PMI 则聚焦于中小企业的 PMI 统计调查。

一个典型的 PMI 数据如下（见表 11-2 和表 11-3）

表 11-2　2018 年 2 月中国制造业 PMI 及构成指数（经季节调整）

（单位：%）

	PMI	生产	新订单	原材料库存	从业人员	供应商配送时间
2018 年 2 月	50.3	50.7	51.0	49.3	48.1	48.4

（单位：%）

	新出口订单	进口	采购量	主要原材料购进价格	出厂价格	产成品库存	在手订单	生产经营活动预期
2018 年 2 月	49.0	49.8	50.8	53.4	49.2	46.7	44.9	58.2

表 11-3　2018 年 2 月中国非制造业主要分类指数（经季节调整）

（单位：%）

	商务活动	新订单	投入品价格	销售价格	从业人员	业务活动预期
2018 年 2 月	54.4	50.5	53.2	49.9	49.6	61.2

（单位：%）

	新出口订单	在手订单	存货	供应商配送时间
2018 年 2 月	45.9	43.8	47.6	50.7

PMI 反映的是对未来一段时间经济增速的前瞻性预测，因此也间接对债券利率形成影响。

利率与基本面之间的关系

根据泰勒法则，短期利率与通货膨胀及通货膨胀缺口成正向关系。当通货膨胀越严重时，中央银行越倾向于提高短期利率去抑制通货膨胀；当实际通货膨胀高于预期值时，中央银行也倾向于抬升短期利率。短期利率的抬升，必然会通过利率传导机制，传导至长端利率，抬升了长期限利率水平。因此，通货膨胀率（以 CPI 为代表）走高或超预期时，对债券市场往往是利空的，债券收益率也会预期走高。

当然，利率水平与通货膨胀水平不是简单的线性关系，利率水平还受其他很多因素影响与制约。在某些时间段，利率与通货膨胀确实相关性很强，货币政策的制定紧盯通货膨胀指标，如我国在 2002 ～ 2008 年的通货膨胀走势就很好地解释了债券收益率水平（见图 11-6）。但是 2008 年之后，这种可解释性变得比较差。

经济增速的预期差是影响债券市场利率的一个关键因素。当经济增速下滑超出预期时，往往认为央行会放松货币，以托底经济增长。因此，债券利率可能会在这种预期差下进一步下行。简单说，经济越差，货币当局采取宽松货币政策的可能性越大，债券利率越可能下行。这在 2014 ～ 2016 年能够得到充分证实（见图 11-7）。

图 11-6　CPI 与国债收益率相关性

资料来源：Wind.

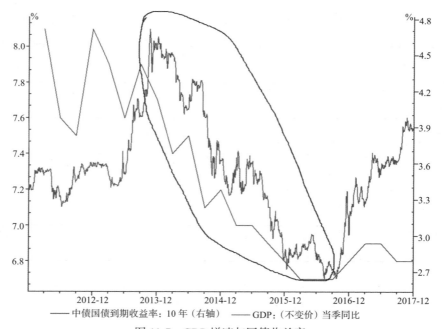

图 11-7　GDP 增速与国债收益率

资料来源：Wind.

政策面分析

传统的政策面分析主要集中于货币政策与财政政策两个方面，这是影响债券利率的最重要的两个政策。

货币政策

货币的创造过程

世上本没有现代货币，有了中央银行，于是便有了现代货币。在古代，贵金属充当货币等价物，但贵金属每年的开采量几乎是固定的，无法随意控制。在中央银行（或承担中央银行职能的中央机构）出现后，货币变成了纯信用的纸币（或电子货币），货币的创造过程与古代迥然不同。在货币创造的过程中，离不开"三剑客"的全程参与：中央银行、商业银行以及储户。

假定中央银行从一家商业银行（我们称它为 × 银行）手中购入 100 元的证券，则 × 银行的资产负债表变成了：

× 银行			
资产		负债	
证券	−100 元		
准备金	+100 元		

当然，× 银行不会放着 100 元的准备金什么也不做，如果这样它什么收益也得不到，或者只得到很低的收益。最常见的方式是，× 银行可以将闲置资金用于发放贷款，这样 × 银行最多可以发放出去 100 元的贷款。当然，接受贷款的客户 A 肯定不会把这些钱都取出来放在家里，自然，客户 A 从 × 银行获得的 100 元贷款也会存入 × 银行作为存款。假设银行的法定存款准备金率为 r（$0<r<1$），则准备金账户要冻结 $100r$ 元，能够放贷的超额准备金只有 $100（1-r）$ 元了。这样，× 银行的资产负债表就变成了：

× 银行			
资产		负债	
证券	−100 元	存款	+100 元
准备金 其中：法定准备金 　　　超额准备金	+100 元 100*r* 元 100（1−*r*）元		
贷款	+100 元		

可以看出，× 银行的资产和负债都同时增加了 100 元，资产负债表在扩张！

现在账上还有 100（1−*r*）元的超额准备金可以继续放贷给客户 B。× 银行将这 100（1−*r*）放贷给客户 B 后，其资产负债表变成了：

× 银行			
资产		负债	
证券	−100 元	存款	100+100（1−*r*）元
准备金 其中：法定准备金 　　　超额准备金	+100 元 [100+100（1−*r*）]*r* 元 100− 法定准备金		
贷款	100+100（1−*r*）元		

这个贷款和存款的扩张过程可以一直持续下去，直至所有的准备金都是法定准备金，超额准备金金额为 0。假设这个最终状态下的存款为 D，则有：

$$D \cdot r = 100 \rightarrow D = \frac{100}{r}$$

或者说，当中央银行向商业银行体系注入一笔金额为 Δ R 的资金时，最多能创造的存款规模为：

$$\Delta D = \frac{\Delta R}{r}$$

可以看出，中央银行向商业银行体系每投入 1 单位的基础货币，经过商业银行的信用创造("贷款 – 存款 – 贷款 – 存款"式的循环扩张),能够创造数倍于基础货币的广义货币。这正是货币的创造过程,也是信用的扩张过程。

不过,上述公式并未考虑:

(1)现金漏损,即储户会将一部分存款从商业银行取出,转化成现金直接持有。这部分现金游离于商业银行体系之外,银行无法再利用这些体系之外的现金再进行货币创造。

(2)超额准备金。虽然商业银行只需缴纳最低限的法定准备金,但在实际运行过程中,整个商业银行体系会一直有超额准备金的存在,并且超额准备金率(超储率)在一段时期内相对稳定。

假设现金漏损率为 c(流通在银行体系之外的现金与存款总规模 ΔD 之间的比率),法定准备金率为 r,超额准备金率为 e,则中央银行向商业银行每投入一笔 ΔR 的基础货币,通过商业银行主动的信用创造,最多可派生的存款为 ΔD,则有:

$$\Delta R - \Delta D \cdot c = \Delta D \cdot (r + e)$$

$$\Delta D = \Delta R \cdot \frac{1}{r + e + c}$$

可以看出,在其他因素不变的情况下,当中央银行降准时,商业银行有了更多的基础货币,使得能够进行更多的货币创造。当然,上述公式都是理论最大值,实际中货币创造受到经济周期、监管政策、央行窗口指导等诸多因素的影响。

从 M0 到 M2:货币供应量的定义

我们听到中国人民银行官员讲述货币政策时,经常说:"货币政策从偏重数量型转向价格型体系。"这里的数量型货币政策主要指的就是,货币政策紧盯货币的规模总量。那么,首先我们需要定义的就是,货币的规模总量包含了哪些统计范围?全世界包括中国的中央银行,均采用 M0、M1、M2、M3 从狭义到广义的货币统计体系。

根据中国人民银行印发的《中国人民银行货币供应量统计和公布暂行办法》及后续的修订，我国从 M0 到 M2 货币供应量所包含的统计范围分别是：

M0 = 流通中现金（货币供应量统计的机构范围之外的现金发行）

M1 = M0+ 企业存款（企业存款扣除单位定期存款和自筹基建存款）+
机关团体部队存款 + 农村存款 + 信用卡类存款（个人持有）

M2 = M1+ 城乡居民储蓄存款 + 企业存款中具有定期性质的存款
（单位定期存款和自筹基建存款）+ 外币存款 + 信托类存款 +
证券公司客户保证金 + 非存款类金融机构在存款类金融
机构的存款 + 住房公积金存款

注：从 2018 年 1 月起，中国人民银行完善了货币供应量 M2 中货币市场基金部分的统计方法，用非存款机构部门持有的货币市场基金取代货币市场基金存款（含存单）。

从 M0 到 M2，是统计范围不断扩大的、从狭义到广义的过程（见图 11-8）。

为什么要分不同层次、不同范围去统计货币供应量呢？主要是因为 M0、M1、M2 所代表的内涵及意义不同。

M0 反映的是最狭义的货币，而且是游离于金融体系之外的现金，并不直接参与银行的信用创造。

M1 反映的是整个社会最直接的购买力（如企业的活期存款是直接能够用于生产的购买力）。

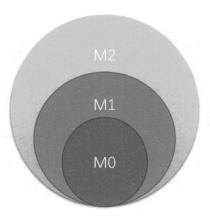

图 11-8　从 M0 到 M2

M2 反映的是整个社会的潜在购买力，也是最能反映整个社会货币供应量的最真实的指标，与整个社会的信用扩张密切相关。在我国，中国人民银行所提到的"数量型"货币政策，主要指的就是 M2 的供应量及其增长情况。

央行资产负债表的秘密

央行是全社会货币供应的源头。因此，读懂央行的资产负债表，对于了解央行的货币政策有着重要意义。中国人民银行每个月都会在官网公布货币当局的资产负债表。表11-4是2017年年末中国人民银行的资产负债表。⊖

表 11-4　货币当局资产负债表

（单位：亿元人民币）

项目	2017 年 12 月
国外资产	221 164.12
外汇	214 788.33
货币黄金	2 541.50
其他国外资产	3 834.29
对政府债权	15 274.09
其中：中央政府	15 274.09
对其他存款性公司债权	102 230.35
对其他金融性公司债权	5 986.62
对非金融性部门债权	101.95
其他资产	18 174.48
总资产	**362 931.62**
储备货币	321 870.76
货币发行	77 073.58
其他存款性公司存款	243 802.28
非金融机构存款	994.90
不计入储备货币的金融性公司存款	5 019.23
发行债券	
国外负债	880.00
政府存款	28 626.03

⊖ 该部分内容参考了广发证券周君芝的研究报告《央行资产负债表解构》。

（续）

项目	2017 年 12 月
自有资金	219.75
其他负债	6 315.84
总负债	362 931.62

注：1. 自 2017 年起，对国际金融组织相关本币账户以净头寸反映。
　　2. "非金融机构存款"为支付机构交存中国人民银行的客户备付金存款。

资产端项目

- 国外资产。国外资产是中国人民银行资产中占比最大的一块。主要包含三个部分：外汇、黄金以及其他国外资产。

（1）外汇指的就是央行所持有的外汇储备。历史上主要由贸易顺差导致的外汇占款所累积。外汇占款在过去十几年一直是央行向市场投放基础货币的最主要的方式：央行通过结汇，投放人民币，收回外汇（主要是美元）。该项目从中国加入 WTO 开始一直处于高速增长的状态，在 2014 年年中达到了峰值，随后逐渐回落，也被动改变了中央银行基础货币投放的方式（见图 11-9）。

（2）黄金。在国内外市场上购买的黄金储备。

（3）其他国外资产。主要记录央行持有的国际货币基金组织头寸、SDR 等。

- 对政府的债权。对政府的债权完全由对中央政府的债权构成。与美联储可以直接购买美国国债不同，根据《中国人民银行法》规定："中国人民银行不得对政府财政透支，不得直接认购、包销国债和其他政府债券。"因此，为了向中投公司注入外汇资金：①财政部向个别商业银行（农行）定向发行特别国债，募集人民币资金；②财政部使用募集来的人民币资金，向中国人民银行购买外汇，财政部获得外汇，中国人民银行获得人民币资金；③财政部将获得的外汇资金注入中投公司，中国人民银行使用人民币资金购买商业银行（农行）手中的特别国债。经过上述三步，中国人民银行间接地将外汇储备注入了中投公司，又规避了不得直接购买国债的法律规定。2017 年年末，特别国债规模余额 1.82 万亿元，而中国人民银行"对政府债权"项目余额为 1.53 万亿元，大部分特别国债都由中国人民银行持有。

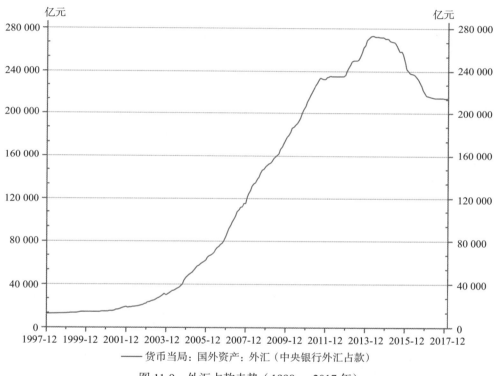

图 11-9 外汇占款走势（1998 ～ 2017 年）

资料来源：Wind.

- 对其他存款性公司债权。这是资产类中第二大的资产类科目，主要是中国中央银行向商业银行开展货币政策工具所投放的基础货币。与外汇占款资产规模从 2014 年年中逐步下降相对应，该项目从 2014 年年中开始急剧上升，反映了中国人民银行基础货币的投放渠道发生了很大的变化，即从外汇占款为主转向货币政策工具的投放（见图 11-10）。

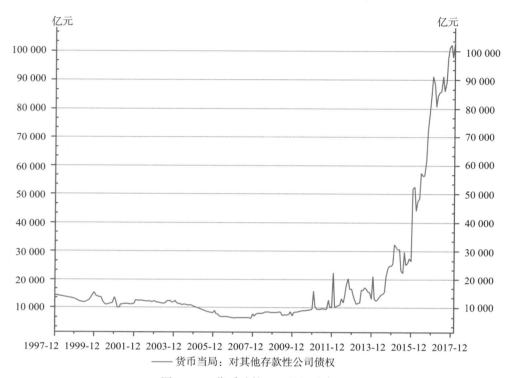

图 11-10　货币政策工具的投放余额

资料来源：Wind.

　　此项目向下的货币政策工具主要包括再贷款、公开市场操作、SLF、MLF、PSL 等。

- 对其他金融性公司债权。它主要指央行为了维护金融市场稳定，对其他金融性公司的再贷款。如 2015 年股市震荡时，央行给予证金公司紧急金融稳定再贷款，用于应对股市波动。还有在 2000 年左右为了配合四大行的不良资产剥离，央行对四大资产管理公司给予再贷款。
- 对非金融性部门债权。这主要是央行为了支持老少边穷地区经济开发所发放的贷款，余额较小。
- 其他资产。不属于上面所有类别的其他资产，信息披露较少。

负债端项目

- 储备货币。即基础货币，也叫高能货币，是整个商业银行体系进行信用创造（货币创造）的本源基础。基础货币分成两部分，一部分是发行的现金纸币，另一部分是商业银行的存款准备金。

（1）货币发行。这部分不仅包括 M0（流通中的现金），还包括在银行体系内的库存现金。

（2）其他存款性公司存款。即银行的存款准备金，又可以分解成法定存款准备金和超额存款准备金。这部分是占比最大的基础货币。当央行执行宽松货币政策时，可以通过降低准备金，释放基础货币；反之，也可以通过上调法定准备金率，回收基础货币。

- 不计入储备货币的金融性公司存款。主要包含两部分：一是金融机构业务往来的清算支付所需的资金，二是非存款类金融机构向央行缴纳的存款准备金。由于这两部分存款派生能力很弱，因此不计入储备货币。
- 发行债券。主要是央行票据。
- 国外负债。主要指境外金融机构在中国人民银行的存款。
- 政府存款。中国人民银行的职能之一是经理国库。国库包括中央国库与地方国库，即中央与地方的财政资金，其中部分资金放在中国人民银行。当然，为了提高收益，中国人民银行也可以开展中央国库现金定存，以及地方国库现金定存，将财政存款投放到商业银行体系，从而增加货币供应量。一般来说，受季节性缴税及财政投放的影响，此项目周期性波动较大。遇缴税时，金融体系内的货币供应量减少；反之，如果进行财政投放，货币供应量增加。
- 自有资金。央行的自有资本金，余额较小。
- 其他负债。主要包括中国人民银行开展的正回购、金融机构以外汇形式缴存的法定准备金等。

与货币投放及货币政策紧密相关的项目

通过我们对央行资产负债表逐项的拆解，基本知道了央行进行货币投放的秘密。哪些项目是与之最相关的项目呢？

就基础货币的投放而言，在资产端，需要重点关注"外汇""对其他存款性公司债权"，前者是过去几十年最主要的基础货币投放方式：外汇占款；后者是自2014年以来最主要的基础货币投放方式：央行的货币政策工具操作（如公开市场、SLF、MLF、PSL等）。在负债端，需要重点关注"储备货币""发行债券""财政存款"三个科目。"储备货币"是基础货币，是货币供应之源；"发行债券"主要看中国人民银行是否通过央票来回收货币；在"财政存款"中，若遇财政缴税，则余额增加，货币供应减少；反之，若遇财政投放，则余额减少，货币供应增加。

央行的工具箱

为了执行央行制定的货币政策，央行手头有一整套的货币政策工具箱，里面提供了一系列的工具，用于调节货币数量及货币价格。

存款准备金

存款准备金是央行释放和回收基础货币的最常见的手段，属于数量型的调控。商业银行的一般性存款均需要按照央行规定的比例缴纳足额的法定存款准备金，在法定存款准备金之外，银行可以根据需要放置超额存款准备金。由于存款准备金属于基础货币，因而对整个社会的信用扩张具有很强的制约作用。我们平时说的"降准""升准"，指的就是央行调整存款准备金的缴纳比例。根据央行的资产负债表，存款准备金（包括法定准备金和超额准备金）占到基础货币的70%以上。基础货币的释放具有乘数效应，当释放（或收回）基础货币量为 M 时，如果货币乘数为 X，则能够释放（或收回）的存款总量为 MX。

利率政策

利率政策属于价格型工具，也是中国人民银行的货币政策从数量型工具转向价格型工具的重要承载工具。在我国，利率政策也可以分为狭义的利率政策和广义的利率政策。狭义的利率政策，主要是针对存贷款基准利率进行的"加息""降息"。广义的利率政策还应包含央行其他货币政策工具（如公开市场操作、MLF、PSL 等）的操作利率。通过利率政策进行货币政策调控时，需要金融市场的利率传导机制能够畅通无阻，对金融基础设施的要求较高。因此，在我国，数量型的调控与价格型的调控同时使用。

公开市场业务（OMO）

在大部分发达国家，公开市场业务是央行调节金融市场流动性、短期利率的最主要的手段。相比于其他货币政策工具，公开市场操作具有及时、灵活的特点。

中国人民银行从 1998 年开始建立公开市场业务一级交易商制度，选择了一批能够承担大额债券交易的商业银行作为公开市场业务的交易对象。近年来，公开市场业务一级交易商制度不断完善，先后建立了一级交易商考评调整机制、信息报告制度等相关管理制度，一级交易商的机构类别也从商业银行扩展至证券公司等其他金融机构。2017 年，公开市场业务一级交易商共 48 家，其中银行 44 家，券商 4 家。

从交易品种看，中国人民银行公开市场业务债券交易主要包括回购交易、现券交易和发行中央银行票据。2013 年，中国人民银行又引入了创新性的公开市场操作工具：短期流动性调节工具（short-term liquidity operations，SLO）。SLO 以 7 天期以内短期回购为主，是中国人民银行根据市场流动性需要，主动向公开市场业务一级交易商进行短期流动性投放的工具。中国人民银行根据货币调控需要，综合考虑银行体系流动性供求状况、货币市场利率水平等多种因素，灵活决定该工具的操作时机、操作规模及期限品种等。

常备借贷便利（SLF）

从国际经验看，中央银行通常综合运用常备借贷便利和公开市场操作两大类货币政策工具管理流动性。常备借贷便利的主要特点：一是由金融机构主动发起，金融机构可根据自身流动性需求申请常备借贷便利；二是常备借贷便利是中央银行与金融机构"一对一"交易，针对性强；三是常备借贷便利的交易对手覆盖面广，通常覆盖存款金融机构。

借鉴国际经验，中国人民银行于 2013 年年初创设了常备借贷便利

（standing lending facility，SLF）。常备借贷便利是中国人民银行正常的流动性供给渠道，主要功能是满足金融机构期限较长的大额流动性需求。对象主要为政策性银行和全国性商业银行，期限为 1 ～ 3 个月。利率水平根据货币政策调控、引导市场利率的需要等综合确定。常备借贷便利以抵押方式发放，合格抵押品包括高信用评级的债券类资产及优质信贷资产等。

中期借贷便利（MLF）

2014 年 9 月，中国人民银行创设了中期借贷便利（medium-term lending facility，MLF）。中期借贷便利是中央银行提供中期基础货币的货币政策工具，对象为符合宏观审慎管理要求的商业银行、政策性银行，可通过招标方式开展。中期借贷便利采取质押方式发放，金融机构提供国债、央行票据、政策性金融债、高等级信用债等优质债券作为合格质押品。中期借贷便利利率发挥中期政策利率的作用，通过调节向金融机构中期融资的成本来对金融机构的资产负债表和市场预期产生影响，引导其向符合国家政策导向的实体经济部门提供低成本资金，促进降低社会融资成本。MLF 的期限一般是 3 个月至 1 年。

抵押补充贷款（PSL）

2014 年 4 月，中国人民银行创设抵押补充贷款（pledged supplemental lending，PSL）为开发性金融（主要是国家开发银行）支持棚改提供长期稳定、成本适当的资金来源。抵押补充贷款的主要功能是支持国民经济重点领域、薄弱环节和社会事业发展而对金融机构提供的期限较长的大额融资。抵押补充贷款采取质押方式发放，合格抵押品包括高等级债券资产和优质信贷资产。

再贷款、再贴现

中央银行贷款指中央银行对金融机构的贷款，简称再贷款，是中央银行调控基础货币的渠道之一。中央银行通过适时调整再贷款的总量及利率，吞吐基础货币，促进实现货币信贷总量调控目标，合理引导资金流向和信贷投向。

再贴现是中央银行对金融机构持有的未到期已贴现商业汇票予以贴现的

行为。在我国，中央银行通过适时调整再贴现总量及利率，明确再贴现票据选择，达到吞吐基础货币和实施金融宏观调控的目的，同时发挥调整信贷结构的功能。

央行的各类货币政策工具，完整地覆盖了从短期到中期到长期限的所有利率，构建了一条完整的利率曲线（见图11-11）。

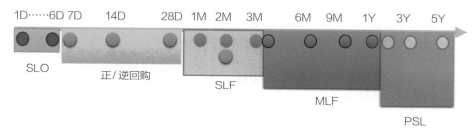

图 11-11　各类货币政策工具的期限覆盖

当然，每种工具所对应的期限区间不是绝对的。如公开市场的正/逆回购，一般是7天、14天和28天的品种，但有时也会开展期限为2个月的品种。

表11-5是主要货币政策工具的对照表。

央行的"双支柱"调控框架

中国人民银行的货币政策与宏观审慎政策的"双支柱"调控框架，在十九大上明确提出。央行从过去以货币政策为主转向货币政策与宏观审慎政策相结合的"双支柱"框架，背后是央行对金融周期的再认识，以及对传统货币政策的反思。

受货币主义思潮的影响，2007年金融危机之前的各国央行，很多以货币政策为核心，主要关注货币政策与经济增长之间的关系。传统的宏观经济学认为，通货膨胀率能够在很大程度上如实反映经济增长的周期阶段，因为在市场竞争环境下，价格的变化能够实现资源的有效配置。因此，货币政策的单一核心目标是紧盯通货膨胀，维护物价稳定。并根据通货膨胀情况，通过货币政策进行逆周期的调节，熨平经济波动。

表 11-5　主要货币政策工具一览表

简称	中文名称	推出时间	参与方	操作方式	期限	抵押物
SLO	短期流动性调节工具	2013 年 1 月	大部分银行	央行主动发起，在银行体系流动性出现临时性波动时相机使用	< 7 天	国债、央行票据、政策性金融债
REPO	正 / 逆回购	1998 年 5 月	公开市场业务一级交易商	参与机构报需求，央行根据需求及市场流动性相机操作	7 ~ 28 天	国债、央行票据、政策性金融债
SLF	常备借贷便利	2013 年年初	政策性银行和全国性商业银行	由金融机构主动发起，中央银行与金融机构"一对一"交易	1 ~ 3 个月	高信用评级的债券类资产及优质信贷资产
MLF	中期借贷便利	2014 年 9 月	符合宏观审慎管理要求的商业银行、政策性银行	参与机构报需求，央行根据需求及市场流动性相机操作	3 个月 ~ 1 年	国债、央行票据、高等级信用债等优质债券及优质信贷资产
PSL	抵押补充贷款	2014 年 4 月	国家开发银行	央行与国家开发银行之间的"一对一"定向投放	> 1 年	高等级债券资产和优质信贷资产

但这种理念的有效性在 2007 年开始的美国金融危机中被疯狂打脸。在金融危机之前的 2003 ~ 2007 年，通货膨胀稳定，但以房地产为代表的资产价格急剧升高，宏观杠杆率也迅速上升。最终，诱发了国际性的金融危机。

以紧盯通货膨胀率为锚的货币政策最大的缺陷在于：其一，忽略了金融周期对经济稳定的重大影响；判断金融周期的两个核心指标是广义信贷和以房地产价格为代表的资产价格，而 CPI 无法及时或如实反映这两个核心指标。其二，忽略了金融周期与经济周期之间的共振，可能导致自我强化的顺周期波动，加大了经济运行的风险。

因此，央行通过引入宏观审慎政策，直接对金融体系本身进行宏观审慎监管，防止金融机构的过度冒险，防范系统性的金融风险，维护金融稳定。货币政策与宏观审慎政策一起，组成了央行的"双支柱"调控框架。

为此，中国人民银行从 2016 年起引入宏观审慎评估（macro prudential assessment，MPA），对商业银行的金融行为进行全面的定量与定性相结合的综合评估，并根据评分结果，进行一定的奖惩机制，从而约束商业银行的金融行为，达到宏观审慎监管之目的。

MPA 评估的对象，包括商业银行、村镇银行、外资银行、财务公司、金融租赁公司、汽车金融公司、信托投资公司，当然主要针对银行。MPA 首先将评估对象分为全国性系统重要性机构（N-SIFI）、区域性系统重要性机构（R-SIFI）和普通机构（CFI），三者在指标的达标标准上面有少许差异，对系统重要性机构更为严格一点。

MPA 从商业银行的七大方面进行考核并进行打分，最终计算出综合分，并评定 A/B/C 三档。表 11-6 是考核评分细则。

MPA 评估的结果分为 A、B、C 三档（见表 11-7）。

另外，MPA 评估的结果也与其他业务资格的取得或保持相挂钩，如公开市场业务一级交易商资格、MLF 成员行资格等。

MPA 评估体系将银行的主要金融行为纳入了考核范围，有力地约束了银行过度冒险或套利。

表11-6　MPA考核体系

指标体系		评分标准		
		N-SIFI	R-SIFI	CFI
资本和杠杆情况（100分）	资本充足率（80分）（与宏观审慎资本充足率C做比较）	[C, ∞]: 80分 [C-4%, ∞]: 48~80分 [0, C-4%): 0分	[C, ∞]: 80分 [C-4%, ∞]: 48~80分 [0, C-4%): 0分	[C, ∞]: 80分 [C-4%, ∞]: 48~80分 [0, C-4%): 0分
	杠杆率（20分）	[4%, 0): 20分 [0, 4%): 20分	[4%, 0): 20分 [0, 4%): 20分	[4%, 0): 20分 [0, 4%): 20分
	总损失吸收能力（暂不纳入）	暂不纳入	暂不纳入	暂不纳入
资产负债情况（100分）	广义信贷（60分）	广义信贷增速与目标M2增速偏高不超过20%: 60分; 超过20%: 0分	广义信贷增速与目标M2增速偏高不超过22%: 60分; 超过20%: 0分	广义信贷增速与目标M2增速偏高不超过25%: 60分; 超过20%: 0分
	委托贷款（15分）	委托贷款增速与目标M2增速偏高不超过20%: 15分; 超过20%: 0分	委托贷款增速与目标M2增速偏高不超过22%: 15分; 超过20%: 0分	委托贷款增速与目标M2增速偏高不超过25%: 15分; 超过20%: 0分
	同业负债（25分）	同业负债占总负债比不超过25%: 25分; 不超过33%: 15~25分; 超过33%: 0分	同业负债占总负债比不超过28%: 25分; 不超过33%: 15~25分; 超过33%: 0分	同业负债占总负债比例不超过30%: 25分; 不超过33%: 15~25分; 超过33%: 0分
流动性（100分）	流动性覆盖率（40分）	符合监管指标: 40分 不符合监管指标: 0分	符合监管指标: 40分 不符合监管指标: 0分	符合监管指标: 40分 不符合监管指标: 0分
	净稳定资金比例（40分）	[100%, ∞): 40分 [0, 100%): 0分	[100%, ∞): 40分 [0, 100%): 0分	[100%, ∞): 40分 [0, 100%): 0分
	遵守准备金情况（20分）	遵守: 20分 不遵守: 0分	遵守: 20分 不遵守: 0分	遵守: 20分 不遵守: 0分

定价行为（100分）	利率定价（100分）		利率定价行为符合市场竞争秩序要求：0～100分		
	资产质量（100分）	不良贷款率（50分）	不高于同类型机构不良贷款率：50分；同类型机构不良贷款率至5%：30～50分；超过5%：0分	不高于同地区，同类型机构不良贷款率：50分；不高于同地区，同类型机构不良贷款率2%且不超过5%：30～50分；高于同地区，同类型机构不良贷款率2%或超过5%：0分	不高于同地区，同类型机构不良贷款率：50分；不高于同地区，同类型机构不良贷款率2%且不超过5%：30～50分；高于同地区，同类型机构不良贷款率2%或超过5%：0分
		拨备覆盖率（50分）	$[150\%, \infty)$：50分 $[100\%, 150\%)$：30～50分 $[0, 100\%)$：0分	$[150\%, \infty)$：50分 $[100\%, 150\%)$：30～50 $[0, 100\%)$：0分	$[150\%, \infty)$：50分 $[100\%, 150\%)$：30～50分 $[0, 100\%)$：0分
	外债风险（100分）	外债风险加权余额（100分）	外债风险加权余额不超过上限：100分；超过上限：0分	外债风险加权余额不超过上限：100分；超过上限：0分	外债风险加权余额不超过上限：100分；超过上限：0分
信贷政策执行（100分）	信贷执行情况（70分）		根据信贷执行情况进行综合评估		
	央行资金运用情况（30分）		评估带有信贷政策导向性质的央行资金（包括支农支小再贷款、再贴现等）运用达标情况。评估期间机构未使用央行资金，可得基础分20分；评估期间机构使用央行资金，按时足额偿还央行资金本息：满分20分，达标5分，不达标0分；运用央行资金开展业务符合央行要求：满分5分，达标5分，不达标0分；符合央行资金投放要向要求的业务累放量不低于央行规定：满分5分，达标5分，不达标0分		

表 11-7 MPA 的评估结果

档位	标准	奖惩机制
A	七大类指标均为优秀（优秀线为 90 分）	执行最优档激励，法定准备金利率视情况上浮 10%～30%
B	除 A 档、C 档以外的档	执行正常档激励，继续保持法定准备金利率
C	资本和杠杆情况、定价行为中任意一大类不达标，或资产负债情况、流动性、资产质量、跨境融资风险、信贷政策执行中任意两大类及以上不达标（达标线为 60 分）	执行最低档激励，法定准备金利率视情况下浮 10%～30%

关于以 MPA 为核心的央行宏观审慎政策，中国人民银行在《2017 年第三季度中国货币政策执行报告》中，专门有一节专栏介绍央行的"双支柱"调控框架。

延伸阅读 11-1 健全货币政策和宏观审慎政策双支柱调控框架

党的十九大报告明确要求，健全货币政策与宏观审慎政策双支柱调控框架。这是反思全球金融危机教训并结合我国国情的重要部署，有助于在保持币值稳定的同时促进金融稳定，提高金融调控的有效性，防范系统性金融风险，切实维护宏观经济稳定和国家金融安全。

传统央行政策框架以货币政策为核心，主要关注的是经济周期和货币政策。经济周期一般指经济活动水平扩张与收缩的交替波动。传统宏观经济学侧重考虑资本、劳动等实际经济变量对经济周期波动的影响，认为在市场竞争环境下价格有足够的灵活性来实现资源有效配置，因此物价稳定即可在较大程度上代表宏观经济稳定。在这样的背景下，货币政策的主要目标就是通过逆周期调节来平抑经济周期波动，维护物价稳定，这种框架对应对高通胀确实起到了良好的作用。但以 CPI 为锚的货币政策框架也存在缺陷，即使 CPI 较为稳定，资产价格和金融市场的波动也可能很大。例如，2003～2007 年次贷危机之前，全球经济处于强劲上升期，在此期间，全球 CPI 涨幅基本稳定，但同期初级商品价格和 MSCI 全球股指上涨超过 90%，美国大中城市房价上涨超过 50%，累积了巨大的风险。

国际金融危机促使国际社会更加关注金融周期变化，各国央行也认识到只关注以物价稳定等为表征的经济周期来实施宏观调控显然已经不够，央行传统的单一调控框架存在着明显缺陷，难以有效应对系统性金融风险，在一定程度上还可能纵容资产泡沫，积聚金融风险。比较而言，金融周期主要是指由金融变量扩张与收缩导致的周期性波动。评判金融周期，最核心的两个指标是广义信贷和房地产价格，前者代表融资条件，后者反映投资者对风险的认知和态度。由于房地产是信贷的重要抵押品，因此两者之间会相互放大，从而导致自我强化的顺周期波动。广义信贷和资产价格还会通过资产负债表等渠道进一步把金融和实体经济联系起来。当经济周期和金融周期同步叠加时，经济扩张或收缩的幅度都会被放大；当经济周期和金融周期不同步时，两者的作用方向可能不同甚至相反，会导致宏观调控政策的冲突和失效。中央银行仅借助货币政策工具难以有效平衡好经济周期和金融周期调控。

针对日益重要的金融周期问题，需要引入宏观审慎政策加以应对，弥补原有调控框架存在的弱点和不足，加强系统性金融风险防范。一是不同市场和经济主体之间差异很大，在部分市场还比较冷的同时有的市场可能已经偏热，作为总量调节工具的货币政策难以完全兼顾不同的市场和主体；二是房地产等资产市场天然容易加杠杆，具有"买涨不买跌"的特征，容易出现顺周期波动和超调，这就使利率等价格调节机制难以有效发挥作用，需要宏观审慎政策对杠杆水平进行逆周期的调节。

健全宏观审慎政策框架并与货币政策相互配合，能够更好地将币值稳定和金融稳定结合起来。货币政策与宏观审慎政策都可以进行逆周期调节，都具有宏观管理的属性。货币政策主要针对整体经济和总量问题，侧重于物价水平的稳定以及经济和就业增长；宏观审慎政策则直接和集中作用于金融体系本身，能够"对症下药"，侧重于维护金融稳定和防范系统性金融风险，两者恰好可以相互补充和强化。

随着对宏观审慎政策重视程度的提高，国际金融危机以来，全球出现了将货币政策与宏观审慎政策更紧密融合的趋势，不少央行在实质上具备了货币政策和宏观审慎政策双支柱调控框架的内涵。例如，英国将货币政策、宏观审慎政策和微观审慎监管职能集中于央行，在已有货币政策委员会之外，设立了金融政策委员会负责宏观审慎管理；欧元区也逐步建立了以欧央行为核心、欧央行和各成员国审慎管理当局共同负责的宏观审慎政策框架，把宏观审慎政策和货币政策更紧密地结合在一起。

我国较早即开始了货币政策与宏观审慎政策相结合的探索和实践，并取得了较好效果。一方面，积极稳妥推动货币政策框架从数量型调控为主向价格型调控为主逐步转型，创新多种货币政策工具，保持流动性基本稳定，不断增强利率调控和传导能力。另一方面，着力建立和完善了宏观审慎政策框架，不少探索从全球看也具有创新性。一是在 2011 年正式引入差别准备金动态调整机制，其核心是金融机构的信贷扩张应与经济增长的合理需要及自身的资本水平等相匹配，也就是要求金融机构"有多大本钱就做多大生意"，不能盲目扩张和过度加杠杆。针对金融市场和金融创新的快速发展，2016年起将差别准备金动态调整机制"升级"为宏观审慎评估体系（MPA），将更多金融活动和资产扩张行为纳入宏观审慎管理，从七大方面对金融机构的行为进行引导，实施逆周期调节。之后又于 2017 年将表外理财纳入 MPA 广义信贷指标范围，以引导金融机构加强表外业务的风险管理；2018 年还将把同业存单纳入 MPA 同业负债占比指标考核。二是将跨境资本流动纳入宏观审慎管理范畴，从外汇市场和跨境融资两个维度，从市场加杠杆融资和以自有资金短期炒作两种行为模式入手，以公开、透明、市场化的手段进行逆周期调节，促进金融机构稳健经营，维护金融稳定。三是继续加强房地产市场的宏观审慎管理，形成了以因城施策差别化住房信贷政策为主要内容的住房金融宏观审慎政策框架。从政策落实情况看，当前银行体系流动性基本稳定，货币信贷和社会融资规模保持平稳增长，绝大多数银行业金融机构经营稳健，金融市场上的加杠杆和投机行为得到了一定程度抑制，企业和居民的正常融资需求也得到了保障。货币政策和宏观审慎政策相互配合，为供给侧结构性改革营造了中性适度的货币金融环境，同时较好地防范了系统性金融风险，维护了金融稳定，有力促进了宏观经济健康可持续发展。

下一步，按照党中央和国务院部署，中国人民银行将继续健全货币政策和宏观审慎政策双支柱调控体系：继续完善货币政策框架，强化价格型调控和传导，继续深化利率和汇率市场化改革，发挥金融价格杠杆在优化资源配置中的决定性作用；继续完善宏观审慎政策框架，将更多金融活动、金融市场、金融机构和金融基础设施纳入宏观审慎政策的覆盖范围；完善货币政策和宏观审慎政策治理架构，推进金融治理体系和治理能力的现代化。■

资料来源：《2017年第三季度中国货币政策执行报告》。

财政政策

与货币政策相对应，财政政策也可以对经济运行产生很大的影响，是政府进行宏观调控的主要手段之一。

在传统的西方经济学中，政府追求预算平衡的财政政策，经济的增长主要依靠私人部门的市场自由竞争，崇尚"小政府"。凯恩斯经济学对通过政府扩大财政支出，以此来扩大社会总需求，从而避免经济萧条的积极性财政政策，有着详细的论述。与货币政策一样，财政政策也分成扩张性的财政政策和紧缩性的财政政策。扩张性的财政政策主要通过扩大财政支出（增加财政赤字）、减税等方式刺激社会总需求，以此刺激经济增长；反之，紧缩性的财政政策主要通过减少财政支出、加税等方式来抑制总需求，防止经济过热。财政政策的手段包括很多种，其中最关键、最有效的两种就是：财政支出政策和税收政策。

财政支出政策

积极的财政支出政策是通过加大对基础设施建设、民生、社会福利等方面的投入，扩大社会总需求。而且，根据宏观经济学理论，财政支出有乘数效应。在我国，扩大财政支出的最常见方式就是政府性投资。所谓政府性投资，通常是指运用政府财政预算资金和纳入财政预算管理的各类专项建设资金，以及政府借用金融、债券、贷款等，对公共基础设施、社会公益事业以及需要政府扶持发展的产业技术开发等领域进行的固定资产投资项目，其范围涉及农业、林业、水利、水库及其他水利工程，公路、公路桥梁，城市快速轨道交通、城市供水、城市道路、管网、桥梁，社会事业教育、卫生、文化、广播电影电视等领域。

探查财政支出政策，可以看政府每年拟定的预算财政赤字和财政赤字率。在一般情况下，财政赤字越大、赤字率同比增长越多，说明政府的计划性支出越多。

当然，政府的财政赤字及赤字率的计算，存在统计口径的问题。根据财政部公布的口径，官方口径的财政赤字及赤字率只考虑全国一般公共预算的支出大于收入的差额，且将使用结转结余及从其他预算科目调入资金算作一般公共预算收入。

官方口径全国一般公共预算支出大于收入的差额
= 支出总量（全国一般公共预算支出 + 补充中央 / 地方预算稳定调节资金）−
收入总量（全国一般公共预算收入 + 全国财政使用结转结余及调入资金）
调入资金 = 从政府性基金预算调入资金 + 从国有资本经营预算调入资金 +
从中央 / 地方预算稳定调节基金调入资金
官方口径财政赤字率 = 官方口径全国一般公共预算支出大于收入的差额 /
GDP

官方口径的财政赤字允许使用结转结余以及调入资金，去补充一般公共预算收入。但实际上，使用结转结余以及调入资金，是使用往年累积的盈余或者从其他预算科目调入资金来补充一般公共预算收入，以此降低赤字，并不能真实反映一般公共预算收支的平衡情况。因此，可以在官方口径基础上进行调整，以反映真实的一般公共预算收支差额。

实际口径全国一般公共预算支出大于收入的差额
= 全国一般公共预算支出 − 全国一般公共预算收入
实际口径财政赤字率
= 实际口径全国一般公共预算支出大于收入的差额 /GDP

当然，无论是官方口径的财政赤字还是经过我们调整的实际财政赤字，都是最小口径的赤字：只考虑一般公共预算收支情况。实际上，我国政府性基金预算科目的收支金额同样巨大，主要是由于土地出让金收入及土地使用权相关支出的金额十分巨大。以2016年为例，全国政府性基金支出达到了4.69万亿元，规模达到了一般公共预算支出的24.8%，不可小觑。根据李迅雷⊖的分析，他将我国的财政收支分为狭义口径和广义口径进行分别统计。在狭义口径下，将政府四大预算科目中的一般公共预算、政府性基金预算、国有资金经营预算纳入统计口径，并且将结转结余及调入资金一并纳入统计。

"狭义财政支出"
="一般公共预算支出"（包含国债和地方一般债券融资支出）+
"全国政府性基金支出"（包括地方政府专项债券融资支出）+
"国有资本经营预算支出" ⊜
"狭义财政收入"
="一般公共预算收入"+"政府性基金收入"+
"国有资本经营预算收入"+"结转结余及调入资金"
"狭义财政赤字"="狭义财政支出"−"狭义财政收入"
狭义口径财政赤字率="狭义财政赤字"/GDP

狭义口径下的财政支出及赤字，反映了政府部门"四大预算科目"项下的全口径统计，比官方的最小口径更能如实反映财政的真实收支情况。

在广义口径中，除了狭义口径之外，还把准政府信用纳入统计。准政府信用包括以下五个方面。

一是城投债。人大批准的地方政府债券和专项债券并不能满足地方政府的融资需求，所以城投债便成为为地方政府基建融资的重要手段，2016年城投债净发行额高达1.3万亿元。

二是政策性金融债（简称"政金债"）。三大政策性银行（国家开发银行、

⊖　李迅雷，高瑞东 . 从广义财政角度看中国经济回暖原因及未来空间 [J]. 当代金融研究，2017（3）.
⊜　社保基金预算主要涉及社会保险费收支情况，故暂不放入定义范畴。

中国农业发展银行与中国进出口银行）通过国家信用发行金融债券融资，以支持基础设施、基础产业等国家重大项目。以国家开发银行为例，2017 年发行国家开发银行债 1.65 万亿元。贷款余额的投向方面，棚户区改造占 25.83%，公路 16.05%，公共基础设施 11.12%，电力 8.20%，铁路 7.31%，战略性新兴行业 6.15%，其他 25.34%。在经济下行时期，商业银行受制于顺周期和行为短期化的特性，放贷意愿不强。开发性金融定位于中长期贷款业务，具有较强的逆周期和稳增长的功能。

三是铁道债。原铁道部以及现在的中国铁路总公司是发债主体，融资主要用于铁路建设，鉴于铁路具有非常强的基础设施属性，国务院批准铁路建设债券为政府支持债券。截至 2018 年 6 月末，铁道债存量余额高达 1.53 万亿元，仅 2017 年当年发行量就达 2 200 亿元。

四是抵押补充贷款（PSL）。PSL 是央行在 2014 年创设的货币政策新工具，是再贷款的一种方式，旨在支持棚户区改造等项目。其中，国家开发银行专项用于发放棚户区改造贷款、城市地下综合管廊贷款等两类贷款；中国进出口银行专项用于发放"黑字还流"（境外人民币贷款）、军品贷款、国际产能合作和装备制造合作（含核电、铁路）、"一带一路"等四类贷款；中国农业发展银行专项用于发放重大水利工程过桥贷款（国家 172 项重大水利工程）、水利建设贷款、棚户区改造贷款、农村公路贷款等四类贷款。2017 年年末，央行对三大政策性银行的 PSL 余额为 26 876 亿元。

五是专项建设债券。作为"稳增长"的主要政策工具之一，专项建设债是指由国家开发银行、中国农业发展银行向中国邮政储蓄银行定向发行的专项债券，由财政贴息 90%，类似于准国债。资金用途定向为专项建设基金，该基金再用于项目资本金、股权投资和参与地方投融资公司基金。使用资金的企业每年仅需承担 1.2% 的成本，期限长达 10～20 年。专项建设基金从 2015 年 8 月开始每个月分批投放，共计 8 000 亿元；2016 年上半年按季已发放两期，规模为 1 万亿元。

"广义财政支出"＝"狭义财政支出"＋"城投债融资支出"＋"政策性银行金融
债融资支出"＋"抵押补充贷款融资支出"（PSL）＋"铁路
建设债融资支出"＋"专项建设债券融资支出"[⊖]
"广义财政收入"＝"狭义财政收入"[⊖]
"广义财政赤字"＝"广义财政支出"－"广义财政收入"
广义口径财政赤字率＝"广义财政赤字"/GDP

表 11-8 是各种口径的财政赤字统计范围。

表 11-8　各种口径的财政赤字统计范围

财政赤字口径	统计范围	说明
官方口径	一般公共预算收支	使用结转结余及调入资金预算和一般公共预算收入合并计算
实际口径	一般公共预算收支	只考虑纯粹的一般公共预算收支
狭义口径	包括一般公共预算、政府性基金预算、国有资本经营预算的"三本账"收支	
广义口径	狭义口径再加上城投债、政金债、PSL、铁道债、专项建设债的融资	在狭义口径之上，还包括了准政府信用的融资

资金面分析

这里的资金面分析主要是狭义的资金面，即金融市场内部金融机构之间的资金融通的松紧程度。广义的资金面则包含整个社会的尤其是金融体系之外的企业的融资的松紧程度，不在本节的讨论之列。主要原因在于，债券市场是一个机构市场，其债券持有者与交易者主要是金融机构，因此金融机构更容

⊖ 城投债、政金债、PSL、铁道债、专项建设债的融资属于享有准政府信用并投向基础设施和基础产业相关领域，因为难以统计这些支出项目的具体支出时间和进度，所以只能"以收定支"，假设支出与收入的节奏是完全吻合的。

⊖ 用"狭义财政收入"代替"广义财政收入"进行计算，因为政府或政府融资平台通过城投债、政金债、铁道债、PSL 以及专项建设债券五种方式获得资金的过程，是利用准政府信用或平台信用向市场或者央行融资而得到的收入，输入赤字融资项目。

易受到狭义资金面的影响，从而传导到债券市场，影响债券交易及价格走势。

上节提到的货币政策及一系列的货币政策工具，对金融体系内的资金面影响最为直接、最为深远，在上节中已有详细介绍，这里不再赘述。这一节，我们说说影响资金面的其他因素。

超储率

我们首先需要了解的就是整个金融体系的流动性的瀑布式体系（见图11-12）。

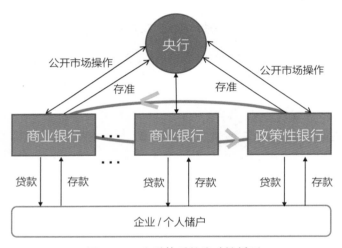

图 11-12   金融体系的流动性循环

在这个流动性瀑布式体系中，关键的三个参与方：央行、商业银行（包括政策性银行）和企业/个人储户。央行作为货币政策的执行者，投放基础货币，制定准备金率并控制合意利率。商业银行获得基础货币后，与企业（个人）一起参与信用创造，从而创造出更多的广义货币（以 M2 为代表）；同时，在以商业银行、政策性银行为主的金融机构体系内部，金融机构之间也进行资金的互相融通，即所谓的狭义的资金面。

那么，这个狭义的资金面，也即银行体系中多出来的富余资金，是从哪儿获得的呢？一个简单的答案是：超储率（超额准备金率）。

按照中国人民银行的要求，商业银行需要缴存法定存款准备金。在法定存款准备金之外，银行往往会多放些头寸在准备金账户，以防止预期外走款或计算错误导致法定存款准备金不足，或者是临时性资金富余难以及时融出，导致被动的超额储备。这些超过法定存款准备金的部分，都算作超额准备金，其与一般性存款的比例就是超额存款准备金率，即所谓的超储率。

超储率 = 超额存款准备金 / 需缴纳存款准备金的存款余额

如果超储率处于高位，说明商业银行体系中可供融出的短期资金较为富余，反映在资金面上，就是金融体系内的短期资金面宽松。

2001 ～ 2017 年存款类金融机构超储率走势如图 11-13 所示。

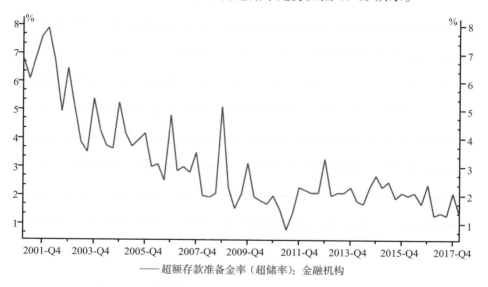

——超额存款准备金率（超储率）：金融机构

图 11-13　存款类金融机构超储率走势（2001 ～ 2017 年）

资料来源：Wind.

当然，由于目前银行还受到一系列流动性指标如 LCR、NSFR、LMR 的约束，在一定程度上限制了银行融出富余资金的能力。

财政缴税及投放

财政税收的缴纳对资金面的扰动也比较明显。根据中国人民银行公布的数据，2017 年年底财政存款的余额达到了 4.11 万亿元，而且月均余额达到了 4.42 万亿元。如此庞大规模的存款，且余额波动较为明显，势必对资金面形成一定的扰动。

财政缴税时，财政存款增加，增加的部分充实到中央国库或地方国库，相应的商业银行体系的货币减少，从而资金供给减少。当进行财政投放时，财政存款下降，资金从国库又流向了商业银行体系，从而资金供给增多。

我国目前缴税的主要税种是增值税和企业所得税。以 2017 年为例，2017 年全国税收收入 14.44 万亿元，其中增值税 5.64 万亿元，占 39.1%；企业所得税 3.21 万亿元，占 22.2%；两者合计占 61.3%。

根据《营业税改征增值税试点实施办法》中规定，大部分增值税按季缴纳，并在次月的 15 日之前缴清税款（当月有节假日的，做相应顺延）。在企业所得税方面，根据《企业所得税法》，企业所得税一般按季预缴（季末次月的 15 日之前），年度再进行汇算清缴（下一年的 5 月底之前）。根据上述制度规定，每年的 1、4、7、10 月都是财政缴税的重点月份，财政存款增加较多。此外，由于 5 月还是年度企业所得税的汇算清缴的最后月份，一般财政存款增加也较多。一般来说，企业为了节约成本，都会选择在缴款截止日的最后几天进行缴纳。

在财政投放方面，一般来说年底的财政突击投放现象比较严重，因此最后一个月的财政走款较多，这也是普遍现象。

从图 11-14 中可以看出，每年的 1、4、7、10 月财政存款增加值较多，而每年的 12 月财政减少比较明显。

技术面分析

技术面分析其实更多应用在股票、期货等流动性极佳的品种上，对于债券这种成交不活跃、流动性有限的品种来说，技术面分析比较难以操作，更多的是针对债券市场的情绪面的分析。一般来说，如果债券市场的利率在短时间下行过快，可能会诱发大量的止盈盘，导致收益率反弹；反之，如果收

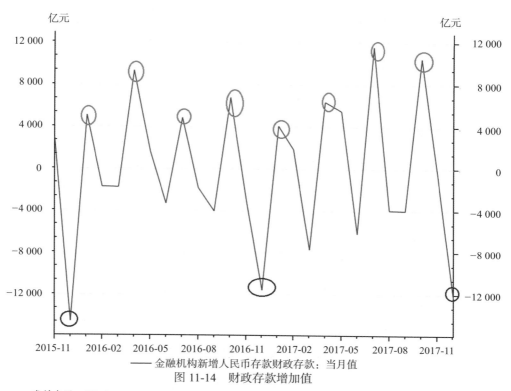

图 11-14　财政存款增加值

——金融机构新增人民币存款财政存款：当月值

资料来源：Wind.

益率短期内上行过多，绝对收益率处于高位，可能诱发配置盘进场，买入大量仓位。或者是，一些市场消息引发市场波动，形成技术面的调整等。

债券的交易策略

莎士比亚说："一千个观众眼中有一千个哈姆雷特。"债券交易策略也是如此，没有一个放之四海而皆准的交易策略，要不然所有人都赚钱了。交易策略是一个非常私人化的东西，成功的交易策略最核心的是投资者个人的交易哲学，这种交易哲学与个人学术背景、工作经历以及交易经验息息相关。经常会出现两位愈老弥坚的投资大师，其交易策略大相径庭，却都在市场上扬名立万的现象，这是非常自然的。巴菲特和西蒙斯的投资交易策略完全不同，却殊途同归：都经受住了时间的考验，他们也都成了公认的投资大师。

交易策略就有点像老中医看病。同样一种病，温病学派和伤寒学派开出的方子迥然不同，但是有可能都把病给治了，你说奇怪不奇怪。所以成功的交易策略，一定是投资人在市场上摸爬滚打之后，总结其实践经验，并结合自身的学术背景及生活经历，形成一套可以解释整个市场，并在市场检验中行之有效的交易哲学框架。

因此本章只阐述我个人的交易策略，供大家参考。我的交易哲学主要受量子物理和概率统计影响较深，这与我的学历背景及个人兴趣相关。下面，我将我的交易策略按照数学式的"定理、推论"的方式来叙述。

定理 1：市场短期的未来走势是不确定的。

关于市场，我们唯一可以确定的是其不确定性。金融市场，不论是债券市场还是股票市场抑或是商品市场，最重要的两个特点是：

（1）短期的市场波动受大量市场变量（也许有好几百个）的影响，并呈现明显的随机性。基本面的变化、资金供给、技术性调整、情绪波动等都会对金融市场形成影响，并且在短期内，很难界定哪个变量是主导变量。可能今天这个变量是主导变量，明天变成了另外一个。犹如一片羽毛在空中飘舞，受力因素太复杂，从而形成布朗运动。

（2）市场的走向是所有投资者共同交易的结果。每个投资者根据自己的信息及分析，参与金融市场；同时，金融市场的实际走向，又会进而影响投资者的下一步判断及动作。也就是说，市场短期的未来走势，受未来还未发生事件的影响。

一方面，金融市场的短期未来走势受大量因素共同作用影响，并且呈现明显的随机性；另一方面，其未来走势受还未发生事件的影响。因此，预测短期走势是徒劳的，无异于缘木求鱼。

推论 1.1：不要预测市场，尤其是不要根据预测来做交易。

股票投资明星基金经理彼得·林奇说："如果你每年花 10 分钟去分析宏观经济，那么你已经浪费了 10 分钟。"就是因为市场的不可预测性，尤其是短期的不可预测性，因此所有花在预测市场上的时间都是意义不大的。根据自己的预测来做交易，建立自己的仓位头寸，就是无源之水。也许你的预测与市场走势正好一致，但那并不代表什么，也不会提高你的投资能力。就像你抛硬币连续抛出 6 个正面，也丝毫不会提高你抛硬币的能力。

投资大师芒格也持类似观点。他曾经说："对宏观因素持不可知论更加有效。假如你是一个对宏观因素持不可知论的人，那么就把所有的时间都用在分析单家公司和单个机会上吧，这是一种特别有效的方法。"

推论 1.2：你的判断可能是错的。

由于市场的不可预测性，你做的每个关于投资的决定，都可能是错的。在做每个决定之前，就需要承认这一点：你可能会犯错。只有你承认你可能会犯错，才能防止你不会因为某一次的判断失误导致把过去所有的业绩一把抹去。活下来最重要，活下来才有机会，不要因为一次的失误及自己的偏见与执着，而葬送过去所有的业绩。

定理 2：不要追求赢的次数，要追求赢的质量。

刘邦项羽的楚汉之争，单就一个个具体战役而言，项羽赢刘邦的次数非常多，多于刘邦胜项羽的次数。但是最后为什么项羽还是失败了呢？刘邦虽然败的次数多，很狼狈，但是都没对刘邦团队造成根本性的伤害，核心竞争力还在（团队阵容及凝聚力、民心等）。项羽的败仗都是大败仗，导致其元气大伤，尤其是垓下之战。因此，战争的关键不在于赢得了多少场，而是赢得关键的战役：胜的都是关键战役，而输的却不会使其元气大伤。

交易策略也是如此。对此，巴菲特有段经典的论断："人生就像滚雪球，重要的是找到很湿的雪和很长的坡。"当你的交易是对的时候，要尽可能多赢；当你的交易是错的时候，要尽可能少输（止损）。这样，虽然也许你赢的次数少，但是每次都赢得很多，而输的次数虽然多，但输得少，因而从长期看是盈利的。

$$\text{Profit} = \sum_i P_i \cdot V_i$$

其中，P_i 是第 i 次交易赢的概率，V_i 是第 i 次交易盈利规模。在提高赢的概率的同时，更重要的是当你赢的时候，V_i 要足够大。

推论 2.1：学会止损。

学会事先设置止损位。需要止损的原因在于，你的判断有可能是错的，不要因为一次错误的判断把你带入大坑，导致一次性亏损过多。关于止损位，一定要事先设置好，否则在投资过程中可能会临时起意，不断随意修改投资决定，导致投资纪律变差。当然，止损线的设置是因人而异因市场而异的，没有统一的定量标准。需要特别指出的是，很多人进行止损，仅仅是因为浮亏让他睡不着觉，割完肉一身轻松而已。

定理 3：保持宏观层面的收益的正期望值。

交易的过程是不断试探不断试错的过程。某一项具体的交易策略，肯定要尽力保证从整个宏观层面上的收益的正期望值。某一笔具体的交易的有效性，不能根据这笔交易本身来衡量，而要放在整个交易策略体系中去评价其有效性。这就如同数学中的最优解，局部最优未必全部最优。每一笔交易，一定要放在整个交易体系中去理解。

推论 3.1：一笔交易的对错，不取决于自身，而取决于其在整个交易策略体系中的意义。

推论 3.2：不能仅仅以结果来反推交易决策是否正确。

参 考 网 站

外汇交易中心：www.chinamoney.com.cn

中债登（中央结算公司）：www.chinabond.com.cn

上海清算所：www.shclearing.com.cn

上海证券交易所：www.sse.com.cn

深圳证券交易所：www.szse.cn

中证登：www.chinaclear.cn

银保监会：www.cbirc.gov.cn

中国人民银行：www.pbc.gov.cn

证监会：www.csrc.gov.cn

财政部：www.mof.gov.cn

统计局：www.stats.gov.cn

美联储：www.federalreserve.gov

ISDA：www.isda.org

美国证券业及金融市场协会（SIFMA）：www.sifma.org

国际清算银行（BIS）：www.bis.org

参考文献

[1] 伯格哈特，贝尔顿，雷恩，等．国债基差交易 [M]. 王玮，译．北京：中国金融出版社，2010.

[2] 法博齐．固定收益证券分析 [M]. 汤振宇，杨玲琪，译．北京：机械工业出版社，2015.

[3] 林奇，罗瑟查尔德．彼得·林奇的成功投资 [M]. 刘建位，徐晓杰，译．北京：机械工业出版社，2010.

[4] 米什金．货币金融学 [M]. 郑艳文，荆国勇，译．北京：中国人民大学出版社，2011.

[5] 萨德．利率互换及其衍生产品 [M]. 梁进，李佳彬，译．上海：上海财经大学出版社，2013.

[6] LONGSTAFF, SCHWARTZ. Valuing American Options by Simulation: A Simple Least-Squares Approach [J]. The Review of Financial Studies, 2001, 14（1）.

[7] 塔克曼，塞拉特．固定收益证券 [M]. 范龙振，林祥亮，戴思聪，等译．北京：机械工业出版社，2014.

[8] 北京市财政局．关于北京市 2017 年预算执行情况和 2018 年预算的报告 [Z]. 2018.

[9] 李力．信用评级 [M]. 北京：知识产权出版社，2010.

[10] 李迅雷，高瑞东．从广义财政角度看中国经济回暖原因及未来空间 [J]. 当代金融研究，2017（3）.

[11] 李扬．最新国家资产负债表到底揭示了什么 [M]. 北京：中国社会科学出版社，2015.

[12] 李扬，张晓晶，常欣，等．中国国家资产负债表 2015：杠杆调整与风险管理 [M]. 北京：中国社会科学出版社，2015.

[13] 林华，许余洁．中国资产证券化操作手册 [M]. 北京：中信出版集团，2016.

[14] 戎志平．国债期货交易实务 [M]. 北京：中国财政经济出版社，2017.

[15] 宋旭光．看懂中国 GDP[M]. 北京：北京大学出版社，2015.

[16] 王舟．妙趣横生的国债期货：跟小船学国债期货交易 [M]. 北京：机械工业出版社，2017.

[17] 吕进中，方晓炜．国债收益率曲线编制的国际实践研究 [J]. 上海金融，2015（12）：31-36.

[18] 王国刚．资本市场导论：上册 [M]. 2 版．北京：社会科学文献出版社，2014.